天災か人災か？松本雪崩裁判の真実

izumi yasuko

泉康子

言視舎

▌雪崩事故当日の登行図 （裁判の証拠とされた書類のコピー）

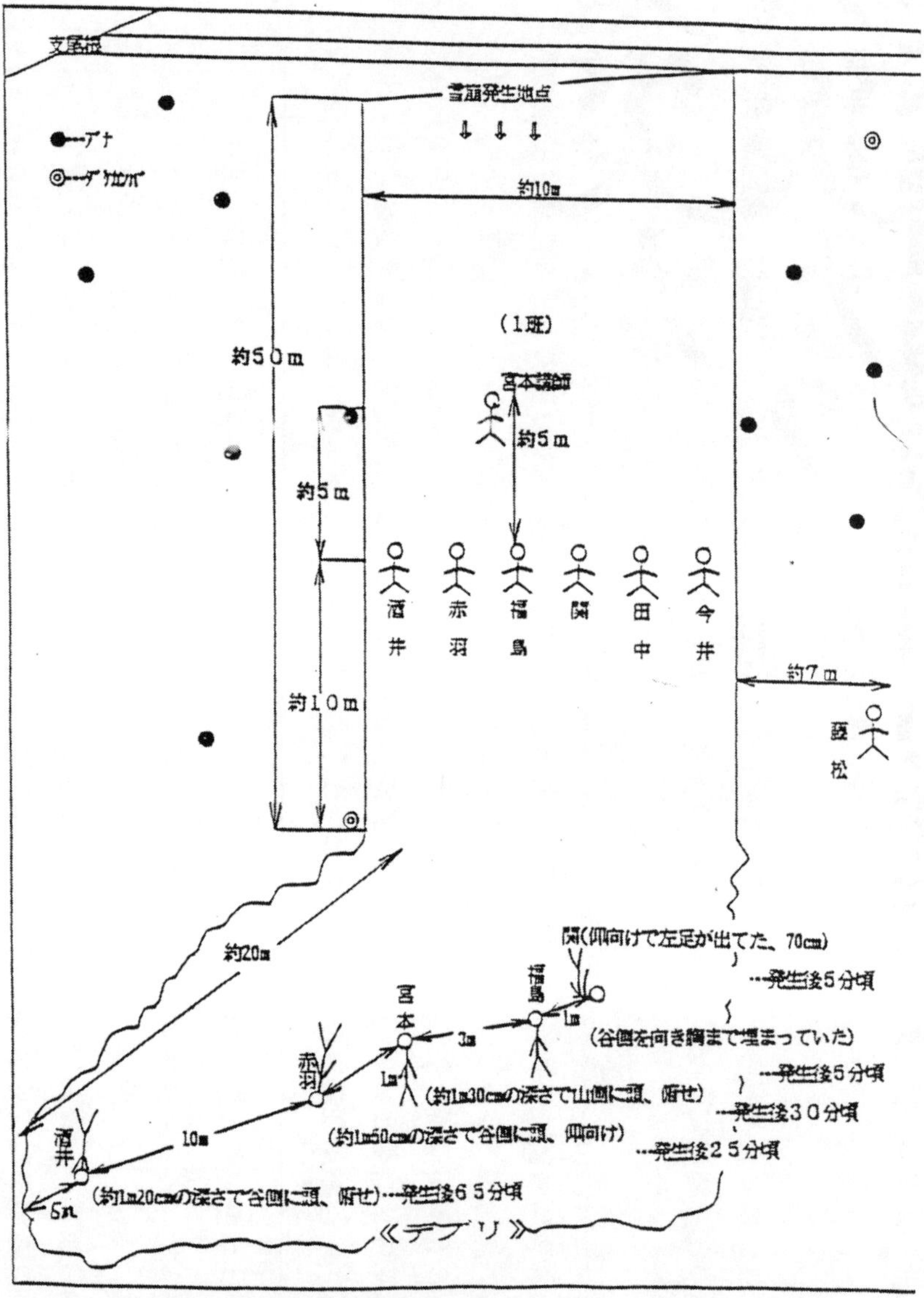

山岳総合センター作成の雪崩遭難事故報告書に添えられた、事故当日の「登行図」

下部に記された5人の遭難の様子（右より）――関（仰向けで左足が出てた、70cm）…発生後5分頃／福島（谷側を向き胸まで埋まっていた）…発生後5分頃／宮本（約1m30cmの深さで山側に頭、俯せ）…発生後30分頃／赤羽（約1m50cmの深さで谷側に頭、仰向け）…発生後25分頃／酒井（約1m20cmの深さで谷側に頭、俯せ）…発生後65分頃

雪崩「遠隔誘発」のメカニズム

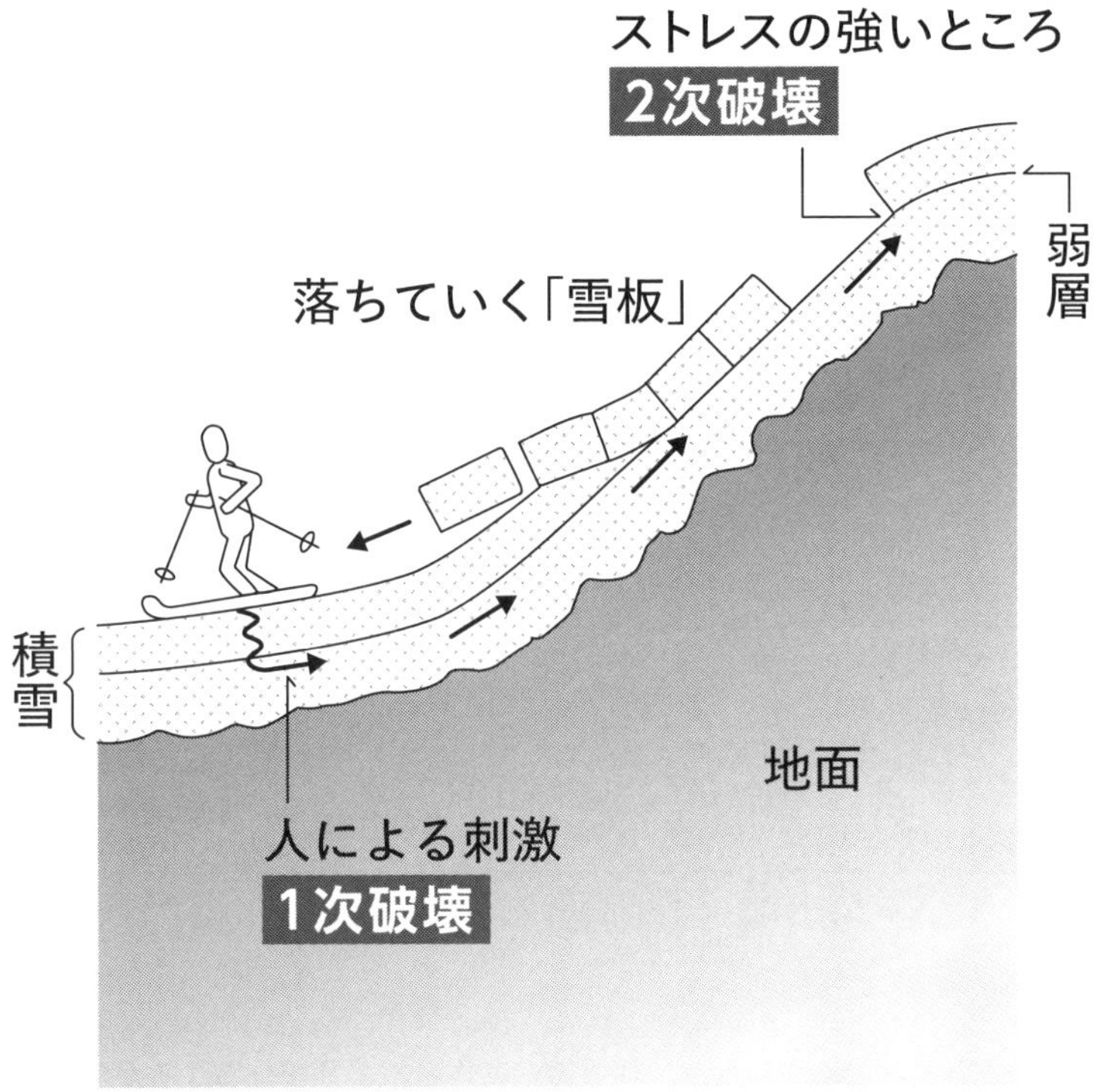

W·ムンター著『新雪崩学』中の説明図を簡略化した「雪崩遠隔誘発図」
（判決後の1995年11月23日、朝日新聞長野面に掲載された図を参考に作成）

右ページの図：1989年3月18日15時45分頃、北アルプス五竜遠見支尾根の沢で積雪斜面の歩行訓練中に起きた雪崩の1時間ほどあとの被害状況を描いた、事故報告書に添付の「登行図」。雪に埋もれた５人の様子が生々しい。(P137参照)

上の図：雪崩が「人災」であることを簡略に示すもので、もとはスイスの山岳ガイドで世界的に著名な雪崩研究者ヴェルナー・ムンター著『新雪崩学』にある。人が起こした刺激が積雪内部の「弱層」を伝って上部のストレスの強いところで２次破壊を起こし、雪崩のキッカケとなる。(P169参照)

次ページの表：人が誘発する雪崩による事故が、自然発生の雪崩によるものより格段に多いことを示したものである。しかし現在でも「雪崩は天災」と思い込んでいる人は多い。(P314参照)

▌過去の雪崩記録から拾う「人が誘発する雪崩の発生率」

人誘発雪崩の割合	出典	備考
78%	「雪崩の危険と遭難対策」 北海道大学体育会山岳部 発行	1973年 若林隆三氏提供
100%	「五竜遠見雪崩裁判勝利記録―人災への怒りと警告―」 酒井さんの雪崩裁判を支援する会 発行	1997年 松本裁判判決 （1995年）
60%以上	『最新雪崩学入門』（山と溪谷社）12頁 北海道雪崩事故防止研究会 編	1996年
80～90%	『雪山に入る101のコツ』（枻出版社）86頁 中山建生 著	1998年
90%以上	『雪崩リスクマネジメント』（山と溪谷社）13頁 ブルース・トレンパー 著	2004年

若林隆三、中山建生両氏の資料提供により泉が作成

本書中、人が誘発する雪崩の割合は、発言者、著作者により多少異なるが、あえてそのままに記述してある。

1973年にはじまり、最近までの記録を一覧にしたこの表を見ると、調査の時期や調査方法による違いが出てきているが、雪崩現場に事故直後に駆けつけた者が“人が誘発する”雪崩のメカニズムを知り、その目で検証するかどうかにかかっているように思われる。それでも、8割～9割という、おしなべて高い数字に着目したい。

はじめに

１９９４年、私は『いまだ下山せず』を発表した。

この本は、厳冬の槍ヶ岳をめざし、下山せぬ「のらくろ岳友会」３人のパーティを追跡した捜索の記録である。

その冬の入山パーティからコース別情報を取り、北アルプス南部証言地図を描き、一つひとつ証言をたどりながら、半年後に、エスケープルート・常念一ノ沢上部の雪渓のなかから３人を発見した。我が岳友会の３人は、１月１日昼前、常念一ノ沢で雪崩（なだれ）に遭い絶命したと判断した。

その時私は、「下る時間が悪かった。きっと雪がゆるんでいたに違いない。気温、風などの自然条件が重なり、その時間に雪崩が起こった。運が悪かった」と思い、自然の美しさのうちにある厳しい過酷さを伝えて、その記録を閉じたように記憶する。

それから3年後、私は「雪崩は天災か人災か」という論争を耳にした。さらに『最新雪崩学入門』（北海道雪崩事故防止研究会編）を開いてみると、「今までの雪崩に関する常識を、一度すべて捨て去れ」という呼びかけに出合った。

さらに、長野県立高校山岳部の生徒と先生を対象にした県山岳総合センターが主催した雪山研修会での雪崩事故（1989年3月）をめぐって、長野県松本市で裁判が行なわれ、「雪崩事故は、ほんとうに自然災害なのか」が問い続けられたことを知った。しかしこのニュースは、全国紙では取り上げられず、長野の地方ニュースで終わっていた。したがって、私は裁判を傍聴していない。

私がその裁判に注目し、裁判の証人調書を取り寄せて調べはじめたのは、判決の十数年後のことであった。続いてこの雪崩事故に遭遇し、埋没者の掘り起こしに参加した生徒、教師への取材を続け、裁判に訴え問い続けた人々に語ってもらい、一冊のノンフィクションに綴りはじめた。その途中で、家族が病に見舞われて執筆を中断した。10年近くの中断で、やむなく原稿は眠っていた。

2017年3月、栃木県那須岳で、8名の高校生・教員の死亡、計40名の負傷者を出す雪崩事故が発生した。それは長野の事故と酷似しており、私にとって、他人事（ひとごと）ではなかった。私は事故直後から1年近く、栃木県の地方紙である下野（しもつけ）新聞を購読した。1日遅れで郵送されてくる下野新聞は、この雪崩事故に関して、特別取材チームを組み、全国紙の数倍の報道を続けていた。12月になり、私は文部省助成研究グループの栃木那須岳事故検証結果を報告するセミナーに参加した。

その報告のなかに、雪崩の原因としての人的刺激の検証はなかった。雪崩事故検証の視点が二十数年前と変わっていないことに愕然とした。その日の自然条件は詳細に報告されたが、栃木高校生グループ40名がなぜ雪崩に遭ったかのヒューマンエラーについて解明しようとする報告はなかったのである。長野事故・松本裁判が拓いてみせた雪崩人災説は、また眠り込まされようとしている。

今も30年近く前の問いは生きている――〃それはほんとうに自然災害なのか〃の追跡の軌跡を振り返ろうと、私はふたたびペンを執った。

目次

＊本書では、裁判の記録や各種文書、私信などが引用されていますが、それぞれの表記がまちまちなため、読みやすさを優先して、内容を変えずに表記のみ変えたところがあります。

序章　突然の訃報

松本は岳都である。

3月、JR松本駅の改札を出てアルプス口に向かうと、雪を蓄えた常念岳が、人々の目を圧倒する。そこには、山々の表情と共に、喜びや悲しみを分かち合う人々の営みがあった。3月も下旬になると、常念岳や横通岳は深い雪を蓄えて聳えているが、その手前の山脈は低い順に黒くさんざめいて早春を告げている。

その山笑みの風に吹かれながら勤めから帰宅した母は、明日、山から降りてくる長男酒井耕の好物〝野沢菜とゼンマイの煮物〟づくりにとりかかった。「煮物は一晩おいたほうがよく浸みるでネ」とつぶやきながら、野沢菜とゼンマイを取り出した。

母三重は、長男耕が中学2年、次男慶が小学5年の時に夫を大病で失い、そのあと二人の息子を育てあげ一人立ちさせて、その1年目が終わろうとしていた。6年前に再婚して、三重だけは篠宮姓になっていたが、息子たちの成長は、母の大きな支えであった。

長男耕は、長野県松本蟻ケ崎（ありがさき）高等学校の数学教師になり、やがて1年が過ぎようとしている。翌年度から山岳部顧問にならないかと勧められていた。「県の山岳総合センター主催の、高校生と山岳部顧問を集めた研修会が五竜岳であるので、僕参加するヨ」と耕が告げた時、三重は「お母さんの出来ることは、おにぎりネ」と声をかけた。三重は、耕が山に行く日の早朝、勤めに出かける際に、広告チラシをひっくり返し「元気に行っておいでネ」と書きつけて出かけた。書き置きをして出かけてから2日間、時折り、雪山で汗する息子を思い描いた。

息子の出かけた岳（やま）は、松本から見える山脈をずっと北にさかのぼった白馬村にある五竜岳の遠見尾根であった。

2日目の夕暮れ時、「五竜は、まだ雪深いだろう」とひとりごとを言いながら、明晩下山してくる息子に食べさせようと、煮物づくりにとりかかったのである。まな板に野沢菜をのせて刻みはじめた時、玄関の電話が鳴った。手を止めて、走って出ると、

「蟻ケ崎高校の橋渡（はしど）ですが！」

と緊迫した校長の声。三重は、

「耕に何かあったんですか?!」

と問い返した。

「亡くなられました」

三重は、受話器を持ったまま、失神した。

第1章　雪崩その時

長野県山岳総合センター主催の「冬の野外生活研修会」は、長野県下の県立高等学校山岳部生徒24名と顧問教師6名を集め、5名の講師により、北アルプス五竜遠見の支尾根で開始された。現地に入る前日、大町の山岳センターに宿泊し、「高校登山部の目標」「冬山登山の基礎知識」の講義を受け、翌日の昼には、強風のなか、全員でチャンピオンコースをたどり、テント、食糧などをかつぎあげた。地蔵の頭(かしら)からまわりこんだ平坦地にテントを張り終えたのは、1989年3月18日午後2時過ぎのことである。

参加した高校は長野県下の県立高校のうち、岡谷東高校、松本深志高校、松本蟻ヶ崎高校、須坂高校、大町高校である。班は、高校別ということではなく、全体を混成した次のような5班からなる編成であった。

1班　講師　宮本 義彦（中野実業高校教諭）
田中 延男（30歳　岡谷東高校教諭）
今井 秀幸（30歳　松本深志高校教諭）
赤羽（あかはね） 康定（42歳　松本蟻ヶ崎高校教諭）
酒井 耕（24歳　松本蟻ヶ崎高校教諭）
福島 伸一（25歳　須坂高校教諭）
関 賢司（31歳　大町高校教諭）

2班　講師　松田 大（松本蟻ヶ崎高校教諭）
池田 直樹（松本深志高校1年）
羽生田 仁（松本深志高校1年）
中島 佳範（松本蟻ヶ崎高校1年）
太田 弘（松本蟻ヶ崎高校1年）
小林 義幸（須坂高校1年）
栗林 陽一（大町高校2年）

3班　講師　重田盛（小諸商業高校教諭）
宮田俊明（松本深志高校1年）
本山充秀（松本深志高校1年）
斉藤宏太（松本蟻ヶ崎高校1年）
三村航（松本蟻ヶ綺高校1年）
久保村行彦（須坂高校1年）
笠原竜（大町高校2年）

4班　講師　藤松（ふじまつ）太一（山岳総合センター専門主事）
望月洋生（松本深志高校1年）
矢崎訓由（松本蟻ヶ崎高校1年）
川上智宏（松本蟻ヶ崎高校1年）
横川玄（大町高校1年）

5班　講師　古幡和敬（山岳総合センター職員）
伊藤佳代（岡谷東高校2年）
菊島一美（岡谷東高校2年）
岩下裕子（岡谷東高校2年）

塩原 歩（松本蟻ヶ崎高校1年）
古川 美香（松本蟻ヶ崎高校1年）
林 利枝（松本蟻ヶ崎高校1年）
中沢 恵美（須坂高校1年）
平林 慶子（大町高校3年）

各校とも、1年生を中心としたメンバーの参加である。各校山岳部顧問教諭の受講生は1班に集められた。明日、小遠見尾根（2007m）への登山が予定されていたので、まずワカン（雪上歩行具・輪カンジキの略）をつけての歩行訓練からはじめることになった。ワカンをつけるのは生まれてはじめてというメンバーもかなりいたので、全員が履き終えるのに思いがけず時間をくった。

各班の講師によって歩行訓練の斜面が選ばれた。テント地左手から5m下降したところに支沢があり、その支沢の正面にある斜面に歩行訓練場所が設定された。各班に多少のバラつきはあったが、15時30分には歩行訓練を開始した。その斜面には、昨日降り積もった30cmから、ところによっては50cmほどの新雪があった。ワカンを履いた受講生たちは、膝下までもぐる雪に一歩一歩踏み込んでいったのである。

山岳部顧問の教員たちを率いる1班の宮本義彦講師は、一度選んだ雪面の雪が少なかったため移動して、訓練地を一番東側の急斜面に変えた。各校からの新人を含む6名の山岳部顧問が、幅10mほどの斜面に横一列に並び、宮本講師が先導した。５m後方から、今井、田中、関、福島、赤羽、酒井教諭が横一列に並び、ラッセル（雪を掻き分け踏み分けて、道を開きながら進む）をはじめた。

福島伸一は、これまでにワカン歩行の経験があったので、宮本講師の呼吸とほぼ同じ早さであとを追った。登りはじめて二息目ほどで、福島はちょっと立ちどまった。すると、上のほうからスノーボールが落ちてきた。２、３個ではない、野球の球とバレーボールの中間ぐらいの大きさだった。「なんだろう」と思った瞬間、いきなり足元が動きはじめた。のっているジュウタンを引っぱられるような感触の最中、宮本講師の「やばい！」という声を聞いた。それは「雪崩だ」などという認知の言葉ではなく、もっと本能的に口を突いて出た声だった。

全身が２回転する間、福島は、これは雪崩なんだということがチラっと頭をかすめた。雪がドンと止まった。足をひねった。しかし幸いにも、手と首が雪上に出ていた。周囲には何も見えなかった。「二度目の雪崩が来たら、僕も埋まる」と恐怖感が湧き上がった。谷側に固定された福島の眼に見えるのは、累々（るいるい）としたデブリ（雪崩で堆積した雪塊）だった。今まで一緒に歩いていたはずの誰もいなかった。雪崩によって掻き消された音。

その時、この雪崩斜面の右隣りの４班では、藤松講師が４名の男子生徒にワカンを用いたラッセルを指示し、１班よりも数m上の高みに登っていた。４班の受講生矢崎訓由は、藤松講師より１班に近い位置でラッセルをはじめていた。すると視界の左隅でなんの前ぶれもなくズルズルと雪が動きはじめた。雪と雪が擦れる音だけで、地響きなどはなかった。ほとんどの生徒が「雪崩とはこんなに静かなものか」とのちに述懐している。

4班の講師藤松太一は、となりの左上方で「ピシッ」というわずかな音がしたのを聞いた。見上げると、まるで巨大なノートの1頁をめくるように、雪がスローモーションで剝がれ落ちてくる。藤松は「ナダレだー！」と大声で叫んだ。藤松と4班の男子生徒は、転がるように駆け降りた。そこには1班の右端でラッセルしていた今井秀幸と田中延男が、雪崩に巻き込まれずに茫然として立っていた。一番手前に誰かの左足が雪面から突き出ている。その1mほど向こうに福島が胸まで埋まり片手を動かしている。あとは累々とした雪の固まり。

4班に続いて、2班、5班、3班が飛んできて救出に加わった。まず、顔を出していた福島が、手掘りとピッケル掘りの生徒により掘り出された。同時に片足が出ていた個所が掘りおこされた。出てきた男は口がガタガタ震え、顔は蒼白だった。関賢司だった。チアノーゼが出はじめていた。雪崩発生後5分が経過していた。

藤松講師は「ほかの先生はどの辺にいると思う？」と、最初に掘り出された福島に問いかけた。しかしその時点では、まだ福島のショックはおさまっておらず、返事は要領を得なかった。4班の生徒たちも「何人で登っていたんですか」と口々に問いながら手を動かしていた。

雪崩た雪の量は予想よりはるかに多く、どこに誰が埋まっているかの痕跡は定かでない。何人が巻き込まれたのかもわからない。しかし、あと10分が勝負だゾという声を聞きながら、生徒や講師は「埋まっていそうな場所」を勘で突いたり、掘ったりをくり返した。時間が勝負だゾと口々に叫ぶ声が谷を制していたが、この時点で、この谷にスコップはなかった。生徒の述懐によれば、雪は重いので掘るのに精一杯だった。掘った雪をどこへ出すかなど考える間もなく放り出していた。意識がしっかりもどってきた福島、関が口を開きはじめ、福島の隣りに赤羽、前方に宮本講師、それに「もう一人、酒井先生が一緒に歩いていたはずだ」ということになった。

この時点で、藤松講師は、テント場にスコップをとりに行けと指示を出している。また思いおもいの場所を探していた生徒や教諭たちに、「固まらずに散らばって探せ」とも声をかけた。

テント場から持ってきたスコップは、生徒証言によると5、6本だったという。生徒が見つけたワカンをたよりにそのスコップで掘り下げて行き、赤羽康定が発見された。雪崩発生後25分が経過していた。赤羽は意識を失い、ぐったりとしている。矢崎の証言によれば、ややあってガタガタ震えはじめ、生きているのだナと思った。唇の下を切っていたが、低温で血流がにぶっているせいか、しばらく血は出なかった。黄色い顔をして、ずっとデブリの上に座りこんだ姿勢のまま動かなかった。

最初に救出された福島伸一は、完全に回復してスコップを握った。自分の掘り出された左手を掘り進んだ。３ｍほど離れたところに達した時、デブリのなかにワカンを発見した。「ワカン発見！」の声をかけ、みんなのスコップで集中して掘り出されたのは、宮本主任講師であった。１ｍ半ほどの深さで山側に頭を向け、俯せになっていた。藤松講師が頬を平手で打って刺激を与えた。すると次第に動きはじめた。顔は赤むらさき色だった。雪崩30分後の発掘であった。掘り出されて30分ほどした頃、宮本は、自分が主任講師であり、雪崩に遭ったことを認識できる程度に回復した。

藤松講師の指示により古幡講師が警察に第１報を入れたのは、16時20分であった。

「15時45分、五竜遠見の支尾根で雪崩発生、１名がいまだ行方不明。人手とスコップを早く上げてほしい」というものだった。

雪崩現場では「酒井先生を見つけよう、早くしないと先生の呼吸が止まっちゃう」と懸命の捜索が続いていた。

どこに埋もれているかわからない。生徒も先生も、幅7ｍ長さ20ｍを超える累々としたデブリに散って掘り続けた。スコップは6本だけ、あとはピッケル、ピッケルのない者は素手で雪を掻いた。女生徒のある者は手掘りしながら泣きはじめた。手の指で掻いている生徒のなかには、手袋が毛ではなく軍手の者もいた。その手は次第にまっ白に凍傷していった。生徒の斉藤は耳にツララが出来た。太田は時計を何回ものぞいた。「雪崩」の声を聞いてから50分が過ぎようとしている。「ヤバイぞ！　早くしないと」とつぶやいた。大半の生徒の手は感覚を失い、凍傷を起こしかけていた。指の感覚だけでなく、手の平の感覚もなくなっていた。が、その手で、中島も太田も矢崎も斉藤も、「酒井先生、なんとかがんばってくれ」と祈りながら掘り続けた。

意識が回復した赤羽教諭によって、酒井教諭が1班の一番端にいたこと、やや遅れ気味に登っていたことが知らされた。デブリの先端に人手が振り向けられた。デブリ先端を掘りはじめた田中教諭が、雪中にワカンを見つけた。「発見！」の声でみんなが駆け寄り、集中して掘る。深い。

この時点で塩原歩は、酒井先生を温める湯をわかすため、テント場に上がりコンロの火をつけた。

1・7ｍの深みから掘り出された酒井耕は、目は開いたまま、藤松らの呼びかけに反応を示さなかった。顔色は黄色で口からよだれが出ていた。福島伸一は懸命に手足をさすった。古幡、藤松の両講師は、かわるがわるマウス呼吸を行なった。心臓マッサージも併行して行なわれた。

太田と中島は、「赤羽先生の時は、掘り出されて間もなく小刻みに呼吸を再開したのに、酒井先生はまだもどらない。なんということか」と見つめ続けた。すると、生徒はみなテント場に上がれの指示が出た。

テント場で湯を沸かしていた塩原歩は、「酒井先生、なかなか登ってこないナ」と待ち続けていた。そこへ「シュラフをひとつ下に降ろせ」と伝令が来て、「エッ！　なぜシュラフ？」と思った。息のもどることがかなわなかった酒井耕はシュラフに包まれてテント場に運び上げられた。

4月から山岳部顧問になるためにこの研修会に参加した酒井耕は、一瞬の雪崩によって1・7mの雪の底に65分間埋めこまれ、還らぬ人となったのである。

（註：事故のあと書かれた「登行図」には酒井耕が埋まった雪の深さが1・2mと記されている。この違いについては、これまで問題とされたことがなく解明されていない。私の取材では「一番大きく掘られた穴」「2m近く埋まっている」と聞いているが、再取材不可能なため、このまま記録しておく）

酒井耕の母、三重が「死」の知らせを受けたのが、3月18日18時3分。帰宅した夫、篠宮弥平に支えられて立ち上がり、車で耕の勤務先である長野県松本蟻ヶ崎高校を経由して山岳総合センターについたのは、19時30分をまわっていた。センターの西沢所長、主任講師だった宮本義彦、主催責任者藤松太一の3人が待っていた。

「全員で手を尽しましたが、蘇生させることが出来ませんでした。申しわけないことをいたしました」と、頭をさげた。

　一方、参加生徒たちは日暮れてからタクシーに分乗してセンターに帰ってきた。生徒の帰着後かなり経ってから、1班の宮本講師は大町警察の事情聴取を受けたあと、戻ってきた。誰もが、事態が信じられないといった思いと、疲労の色をにじませて、急に用意された夕食をボソボソと食べた。蟻ヶ崎高校の女子生徒は涙で喉をつまらせ、途中で箸をおいて部屋にこもった。

　うす暗い廊下から突然、うめき声が聞こえてきた。

　それは言葉にならない叫びになって、生徒の分宿している部屋の中央にある廊下を突き抜けた。それぞれの部屋の扉が少しずつあいた。

　もがくようにして血を流し倒れ込んでいたうめき声の主は、酒井耕のとなりで登行し、25分間デブリに埋められていた赤羽康定だった。すぐに救急車が呼ばれ、病院に運ばれていった。サイレンと共に赤いランプが去ると、岩下裕子は友達に話しかけた。

「たぶん、あの先生は、雪崩に遭った恐怖が夜になってこみあげてきただネ」

　友達は、

「口のところ切ってた先生、今になってこわくなったん」

と応じた。その部屋には、各校の女子生徒全員が床をのべていたが、蟻ヶ崎高校の女生徒の嗚咽(おえつ)をそっと囲んで、なかなか眠りにつかなかった。塩原歩は、

「赤羽先生、子どもに申しわけない、もうこれで終わりかと思ったんだって。酒井先生は最後に誰のこと、思ったのかしら」

　と言うなり、ヒクヒクと泣きはじめた。

それを見守る他校の生徒たちも、昼間の谷の一場一場を思い出し、事実を認めるまでに複雑に心をかき乱された。

大町警察に安置された遺体確認の時が来た。母三重と義父の弥平は、署員に導かれ扉をあけた。地下の安置室に入ると、左手奥のゴザの上に、もの言わぬ長身の男が横たえられている。着せられた浴衣は寒々しく、寸たらずで足のスネが飛び出している。三重は胸をつかれた。線香がたかれ、一人の警官が警護していた。遺体の顔をおおった白い布が、その警官の手によって取り払われた時、三重は息子のからだ全体を抱きしめた。

「なに！　耕！　どうしたの――!!　どうしたのよ――!!」

嗚咽が続いた。死者の手には包帯がぐるぐると巻かれていた。母はその包帯の手を取って

「こんな手しちゃあ、もうピアノ弾けんじゃん、耕どうするの――！　耕ったらどうするのよ――！」

次々に呼びかける母の言葉は、死を認めていなかった。

その時、耕の友人丸山敏毅がニュースを聞いて、花をかかえてやってきた。三重は精一杯がまんして花を受けとったものの、息子の前に飾ることは出来なかった。

「耕、寒くてこれじゃあ風邪ひくじゃん」

と口走りながら、その丸山に毛布を買ってきてくれるようにと頼んだ。

遺体警備をしていた警官が向きを変えた時、三重は驚いて声を発した。

「尾戸さんだネ！　どうしてこんなとこにいるだ」

警官は答えた。

「オラもどこかで見た人だと思ったデ。えらいことになったネ」

それは、20年ばかり前にさかのぼる。三重が闘病中の前夫をかかえながらパートで働いていた時、息子の耕は保育園児だった。幼かった耕は、母の職場が終わる時間まで駅前交番のお巡りさんと待っていたのである。

「尾戸さん、遊んでもらった耕は、こんなに大きくなったで」

死の事実を打ち払いながら、三重は救いを求めるように尾戸巡査に語りかけた。

大町署を出る時、大勢の報道陣が待ち受けており、フラッシュがたかれた。「今のお気持ちは？」とおきまりのマイクが突き出された。

丸山が持ってきてくれた毛布にくるまれ、耕のなきがらは松本市征矢野(そやの)の自宅に向かった。その車中、三重は息子の死を受け入れなければならないとしたら「これから私は何をしたらよいか」と考えていた。耕の遭難死を、耕の恋人に知らせるべきかどうかと思案した。

耕は、父が長く難病を患って亡くなったために、母子家庭の長男として、弟慶と共に育てられた。松本深志高校の3年の時、母三重は再婚し篠宮姓となり、新しい父を迎えていた。深志高校の1浪した3人の同級生と共に京都大学理学部に進学し、家を離れた。まもなく、京都の女性と親しい仲になっていた。まだ母の承諾は受けていなかったが、深志から京大に行った4人組の丸山敏毅、佐々木哲夫、西牧岳哉(たけや)と耕の間では、彼女は酒井と一緒になる女性として認められていた。三重は、耕が大学を卒業し、松本に帰った直後から、3日に1通は送られてくる手紙によって、息子の愛する人の名、妹尾（せのお）あかね（仮名）を知っていた。

半年前、一度だけ耕が、彼女を自宅の門に待たせてモノを取りに寄ったことがあった。三重が「結婚は3年世の中を見てから」と言い渡していたため、「お茶でも一杯あがって」という三重の誘いを断って、挨拶だけ交わしていた。彼女はTVドラマ「植物物語」の主人公コマ女に似ていると三重は思った。あの時、フリルのついたスカートをはいて立っていた彼女に知らせるべきかどうか。自分が受けた夕刻からこれまでの一場一場の愕（おどろ）きと悲痛な思いを、彼女は耐えられるだろうか。それは、とても酷（むご）いことのように思われた。しかし、耕が口をきけなくなったのだから、知らせないわけにはいかないと道中ずっと煩悶し続けた。

23時、耕は冷たい帰宅をした。それまで付き添った松田大が「申しわけないことをしました」と一礼した。松田は3月末に蟻ヶ崎高校から他校に転出することが内定していた。

「来年度、山岳部顧問をやってみないか」と耕に声をかけ、今回の講習会へ誘ったのは松田だった。

座敷にあがると、耕の親友、西牧岳哉が待っていた。

「西牧さん、助けてよ――！　これ、どういうことずら！」

三重は、西牧の胸にとび込み悲痛な叫びをあげた。西牧は、冷たくなった友と対面し、夜が明けるまで離れなかった。

翌19日の朝、三重は、京都の妹尾あかねの自宅に電話を入れ、息子の突然の死を伝えた。あかねの心情を思いやり、「一人ではいらっしゃらないように」とつけ加えた。

19日が通夜、20日が火葬、21日が葬儀という段取りが決まり、耕の死に対応する日程が次々に組まれはじめた。蟻ヶ崎高校の校長をはじめ、教育委員会関係者がやってきて、葬儀の準備がはじめられた。祭壇が組まれた。

昼過ぎ、京大4人組の3人が西牧の連絡で集まった。彼らは、学校関係者、研修会関係者の葬儀準備を横で見ていた。4人組は何か違和感を覚えた。やがて運びこまれる花輪の位置をめぐってのやり取りがくり広げられたのだ。とりしきっている人々は、出来るだけ公的な花輪を前面に、あるいは中央に置こうとしていた。

西牧岳哉は、その時、

「酒井の死をめぐって、何かがはじまっているナ」

と、直感した。

午後2時をまわった頃、京都から妹尾あかねが到着し、耕と対面した。泣き崩れて離れようとしない。

この時、三重は「私が泣くのは終わりにしよう」と思ったという。「息子を愛し理解してくれた人の心と体のことを気づかおう」。納棺にあたり、何を一緒に入れようかと、三重はあかねに相談した。

「お母さん、セーターと、耕さんが好きだったベートーヴェンの楽譜」

という答えが返ってきた。セーターは、茶と紫の編み込みのあるニット。耕が生徒の前で授業をはじめた時、毎日着ていったセーターがあかねの贈り物だったことを、三重は、その時はじめて知った。楽譜は、ピアノのある中二階にあかねがこもり、引き出しのなかから探し出したベートーヴェンのレクイエム。

3月20日、酒井耕は松本市のはずれにある城山の火葬場で荼毘に付された。本葬儀は、事故の3日後にあたる3月21日午後1時から、松本市のセレモニーセンターで行なわれた。坊さんを好まなかった耕の意を汲んで献花方式だった。県の教育長、次長をはじめ、事故関係者が一団をなした。蟻ヶ崎高校の1年を中心とする生徒たち、同校での同僚教師、友人たち600人が参列し、それぞれの思いで花を捧げた。

弔辞は、まず酒井と同期で蟻ヶ崎高校教員となった中澤健一、生徒を代表して生徒会長黒岩文靖、校長の橋渡良知と続いた。そのあと、深志高校で耕を担任した深沢整、鎌田中学で担任だった永井時彦が思い出を語った。

最後に、親友、西牧岳哉の長い別れの言葉が読み上げられた。それは、それまでの弔辞の長さの3倍を超えていた。高校、大学を同じ深志、京大で過ごし、卒業後、長野県立高校の教員となって志を一つにして進んできた西牧の、別れがたい気持ちが切々と読み上げられ、会葬者の胸を打った。酒井耕は、着任後すぐに諏訪清陵高校山岳部顧問となった西牧と山行を共にし、アルプスの風に吹かれた日から山岳部顧問を志したのではないかと呼びかけた。同じ道を16歳の時から歩いてきて、「酒井の死は私の手足をもぎとるようなものでした」と声を詰まらせた。さらに、声を立て直し、語りかけるように続けた。

「酒井君のことは一生忘れません。忘れてはならないのです。――私たちの心のなかに酒井君という人間を生き続けさせていこうと思います。――酒井君、時々、私たちの心のなかに訪ねてきてください。〝ああ〟とか〝やあ〟と、いつものように声をかけてください。そして帰る時も、いつものように〝それじゃあまた〟と言って、何度でも訪ねて来てください。酒井君が私たちにしてくれたように、いつでも暖かく迎えるつもりです」

　と結ばれた。

「安らかにおやすみください」というそれまでの弔辞のなかにあって、それは異色であった。この異色の呼びかけには、思いつめた怒りと決意が込められていると、三重は気づいた。

「耕は、西牧さんの人生まで狂わせてしまうのではないかしら」と不安に思った。

第2章　翌朝、雪崩現場に立つ

この雪崩事故に疑問を持った岳人がいた。事故の翌日の朝、日本山岳会信濃支部の西牧康は、長男の穂高と共に地蔵の頭に立っていた。

「五竜遠見の支尾根で訓練中に雪崩発生、酒井耕死亡」の知らせ以来、西牧康は、「なんであんなとこで雪崩が起こるだ」「ほんとうに、自然発生の雪崩か」と、煩悶しつつ朝を迎え、長男穂高の車で、安曇（あづみ）村の自宅を起き抜けに飛び出してきたのだった。

朝9時、快晴の稜線は、くっきりと群青の空をふちどっていた。まず康は双眼鏡をとり出し、五竜遠見、五竜、白馬へとパンしながら、山々を遠望した。

「自然発生の雪崩の跡」を探して、双眼鏡を引き、山の部分部分をなぞっていった。自然発生の雪崩事故ならば、同じ気象条件のもとで同時多発しているに違いないと予想を立てたのである。

通いなれた雪崩の発生しやすい個所である〝不帰の沢〟〝白馬槍から南面に降りてくるルンゼ（岸壁の割れ目の急峻な岩溝）〟――とレンズでたどったが、雪崩れた跡はなかった。ここらは降る度に落ちてもおかしくない雪崩の通り道である。

康は「自然発生の雪崩は、ここ1週間起きてないナ」とつぶやいて、報道された遭難地点「五竜遠見の支尾根」をたよりに左手にまわり込んでいった。地蔵の頭から少し下った平たい雪原に、八つのテント設営跡を見つけた。防風用に積まれた雪のブロックは、くずれていなかった。「何十カ所も眼を留めたが、雪崩の跡は見あたらなんだ。でも酒井が埋まったちゅうは事実。どうして雪が動いたか」と、思い巡らしながら歩いてきて眼をあげた時、対岸の斜面の雪が引きずりおろされているのが飛び込んできた。

V字型に引き剝がされ、誰に案内されなくても、そこが事故現場であることは歴然としていた。西牧康にとって、高校教師である3男岳哉の親友酒井耕が雪崩にやられたというショックは大きかった。しかし、それ以上に若い時から知り尽くしている五竜遠見で雪崩が発生したことへの衝撃で、一夜まんじりともせぬまま、「どうして、あんなとこで！」と納得できなかったのである。幾度かの雪崩の危機を回避してきた登山家として、〝明るくなったら現場に立つ〟ことだけが、その「なぜ」を解き明かしてくれると思われた。

今しがた地蔵の頭から遠望した谷々は、ここ1週間降り積もった雪におおわれていたという。しかし眼前のその急斜面だけは新雪が剝げ落ちている。「これは雪を切ったナ」と直観した。上に行くほど

雪崩現場　1989年3月19日(事故の翌日)
撮影　西　牧　康　氏

その斜面は切り立ち、スプーンカット（スプーンでえぐったような形状）になっている。

「なんでこんな急斜面で訓練しただ」

急斜面を下り、沢に降り立った。

「酒井はどこで死んでただ」

雪崩れた先のデブリのなかに五つの穴をみとめた。デブリは左手に流れていた。末端から4、5mのところに一番大きく掘られた穴を見つけ、

「ここが酒井の最後の地か」

とつぶやき、思わず二人で合掌した。

「結構埋まったナ。2m近く埋まってる。あれだけ埋まれば息は出来んわナ」

と康は穂高に語りかけた。少し下ってゆくと、その下は、がくりと落ち込んでいた。

「雪崩の勢いがもう少し強くて、酒井がここを越えて流されていれば、転がり出ることが出来たに」

と思った。

穂高はここまで見きわめると、スキー場のほうにとって返した。ひとり残った康は、その雪崩の全容をカメラに収め、剝げ落ちた斜面に上がっていった。

固い雪面だった。斜面を登ったり下ったりし、デブリに腰をおろして、せんべいをかじった。煙草に火をつけると、紫煙はまっすぐに立ち昇った。

快晴無風。事故から17時間後に、雪崩現場に立ったのである。デブリも、掘られた穴も、昨日のまま、原形を留める生々しさであった。雪上に2、3滴血の跡があった。

西牧康は、１９６９年、日本山岳会信濃支部のアラスカ登山隊のメンバーとなり、マッキンリーの山頂を踏んでいた。その15日後、フォーレイカのアイスフォールで雪崩の巣に踏み込み、降雪中に激しい雪崩の爆風を受け、もう駄目かという極限を3日間体験していた。

また14年間、冬になると、東京天文台に請われて、越冬観測員として乗鞍岳に続けて登った。この間2度、雪崩に遭っている。

さらに、厳冬期に上高地を山越えで目指し、釜トンネルに直かに降りようと試みて、川の底まで流されたことがあった。自分の歩く刺激で上部の雪面が切れ、雪崩が走ったのだと思っている。

これらの雪崩体験から体得したものは、「雪崩には必ずキッカケがある」ということだった。鳥の羽ばたき、風で木の枝から落下した雪の刺激さえも、雪崩の出発点になった。しかし一番気をつけなければならないのは、自分たちが雪面を切ることであった。

「雪を切るな」は、雪山の大原則であることを、康はその一登一登から学んでいた。〝雪を切るな〟とは〝雪面に過重な負担をかけるな〟という警告である。

3本目の煙草に火をつけた。ライターの音がカーンと淋しく鳴った。

「眼前にある急な雪面をどうやって酒井たちは登ったんだろう」

と思い描いた。

「一列になって、ワカンつけて直登の訓練でもやったかナ」

と思ったりもした。

〟誰か来る。こんな大きな事故だから誰か来る。警察か、県の関係者が必ず現場検証に来るはずだ。そしたら……〟

「なんでこんな急斜面で訓練したか」「どんな並びで登ったのか？」

康は、ぜひ聞いて確かめたいと思ったのである。しかし夕暮れが近い4時まで、そこには人っ子一人やってこなかった。撤退した。

帰宅後、その質問を、3男の岳哉にぶつけてみた。

「ワカンを履いて、横一列に6人が並んで登ったらしい」

という答えが返ってきた。

康は、

「それは人工雪崩だ！」

と叫んで絶句した。しばらくして、

「雪崩をおこす訓練をしたようなものだで」

と、康が吐き捨てるのを、岳哉はじっと聞いていた。


葬儀の翌日、山岳総合センターの西沢所長が、講習会主任講師の宮本義彦と講習会企画立案者の藤松太一と共に、事故の経過説明に酒井の家にやってきた。

母三重、義父篠宮弥平を前に、所長が講習会の計画、当日の状況、雪崩発生の状況、それに救命のための努力を説明した。その時三重は、1班の雪上歩行訓練が横一列に並び、息子耕が一番左はしに位置して、宮本講師のあとを追って登っていたことをはじめて知った。〝雪が上から落ちてきた自然発生の雪崩である〟と説明された。

所長は、

「自然は時として過酷なものです。耕さんの蘇生に出来る限りの努力をしましたが、こんな結果になってしまいました」

自然現象と説明されたが、それだけでは納得できなかった。三重は「事故の原因はなんですか」と、念を押した。その間1班の現場指導者であった宮本は黙りこくっていた。

「これから関係者で検証いたしますが、例年やってきた研修会だけは、これからも続けさせてもらいます」

その時、三重は「事故の原因がわからないのにどうして研修会を続けると言えるのか」と思ったという。しかし言葉にはならず、ただ涙するだけだった。

その夜、西牧岳哉が三重を訪ねてきた。事故の翌日、父康が写してきた事故現場の写真を広げて話しはじめた。

「お母さん、父が事故の翌朝、現場に行って写してきた写真がこれです。周辺には自然発生雪崩の跡は全然なかったって言ってますよ。はっきり言えば人が新雪の上に横一列に並んで入ったために雪を切ってしまい、引き起こされた雪崩の事故だと言い切っています」

三重は、山岳総合センターの説明との大きな違いに愕然とした。この違いをどう追及するか話し合った。その日、雪上歩行に参加していた先生方と、その場にかけつけた生徒たちに、現場の状況をくわしく聞く以外にないという結論が出た。

一方、３月25日、山岳総合センターの西沢所長が、宮本、松田、藤松、古幡、重田という当日の講師を招集し、反省会を開いた。表層雪崩だろうということだけでは一致したが、原因については結論にいたらなかった。


陽光がめっきり明るくなり、花々が一斉に咲いて４月となった。しかし三重にとって、まだ季節は巡っていなかった。洗濯も炊事も今までのようには身が入らない。このままでは駄目になると、三重は葬儀後１週間で職場に出た。履く靴下がなくなった。その時、前夫酒井延俟(のぶい)が就職の橋渡しをして東電労組松本支部の書記になっていた小林溶子から電話がかかってきた。三重が電話口で訴えた。

「溶子さん、私、今が何月だか実感もてない状態なの。履いて出るソックスもなくなったけど、どこに買いに行けばよいか、わからなくなったで」

溶子は、ソックスを５足買って社内便で三重に送った。


山岳総合センターの藤松太一は、土曜日になると三重を訪ねてきた。４月２日は菓子折を持って「お線香をあげに来ました」と上がり、４月８日と４月17日には保険の手続きについて説明にやってきた。その度に、山の魅力を語っていった。藤松は信州大学山岳部ＯＢで、現在は上田中学の体育教師である。しかし事故の前年の人事異動で、長野県山岳総合センターの専門主事となっていた。山の現役である藤松の企画立案により今回の講習会は実施された。専門主事が県立高校教員のなかから山のキャリアを認めた宮本、松田、重田と、センター職員古幡を講師として配置し、五竜遠見講習会が開かれたのである。

藤松は三重に向かって、大学時代の劔全山縦走の話をリアルに楽しげに話したあと、

「山は死ぬだ、でも登るだ」

と自説を披瀝した。それに三重がかぶせた。

「でも、今回は登山じゃないでネ。キャリアある講師がついて行って指導した研修会だでネ。藤松さん、それを一緒にしてもらっては、耕が浮かばれないさ。この前も言ったけど、事故原因の解明はどうなってる」

「報告書がもう少しで出来上がる」

と藤松が答えた。

「私の勤めてる東電でも、たとえ小指の小さなケガでも、事故調査委員会が必ず原因を明らかにするで。報告書はぜひ見せてください」

と三重が念を押すと、藤松は、出来次第届けると約束した。しかし話が事故当日の１班の話になると、歯切れが悪くなり「責任は主任講師の宮本先生だでネ」を繰り返した。三重は最後に憮然とした声で言った。

「ぜひ、宮本先生にお会いしたい!!」

事故から１カ月後の４月22日午後、酒井家の玄関にサングラスをした男が、呆然と立っていた。

「赤羽です。耕君と最後まで一緒にいた者として、お線香をあげに来ました」

三重の涙があふれ出た。事故では25分間雪中に埋めこまれ、掘り出されたそのあと、山岳センターで再び雪崩の恐怖に襲われてうめいていた赤羽康定である。いまだに青白い顔である。

「僕たち一緒のテントでした」

と、赤羽は語りはじめた。

「テントを張り終えて小一時間、雪訓に移るまでに自由時間があったんです。テントで茶を沸かして二人して飲んだんです」

その声は、もう落ちつきをとりもどし、整理がついていた。

「耕先生が、外からきれいな雪を取ってきましてネ。それを溶かして湯を沸かしたんです。――伊藤園のティーバッグで作ったお茶。耕先生、カップに1杯半飲みました。生徒が差し入れてくれたカリントウを食べながらネ。その間に……」

ちょっとためらったが、言いはじめた。

「女の品定めみたいな話を、……こんなこと言っていいですかネ」

と三重をのぞきこみ、笑顔をたしかめて続けた。

「女の話に、彼はのってこなかったんで、私が一方的にしゃべりました。でも聞いてないというのではない、不思議な遠い国の話のような顔して茶を飲んでました」

「『雪訓！』の声がかかり、テントの外に出てワカンをつけました。彼、履くのはじめてだったんですネ。例の斜面を、宮本講師の指示で山岳部顧問の教師6人が横一列で登りはじめたんです。――あの瞬間、私の左にいたはずの耕先生は遅れていたんでしょう――僕の視界にはいませんでした」

三重は、さめざめと泣いた。

第3章　母と息子のHISTORY

人には、思いがけぬ歴史があるものだ。ある日、何十年も前の蓄積が、その日のために甦り、援軍となって立ちあらわれる。

三重には、学齢に達する前からの苦労を切り抜けてきたキャリアがあった。

1935年9月21日、三重は、父松田義人、母鈴の3女として松本で生まれた。三重が6歳の時、昭和17年3月12日、大工であった父義人（44歳）が橋の工事の無理がもとで風邪から肺炎となり、1週間寝て急死した。16歳から3歳までの6人の子どもをかかえた鈴（40歳）は、「この先、どうやって暮していこうか」と思案にくれた。

年金も保険もない、現金収入は断たれた。三重の小学校入学に備えて義人が貯めていた15円（カバン、洋服、靴代）は、義人の葬儀費用に消えた。義人は腕のよい大工でクギを結構ためていた。お金になったのは、このクギだった。しかしそれも生活費に、見る間に消えた。

鈴は、近くのチョッキ製作所で働くことにした。真綿を重ねて、市松模様にしたチョッキに仕立てる作業だった。

6歳の三重は母の姉の家に、9歳の姉愛子は、父の弟夫婦にあずけられた。三重の妹は3歳で幼いため遠くへ離すことが出来ず、近所にあずけて夕方迎えに行く方法がとられた。

愛子は20㎞離れた波田町へ出されたが、三重は、それに比べれば近かった。松本分銅町の自宅から浅間線の電車に乗り、あがたの森に近い埋橋にある中野家である。三重の叔母にあたる中野ちひろは、先妻が大きな子を残して亡くなった中野家へ後妻に行って、3、4年しか経っていない事情にあった。中野の主人は、棟梁で、大勢の職人をかかえ、忙しい家だった。3月末にあずけられた三重は、4月1日、その叔母に連れられて源池小学校に入学した。父の弟たちが、新入生用のカバン、洋服を買ってくれ、ピカピカの1年生になった。入学した源池小学校では、よそ者としていじめられてはいけないと、幼いながらどこかで気を張っていたという。

叔母は厳しかった。夕方は植物への水やり、夜は布団敷きをしつけられた。下着とてあまり持っていなかったので、叔母の14歳の義理の息子の、脇に黒線のはいったパンツを、おさがりではかされた。中野家では、家族や使用人が内風呂に交代で入った。三重はそれまで銭湯しか入ったことがなかった。内風呂で、洋服を脱いで、この黒線パンツになるのがとても恥ずかしかった。

淋しそうにしていると、30歳近い叔母の義理の娘ユキが声をかけてくれ、時には人形を買ってくれた。

「ユキ姉さんには可愛がってもらったで。でもネ、私は自分の家が忘れられんで」

と、三重は、あの幼い日を思い出す。ひと月もしないうちに、一人で分銅町の実家に舞いもどった。そしてまた埋橋に送り返された。だが学校から帰ると、3日とあけずに、分銅町の家が、母が恋しくなる。

三重は電車での帰り方しか知らなかったが、現金は一切持っていなかった。恋しくなると電車に乗った。大人の陰にかくれて乗り降りした。車掌も、多分わかっていただろうに見のがしてくれた。分銅町の家に着くのは母の帰宅時間前で、軒下に座って母の帰りをひたすら待った。

「お前、また来ただネ」

と母の声がすると、母に抱きついた。二人でしっかり抱き合って泣いた。ひとしきり泣くと、母は辛そうに、しかしはっきりと言った。

「埋橋に帰れや」

こんな日が何十回も続いた。とうとう夏休みに入ると、家で留守番させようということになり、実家に帰ることになった。三重にとって、それはうれしいとか、よかったではなく、当然のことだった。

1年の2学期から三重は、当時、伊勢町の北にあった開智小学校に転校した。

母の内職はその頃、松本城近くの真綿屋に出来上がったものを届け、帰りに次の仕事の材料をもらってくることになっていた。三重は小学1年生だったが、母の役に立ちたいと思った。ゆっくり歩けば30分かかる真綿屋へ、母の内職の品を届け、帰りに次の仕事をもらってくる手伝いを続けた。

20年6月、松本にもB29が飛んでくるようになって、三重一家は、波田に疎開した。山辺にB29が爆弾を落とした時、母や兄に「茶箱に入っていろ」と言われ、息をひそめて、警戒警報が解けるのを待った。

日本の敗戦を伝える8月15日の玉音放送は、波田の役場のラジオで聞いた。気持ちが沈んだ。

それから4、5年の記憶は、ほとんどが食糧買い出しの場が占めている。終戦の年の10月、松本駅近くの巾上(はばうえ)にもどっていた一家は、毎週、波田村の農家に買い出しに出かけている。母について三重は度々買い出しに行った。その農家のおかみさんは、いつもついてくる三重に、「よく来たネ」と、毎回まねき入れて、干柿とか干イモを手に持たせてくれた。

昭和26年、三重は中学校を卒業することになる。

松田一家は、食べて行くのがやっとの状況だったので、三重は就職することになった。三重は、全体像の見えない歯車になりたくないと思っていた。「部分でなく、最初から最後までやれる仕事につきたい」という希望と、「夜間の高校に行きたい」という強い願望を持っていた。だが銀行や民間会社には、片親の子には受験のチャンスすら巡ってこなかった。また中学の先生も「夜学は女にはムリ」とすげなかった。

三重より成績の低い人がみんな高校に上がる。高校に行けない悔しさがこみ上げ、「学校なんて燃えちゃえ、成績表なんて燃えちまえ」と恨みをつのらせた。片親だから就職しなければならないのに「片親だから受けられない」――これまで受けてきた新生日本の教育の柱であった〝教育の機会均等〟が、実は題目でしかないことに憤慨した。

中学卒業の2日後、家の近くにあった米穀配送会社に就職した。勤務は朝8時から夜7時までの11時間労働。給料は月1500円、夏冬2回のボーナスは醤油1本ずつだった。一人前として働くことの期待は大きかったが、入ってみたら、中学で習った労働基準法はみんなウソだった。
が、母に毎月1000円を渡せることがうれしかった。朝、制服の高校生とよくすれ違った。うらやましい気持ちがいや増し、勤めながらとれる資格はないかと探し、社会人のためのソロバン学校に入った。中学卒業から1年半が経った頃、電話局に勤務する姉のすすめで、働きながら電話交換手としての資格の取れる職場に移った。

当時の電話交換は、代表番号にかかってきた電話を、双ひも式の線を内線用の穴に突っ込むやり方でつなぐ方法が採られていた。したがって代表電話を持ち、内線につなぐ必要のある規模の事務所には〝双ひも式電話交換機取扱者〟の有資格者をおくことが義務づけられていたのだ。

その電話交換手候補ということで、三重は、浅間温泉の〝鷹の湯〟という旅館に転職した。三重は17歳、食事付きで月2000円の給料。勤務時間は、朝7時から夜11時まで。6畳の部屋に帳場係の50歳代の女性と同居の住み込み勤務だった。休日は2カ月に1日。しかし比較的昼間は暇なので、電々公社が実施する電話交換の資格取得の講習に3カ月通った。旅館で弁当を作ってもらい、その3カ月は、昼は講習、夜が仕事だった。三重はこの時の弁当で、生まれてはじめてロースハムを食べた。「なんとおいしいものなのだろう」と思ったという。

この旅館は番頭が4人、仲居が30人、調理師が5人をかかえた大規模旅館であった。松本で映画のロケがあったり、歌謡ショーがあると、芸能人はここに宿泊した。美空ひばりが内線電話をかけてきて「果物をおねがいします」という電話を受けたこともあった。

時は昭和28年のことである。三重は電話線をつなぐ交換の仕事をしながら、世の中の裏をのぞくことになった。帳場からの指示によって、置屋に芸妓さしむけの依頼の電話を入れるのは三重の役目でもあった。

「ひとみさんはいるかヤ」

「あやこさんは何時に空くかや」

と電話をさばいた。


秋のある夜、東京電力の人たちが大広間で送別会をしていた。三重は、今の職場では自分を磨く時間がないので悶々（もんもん）としていた頃である。料理を運びに出る仲居の姉さんに「東電では後任の人、入れないか」を聞いてもらい、「あとに人入れるってサ」という返事をもらった。〝鷹の湯〟の主人に転職の希望を話すと、「三重ちゃんにはそのほうがいいワ」と気持ちよく入社試験に送り出してくれた。

公募で38人が集まり、2名が採用された。三重は、28年11月に電話交換手として臨時採用、29年4月、東京電力正社員となった。〝鷹の湯〟の主人は三重の前途を祝い、岡田カバン店で、その頃流行りのダレスカバンを買ってくれた。正社員となると、給料は月5600円に賞与も出た。母へは月3000円を渡すことが出来るようになった。何か習いたいと思っても今まで時間的に手も足も出なかったが、今度は勤務時間は夕方5時まで、休日もしっかり週1日巡ってきた。待っていましたとばかりに、生け花、洋裁を習いはじめた。数カ月熱中したが、「どうもしっくりこない。やっぱり今後のことを考えると基礎学力が必要だ」と思うようになった。あたためていた高校進学の夢を、組合の青婦人部、コーラス部の指導者だった酒井延俟に打ち明けた。

「勉強は若いうちにしたほうがいいよ。学校に行って勉強するんだったら、僕、協力してあげるよ」

という思いがけぬ励ましの答えが返ってきた。冬中勉強をして、長野県立松本深志高校定時制の入学試験を受けた。

合格発表の日の夕方、職場が終わると、一緒に受験した友人と二人で信濃毎日新聞販売店に立ち寄り、夕刊を買った。おそるおそる開くと二人の名がたしかに載（の）っていた。

「今日は、お祝いだで」

と二人は、だんごを2本ずつ、ペロリと食べた。

１００人の同級生と共に、30年4月に高校に入学した。三重は、1年が20歳、2年が21歳、3年が22歳、卒業は23歳だった。

東電の仕事を終えて学校に駆け込み、教室に着席するのが17時30分、授業は21時15分までだった。それからクラブ活動をし、帰宅するのは、夜の12時を過ぎていた。しかし三重は疲れを感じなかった。一日一日新しい知識を得、水を得た魚のように活力が増していった。なかでも国語の藤岡筑屯先生の授業は新鮮だった。藤岡先生は前歴校で校長に反抗して定時制に配属されたと噂されていたが、毎時間、生徒の知的好奇心の扉を開いてくれた。今までふれたことのない本や映画の話が続いた。「チャタレイ夫人の恋人」「女の一生」「人形の家」などが、三重の無垢の心に生き生きと吸収された。この時、理屈どおりに行かない人生の不条理を知り、自分で決断し道を拓く力が養われた。

夜12時に自宅に帰りつき、本を読んでから寝る日が続いた。眠くなかった。心豊かな世界が広がっていく喜びは何ものにも代えがたかった。

1年の時、兄から入学祝いに贈られ、通学に乗っていた自転車が盗まれた。藤岡先生は街中を探し歩き、質屋に入っていることをつきとめてくれた。三重を連れて、その質屋に出向き、「夜学生の自転車を盗んで入れたんですヨ！　ご主人、半分はお宅で責任持ってくれ」と掛け合った。5000円で入っていたので、2500円で出すことが出来た。高校の月謝が500円の時代である。「深志高校の生徒としての誇り」を育てるエリート教育に藤岡筑屯先生は反発し、どんな環境に投げこまれても貫けるヒューマンな人間教育を目指した。

三重は、先生の万葉集の授業が毎週待ち遠しかった。万葉集の言葉が好きになり、その言いまわしが好きになり、万葉の世界が好きになった。三重は万葉の歌を全部読みたいと思った。酒井延俟が、松本城近くの書店鶴林堂で厚い万葉集の本を買ってプレゼントしてくれた。

藤岡筑屯先生は俳人であり、後年、信濃毎日新聞の俳壇の選者となった人である。

三重が東電に入社してしばらくすると、合唱が隆盛をきわめた。歌声運動が盛んだった頃である。酒井延俟は、音楽の特別の学校教育は受けていなかったが、アコーディオンとピアノが弾けた。東電松本合唱団の指揮者であった。合唱団は常時20名前後、そのなかには、のちに裁判を支える会会長となった芦沢直人がテナーを歌っていた。また、バスの小林道夫は松本深志高校から東京工大を経て、東電の燃料電池の基礎を築き、後年、理事になった人である。その小林は、試験の前になると三重の英語を見てくれた。三重はアルトと楽譜のガリ切り（謄写版印刷の原紙の作成）を担当した。夜学から帰宅し、夜中の2時、3時までガリを切った。

年に何回か、夜行に乗って東京・新宿の歌声喫茶に行った。夜行で松本を出て、早朝に新宿に着き、「カチューシャ」や「ともしび」という喫茶店に入ると、夜半から歌い続けている人々の重厚なハーモニーに迎え入れられた。

秋には東京で開かれた「電力のうたごえ大会」に参加した。指揮は芥川也寸志であった。北海道電力から九州電力まで、全国各職場で日頃合唱を続けている合唱グループ4000人が一堂に会し、芥川也寸志のタクトで和音を響かせた。

三重が高校3年の夏にさしかかった頃、英語の小松先生から三重の担任である石川先生に次のような依頼が舞い込んだ。

「10月の文化祭でチェーホフの〝かもめ〟をやるんだ。そのアルカージナに松田三重を登場させたい。石川さん、口説いてくれ」

三重は、それを聞かされた時びっくりしたが、「新しい世界が開けるかもしれない」と思い、引き受けた。夏休み前から台本の読み合わせがはじまった。夏休みに入ると、連日立ち稽古をした。衣装は、先生が持ってきて見せてくれた劇団の舞台写真を見てイメージした。自分でデザインし、縫うことになった。袖をピョンピョンとつまみあげて、小山のようにふくらんだオレンジ色のブラウス。それに、光沢のある黒で段々にフリルのついたロングスカートが出来上がった。なかには張りのあるペチコートをつけた。三重は長い髪を巻き貝のようにアップし、入れ込んで結い上げた。髪の長い、目の大きい女性として有名だった松田三重は、見事なアルカージナを演じた。酒井延俟とその妹が一緒に観に来てくれた。

酒井延俟は信州新町に生まれ育った。小学生の頃は、信州新町の神童と噂された。山間の農家で育ったが、山深く田んぼはなく、麦作りと養蚕が生業だった。兄が川中島のバス会社に勤め、その給料だけが唯一の現金収入であった。

延俟は中学校では野球のピッチャーでならした。私立篠ノ井高校からスカウトがかかったが、私立への進学は経済的にとても無理だった。将来を見据えてそれを断り、長野県立長野工業高等学校の建築科に入学した。この専門を生かし、母の待ちこがれていた東京電力株式会社に就職したのである。

三重と延俟、それぞれに遅い青春を共にしながら、三重26歳、延俟28歳の時に結婚した。

二人の間に、1964年（昭和39年）4月10日、男の子が生まれた。

夫は、長塚節の小説「土」を愛読していた。「土臭さのなかにも、土を耕やすような独創力のある人間になるように」と、その男の子を「耕」と名付けた。耕は「恵まれない人々のために一生を捧げるような人間になってもらいたい」という両親の期待を受けて成長した。

耕が3歳8カ月になった時、弟の慶が生まれた。病院に祖母に手を引かれてやってきた耕は、母の胸のなかにある赤ちゃんを離れたところから見つめて、無言で帰宅した。

「お母さんは、もう僕のお母さんではない。赤ちゃんのお母さんになってしまった」と萎(しお)れて数日を過ごした。しかし次第に無心に動く赤ちゃんが可愛くなり、その頃、彼が読みはじめたマンガの主人公の怪獣の名を引いてきて、「アントラー」という名をつけろと母にせがんだ。そして耕は、自分が転びそうになりながら、アントラーをだっこしてあやし続けた。

この頃から夫の延俟は体調を崩し、疲れを訴えるようになった。病院にかかったが原因は不明で、だましだまし勤務を続けた。

耕は5歳になると、ピアノのレッスンを受けはじめた。ピアノに熱中しはじめた耕を見て、三重は「お父さんの血筋だわネ」とつぶやいた。

耕が小学校に入学する前後から延俟の病状は進行した。職場を休みがちになった。三重はもしものことを考えて働きに出た。延俟は県下の信州大学医学部病院をはじめ、名だたる病院を訪ねたが、医者は検査結果のデータを見ながら首をひねり、病名さえわからなかった。

耕が小学2年になった時、父は順天堂大学病院から入院をすすめられ、検査のための長期入院をした。慶はこの時、幼稚園生。その慶によれば、「お父さんというのはどこの家でも病院に入って、家にはいないもの」と思って育ったと述懐する。耕は8歳。「家のなかの経済、子育て、生活のすべてが母の肩にかかってきている」ことを感じとれる年齢であった。家庭に起こった原因不明の不幸な出来事を通して、耕は少年でありながら、母の頼れる人になろうと背を伸ばしていった。プラモデルにはまる一方、いろいろな本を読みはじめた。急速に社会性に目覚めていく。小学4年になると、担任の先生に耕は将来の希望を語っている。

「僕は国会議員になって弱い人を助け、悪い奴をやっつけるんだ」
小学6年になると、同級生に言われていた。
「僕らのクラスには担任が二人いるだ。一人は柳沢先生、もう一人は耕先生！」

三重は、延俟が職場を休職になると、人にすすめられて、ポーラ化粧品の訪問販売員になった。「父が寝込んでいても、子どもたちには経済的苦労はさせない」と、三重は人並みはずれた努力を重ねた。慶は「就職するまで経済的に窮屈な思いはしなかった。それは母のおかげ」と振り返る。几帳面さ、努力家、社交性をフルに生かして、三重は営業成績をぐんぐん伸ばしていった。毎月の売上高が100万円を超え、松本一の成績となった。それとて、ウルトラC作戦などあるわけもなく、一軒一軒訪問して、女性にすすめ、わかってもらう、その積み重ねの成果であった。——この業績は中央からも注目された。松本に独立した代理店舗を開けとのすすめも受けた。後年予想もしなかった県告訴で立ち向かう闘いの署名運動でも、その経験と営業力が大いに生かされた。

三重がポーラで働き続けたのは、38歳から43歳まで、その時耕が9歳から14歳、慶は6歳から10歳であった。耕は、その間ピアノにうちこんだ。朝6時から1時間半、ピアノに向かって練習をし終えて登校した。向かいに住む池田夫妻は、耕の弾くピアノの音を目覚まし時計がわりにした。目覚しは、ある週、ソナタになり、ある朝はメヌエットになった。

昭和52年秋、延俟は休職満了となり、東京電力を退職した。体調不良を訴えはじめて10年が経っていた。その間、2、3日出勤しては休職期間をリセットする処置を取ってもらい、復帰の道だけは残してあったが、それもいよいよ終了した。障害者年金の手続きを取った。

翌53年正月、東京電力所長から三重に心優しい手紙が舞い込んだ。「52年暮れ、新しい新信濃変電所が開設されたが、そこで女性の事務職員を雇うことになった。もしよかったら採用試験を受けないか」という誘いであった。

ポーラのセールスは順調で、子どもたちを食べさせていく自信はあったが、セールスにはやはり浮沈の波があった。手紙を手に、将来の安定性、子どもの独立までの期間が早くて12年かかることに思いをめぐらせ、東電入社の道へ転換した。新信濃変電所のある朝日村までは路線バスはなく、全員が車通勤だった。運転免許を持たない三重には、タクシー通勤の処置がとられた。朝7時に契約のアルピコタクシーが迎えに来る。三重は家事を済ませ、夫の昼間の食べ物を準備し終えて、タクシーに乗った。

三重が新信濃変電所に入って9カ月後、自宅療養中の夫は、遂に還らぬ人となった。耕は中学2年、慶は小学5年生であった。

耕は父の出棺にあたり、父の好きだったショパンをピアノで弾き、送り出した。覚悟していたこととはいえ、あまりにも早い父との別れに、弾き続ける鍵盤への落涙を止めることが出来なかった。

三重は、自身が高校生の時から25年間、人知れず支えてくれた酒井延佚の昇天は信じがたいことであったし、呼べど帰らぬ部屋に座して日暮れを迎える辛さは身を切られるようだった。しかし、今から育ちゆく14歳と10歳の二人の男の子を食べさせ、教育し、一人立ちさせなければならないと思うと、長く感傷に浸(ひた)っているわけにはいかなかった。

三重は、家庭のなかで、父親役と母親役を兼ねて務めた。この子たちに、片親だからと卑屈な思いをさせてはいけないと、経済的にも精神的にも気を張った年月が流れた。

一方、耕は中学2年だが、一家の精神的大黒柱を務めようと、背を伸ばしていった。

三重も耕も、夫や父のいない穴を埋めようと努め、それ故にぶつかり合い、競い合う日もあった。その二人のアンビバレンツな関係を、慶はじっと見詰めていた。

三重は、45歳で東電の正社員化の試験を受け合格した。45歳は、社員化試験受験資格の限界ラインだった。合格の幸運を親子で喜んだ。

耕は鎌田中学から松本深志高校へ進み、次第に醒(さ)めた青年になっていった。受験勉強がはじまっても、ピアノの練習は欠かさなかった。深志高校に入学すると間もなく、耕は化学部に入部した。そこで無二の親友西牧岳哉に出会う。二人とも社交的ではなかったので、すぐ近づきはしなかった。夏休み合宿で、昼は水質検査を一緒に、夜は自由時間で夜遅くまで語り会う日が続いた。ぐっと二人の間は近くなった。化学部のクラブ活動がない日も部室にやってきて、たがいに将来の希望などを話すようになっていった。

西牧の自宅は梓川(あずさがわ)村だった。下校時、それぞれの自転車に乗って片足をおろし、二人の分かれ道でまた話し込み、話が夜に長びくと、「西牧、僕の家に泊まれや」ということにも度々なった。

ピアノの先生の東京での発表会が、市ヶ谷の教会で開かれることになった。耕はその前座を務めることになり、高校を休んで上京し、白いブルゾンを着て、ショパンの「英雄ポロネーズ」を弾いた。しかしそれを自慢するでもなく、ただ飄々と弾いた。高校の担任が彼のかくれた腕前を知ったのはそれから間もなくだった。彼は説得されて、県下の合唱コンクールに出場した深志高校合唱部の伴奏を務めた。「あのもの静かな耕がネ」と皆が囁きあった。

学年末の奈良修学旅行の日、耕は、持ち金のすべてをはたいて、３０００円の包丁を手に入れた。〝一番大事な母が一番必要とするもの〟と考え抜いた結果のみやげだった。

三重は、正社員となり、職場での信望も増した。二人の息子も次第にたくましく成長していったが、成長すればするほど口数は少なくなっていった。そんななかで、三重の心のなかにポッカリと穴があいた。「子どもたちだけは私が守り通す」と気を張りつめてきたここ10年の生活であったが、子どもたちはまだ経済的には親を必要としながらも、もはや、精神的には自立して友人や家庭外の世界に傾いていった。

「もう、あの子たちは飛び立ちはじめている」という感慨が湧き、同時に誰かに頼りたい気持ちが三重をかすめるようになった。実母を訪ねてそんな気持ちを聞いてもらう日も出てきた頃、知人から再婚の話が持ち込まれた。このことも母に話した。40歳で夫を亡くした母は、自分のことを重ねながら言うのであった。「三重、私は子どもを6人育てただ。けどね、子どもは子どもだよ。いい人なら行き合ってもいいじゃないか。一人で生きて行くばかりが人生じゃないだ」

母の言葉に後押しされて、三重の心は動きはじめた。

「自分にも人生があってよい」

8月に見合いをした篠宮弥平は、真面目なサラリーマンで健康そうな男であった。秋も深まった頃、三重は息子二人を篠宮に引き合わせた。耕と慶、篠宮と三重の4人は、松本城近くの郷土料理店「しずか」で会食した。耕は高校3年、慶は中学3年生であった。三重は、とみに無口になっていく二人の息子との座がもつか気をもんだが、それはすっかり杞憂であった。この日の高校3年生酒井耕は、予想に反して饒舌であった。食事が一段落した時、耕は、

「お母さんと慶は、先に家に帰れ」

と言った。そのまま篠宮のほうに向きを変えて、口を開いた。

「篠宮さん、僕をあなたの家に連れていってください。お話がしたいのです」

それは、堂々とした大人の口調だった。三重は「オヤオヤ」と思ったが、言われるままに慶と二人して帰宅した。

耕は、そのまま篠宮行きつけの酒房に座して話し出した。

「ウチの母は、そんじょそこらにいる女性ではないんです」

「炊事、洗濯がイヤで結婚するなら、結婚しないでほしい」

「あなたは、酒井三重を幸福にする自信はありますか」

矢継ぎ早やに発する科白は、もはや高校生のそれではなかった。完全に三重の庇護者、結婚口頭試問の試験官の言葉であった。

ほんのり赤い顔をして10時過ぎに耕は帰宅し、玄関を入るなり叫んだ。

「お母さん、ＯＫだよ」

三月結婚同居を前に、息子二人は三重に問いかけた。

「篠宮さんのこと、なんと呼べばいい？」

「なんと呼びたいの」

「お父さんと呼びたいナ」

新しいお父さんは、このことを伝え聞いて、ことのほか喜んだ。

三重が、母や兄に再婚しようとしていることを知らせにいこうとしていると、耕は母に向かって言った。

「反対されるようならば、僕に言って。説得に行くから」

耕は、母の結婚の直後、現役で東京理科大学と千葉大学に合格し、千葉大の化学専攻学生となった。6月に入り、三重は息子の下宿を訪ねた。「あなたの大学を見学して帰ろうかね」と息子に声かけると、

「大学、見てもしょうがないヨ」

との答え。おかしいナと思ったが、夏休みに帰省すると、耕は切り出した。

「専任の先生は少ないし、僕、期待はずれだった。お母さん、浪人させてくれ。来年、京都大学を受けたいんだ。予備校に行かなくていい。自分一人で受験勉強するから、オフクロ認めてくれよ」

じわりじわりと既成事実をつみ重ね、自分の望む道をつくってしまうところが、父延侯にそっくりだと、三重は思った。

9月から松本の自宅での浪人生活がはじまった。宅浪というのは、自主自律の学習だから、かなり意志の力が強くないと続かないものだと言われている。耕はそれをやり続けた。河合塾が主催する模試だけは申し込み、宅浪の成果をたしかめた。1月の模試で、数学で全国一の点数を取って大きな自信を得た。それまで化学専攻志望であったが、この自信が、的を京都大学理学部数学専攻一本に絞らせた。親友の西牧岳哉と共に京大理学部を受験した。同じ学部に深志高校から一浪で4人が受験していることがわかり、試験終了後、近くの喫茶店で顔を合わせた。同じ高校で3年を過ごしていたのに、西牧以外は互いを知らなかったので、オズオズとした初顔合わせとなった。4人とは、丸山敏毅、佐々木哲夫、西牧岳哉、酒井耕である。

4人は無事合格した。入学式で再会したあと、鴨川の河川敷で4人は花見をした。1年間の浪人生活の閉塞感から解き放たれ、4人とも一気にはじけた。たらふく酒を飲んだ。みんな酔っ払ったが、耕だけは普段と変らぬ顔をして、「まあまあ」などと3人の酔っ払いをなだめていた。そんな時の耕は、どことなく父親のような目をしていたと4人組の一人、佐々木哲夫は述懐する。

4人は酔った勢いで、京都の百万遍の交差点で肩を抱き合い「民」を踊った。「民」とは松本深志高校の無礼講の時の伝統的な踊りである。誰が作詞し作曲した歌なのかは誰も問わなかった。しかし探っていくと、明治34年に作られた旧制一高（現東京大学）の寮歌「アムール川の流血や」を原曲として、「金色の民」が作られ、諏訪清陵高校を経由して、戦後、深志高校に伝播したものらしい。在校生たちは楽譜で覚えたわけではない。入学後、体育祭や文化祭のキャンプファイヤーの高揚のなかで、上級生が歌い踊るのを見て習い覚えたのである。

『金色の民、いざやいざ／深志の民よいざやいざ／戦わんかな時期来たる／闘わんかな時期来たる』

時々に歌詞を少しずつ自分流に改作しながら高揚していった。

親元を離れている、浪人生活からの解放、何よりも晴れやかに望みがかなった京大生——これらを共有していた4人は、もつれにもつれて踊った。

最初は「ここは公道だからあぶない」「そうだそうだ、やめよう」と、誰彼となくわめいていたのだが、耕が言った「しかたねえな」のひと言が、了解の言葉のように聞こえ、4人の声は一段と大きくなった。

また、桜が満開になると、鴨川の河川敷で4人は花見をし、民を踊って青春を謳歌した。

4人の京都での下宿生活が滑り出した。

西牧は京大近くの寺の離れに寄宿し、丸山は田中大堰町に、佐々木は吉田泉殿町に、酒井耕は吉田山近くの仕舞屋風の二間の部屋を借りた。お互いに自転車で10分ほどで行き来できる住いである。耕の部屋は、座り机がポツンと置かれ、ほとんど余分なものがなかった。誰かが訪ねていくと、卓袱台のような机に向って耕は、だいたいポツネンと本を読んでいた。部屋は閑散としてモノがないが、基本的な生活用具、炊事用具は揃っていた。洗濯機、自転車、炊飯器は、母三重が持たしていた。4人組の3人がそれを知ると時々借用にやってきた。洗濯をさせてもらいに来たり、几帳面な彼のノートを借りに来たりすると、松本の母から送られてきたダンボール箱のなかから、カリントウや落花生や味噌漬をとり出して分けてくれた。逆に、西牧が寄宿している寺の床下に、梓川村の自宅から持って来てころがしてある馬鈴薯をもらってきて、出かかった芽をむきとって煮て食べたりした。

耕は思索にふけることの出来る京都の生活が気に入っていた。夏休みになってもすぐには帰省しなかったので、夏休み早々に信州に帰省した西牧の家庭教師の代行を引き受けた。京都の夏は暑い。じりじりした日照りのなかを代行家庭教師として通い、「勉強なんか、そんなにしなくてもよい」と受験生に発言して、親の眉をひそめさせた。彼は大勢で賑やかにしているよりも孤独を好んだ。口数も少なく、自分から感情を表わすことはめったになく、醒めていた。しかし、そんな彼にもいくつかの例外があった。丸山敏毅が彼の下宿を訪ねると、昼近くなって用事があると彼は外出していった。あとでわかったことだが、東寺の縁日に出る店で店番をしたのだという。どこでどう知り合ったのか、その店のおばさんに頼まれたらしい。

耕の乗り物は、自転車から、のちにオートバイになった。丸山は誘われて、誰もいない北山の奥に二人乗りでバイクをとばし、山中に停めて山のなかを歩きまわった。冬枯れた山を深々(しんしん)と二人で歩いた。

耕は、松本に帰る度に、母と篠宮がうまくいっているかと気をもみ、三重と二人きりになると、

「お母さん、幸せ?」

と問いかけてきた。遠く離れていたが、たまに帰省すると、母はどことなく無理をして、あまり新

しい夫と共感し合えていないのではないかと感じていた。

京都に、篠宮と母が二人でやってきた時、2日間京都見物をして信州へ引きあげる日、耕の目の前で、こんなことがあった。出発の前、三重は、耕の今日明日のおかずにと馬鈴薯を煮はじめた。その横で、早く出発しようと篠宮が急かした。三重は、箸を動かしながら言った。

「お父さん、12時10分まで待って」

「待てない！」

篠宮の声。その時だった。耕が切れた。

「待てないとはなんだ。お母さん、今、何をしてると思う！」

耕は日頃感じていた篠宮との不協和音を今つかまえたとばかりに大声を上げた。三重は二人の間に割って入り、

「耕、その言い方はまずいよ。お父さんに謝りなさい」

顔を赤くしていた耕は、しばらくすると深呼吸をして、

「僕の言い方、悪かった。ごめんなさい」

と謝った。つづいて篠宮も、

「お父さんも悪かった。お父さんもいけなかった――お母さんを一生懸命大事にするで。耕も一生懸命勉強してくれ」

と謝罪した。これは親子3人の間がコントロール出来た最後だったかもしれないと、三重は振り返る。

耕は、言葉では謝ったが、目の前で展開されたドラマが心配となって尾をひいた。

京都で出会った8歳年上の女性に、耕は、母の行く末を心配し、見たこと感じたこと、すべてを話しはじめていた。その女性の名は妹尾あかね、幼児教育の研究者であった。母と篠宮の間に不協和な響きを感じたり、今回のような直接の火花を見たりすると、耕と妹尾の会話は長くなり、深くなった。そして次第に離れ難い仲になっていった。

弟の慶が京都に遊びにやってきた時、耕は弟に妹尾を紹介している。耕は慶に、

「お母さんに話しといてくれんか」

と茶わんを洗いながら、後ろ向きで言った。慶が、

「いいよ。お母さんびっくりするで」

と引き受けて1時間もしないうちに、耕は、

「慶、彼女のことは自分で話すで。お母さんに言わんでいい」

と変更した。一度ならず、

「話しといてくれや」「いや、いいわ、自分で話すで」

と耕の迷いは続いた。

母がなんと言うか、耕にとって一番気になるところであった。14歳の時、父が病死して以来22歳になるまで、耕はまず母の息子であり、母の庇護者であり、ある瞬間は酒井家の大黒柱であった。幾重もの役を背負った耕はそれ故に、母が妹尾とのつきあいを双手をあげて賛成してくれるかどうか確信

が持てなかったので、自分から母に話す機会はどんどん遠のき、大学卒業後まで延ばされた。

母から耕へふるさと便が届くと、りんごの三分の一はとなりに住むおばさんへ、三分の一は彼女の手に渡された。母の漬物を彼女に食べさせた。彼女は、

「このお漬物、一朝一夕には出ない味ね。お母さんの腕は年季が入っている。いつか漬け方を教えていただきたいわ」

と言い、耕は、そんな日が早くくればいいなと思いながら、しかし、

「ウチのおふくろは、やたらと自分の味は教えんで」

と照れてみせた。

深志高校1浪の京大4人組の間では、妹尾あかねの存在は公認であった。4人組のなかで一番人付き合いが得意でないと皆が思っていた酒井耕に彼女がいると知った時、他の3人は想像もしない驚きを感じている。「ハイキングに行っても並んで歩かないで一人でドンドン先に行ってしまう」ような耕であったが、のちの京大卒業式では、4人組と並んで赤いスーツの彼女が時計台の前で記念写真に収まっている。

大学3年になり、各自の専攻をしぼり込む時が来た。耕が選んだのは、数学を専攻するものにとって非常にマイナーな数学基礎論という分野であった。当時、数学教室では、それに該当する講義はなかった。4人組のなかで同じ数学専攻の佐々木哲夫は、この未知の分野への耕の挑戦を不思議に思った。吉田山の下宿に耕を訪ねた日、

「なぜ基礎論などやるだ？」

と聞いてみた。彼はいつものように、

「べつに——、なんとなく」

という答えを返してきた。なんとなく幾何を専攻することに決めていた佐々木は、なんとなく納得した。


しかし、その後耕の本棚をしげしげと眺めると、そこには集合論や論理学に関する本がずらりと並んでいた。それは耕が「なんとなく」基礎論を選んだのではないことを告げていた。集合論の本など、数学を専ら（もっぱ）とするものにとっても意味不明な記号の羅列でしかなく、よほどの興味と信念をもって忍耐強く立ち向かわねば、解読するのが困難であった。この専攻の決定は、ひとり基礎論へ触手を伸ばして、コツコツと道を拓いてきた結果であった。耕の頭脳のなかでは、いくつもの数学上のテーマが花開きはじめていた。


数学専攻の学生にとって、卒業後は大学院に進むのが当然であった。佐々木哲夫は耕に向かって、

「大学院、受けるんよネ」

とたずねた。すると彼の答えは意外にも、信州に帰って高校の先生になるというので驚いた。

なぜかと突っ込むと、

「親もいるし……」

と、彼は言った。


耕は西牧岳哉と共に、長野県立高校教員採用試験を受けた。ところが耕の結果は、ストレート採用

とならず、「保留」となった。どうやら、採用試験の日、作文に「空」という題が出て、耕は「これが教員採用にふさわしい題かよ」とつぶやき、1行しか書かなかった、その結果であった。

耕の彼女は、この結果を心から嘆いた。それを耕が必死で慰めた。丸山敏毅は呼ばれて彼の下宿に行き、逆になった慰め役と慰められ役を見ていた。酒が切れると、耕は丸山を自転車の後ろに乗せて、三条まで酒を買いに行った。自転車をこぎながら耕は、

「今日はつきあってくれるんだ。オレうれしいよ」

と喜んだ。一晩、松本の母の漬物をつつきながら、飲み明かした。

1988年4月、酒井耕は保留が解けて、長野県立蟻ヶ崎高校の数学科教諭になった。授業の1時間目、

「ボク酒井です」

と言うなり、黒板に向かって数式を解きはじめたということで、耕は生徒の間で有名になった。

「数学は直感だ」

と耕先生はよく口にした。そして時間があれば、いや時間がなくとも、数式を解くのに熱中した。

初任者研修で講義のあと、何人かが感想を求められ、耕も指名された。

「ボク、高校の数学ですから……」

と、あとが出てこないのを同僚たちはハラハラして見守った。のちに、その理由を彼は同僚の中澤に、

「僕、あの時、講義を聞かずに、数学の難問を解くのに熱中してたんだ。ふいに指名されてあわてて

あんなこと口走ってしまった」

数学科の同僚を中心に、飾らない実直でひたむきな人柄が慕われはじめていた。数学の授業以外に、1年1組の副担任と演劇部の顧問を務めていた。そして、来年は山岳部の顧問をやってみようと心に決めていたのである。

生徒会誌「蟻ヶ崎」に、耕の「教師になって思ったこと」が載っている。

> 数学の成績がぱっとしなくても
> 「好きだ」という人は心配いらない
> 必ずわかる時が来るから
> 嫌いだという人も心配しないことだ
> 何かのはずみでおもしろくなれば
> より深くつきあえばよい
> だからいつまでも数学とは
> 縁を切らないでほしい
> 酒井　耕

一見ぶっきらぼうに見える耕先生は、生徒に対する思いやりをあたためて、それがこれから形になろうとしていた。

三重は、遭難の翌年の夏、蟻ヶ崎高校の校門前の草地のなかに御影石の記念碑を建てた。教師として今から力を発揮しようとしていた息子の望みを、この言葉に見つけ出し、石に刻みつけた。

耕が京都を引き払い松本の自宅に帰ってから、京都からは週に1通以上の封書が届いた。その差出人は妹尾あかね。三重は、郵便受けに入った封筒を耕の机上に置いた。そして、ほぼ2カ月に1回ずつ彼女が松本に会いに来、彼女が来ない月は、耕が京都に会いに行った。夏のはじめ、耕は母三重に切り出した。

「ボク、彼女と結婚する約束をしているんだ。お母さん一度、彼女と行き会ってくれよ」

「就職したばかりで結婚なんて」

と、母は渋った。聞けば彼女は息子の8歳年上、息子は23歳、彼女は30歳を過ぎていた。

「結婚を考えるのは、就職して世の中3年見てからだで！」

と、母は息子に言い続け、彼女に会おうとしなかった。結婚をめぐる母と息子の確執が膠着（こうちゃく）状況となっていた。長い年月をかけて、母は子に、子は母に期待するものがふくらんでいただけに、現実の接点は離れていった。

そんな時、松本に来た彼女を門の前で待たせて、耕が忘れものを取りに自宅に寄った。気配を感じた三重が「お茶でも」と声をかけたが、すでに今は会えないという三重の意思が伝わっていたので、妹尾は上がるのを固辞した。

耕は、職場の数学科の永田勝男先生にも相談していた。就職からほぼ1年経った3月のはじめには、

4月から耕は実家を出て市内で部屋を借り、独立する計画を立てつつあった。

耕は、母を短時日のうちに話だけで納得させることは、もはや不可能だと思った。いずれ口頭で話し合うにしても、母の衝撃を少しでもやわらげて話に持ち込むには、どうしたらよいかを考え続けたのだろう。

その頃、松本征矢野の自宅を朝出ていく家族の順番は、職場までの距離に応じて通常、次のようになっていた。

7時　　三重が出勤
7時20分　慶が出勤
8時　　篠宮が出勤
8時10分　耕が出勤

耕の出勤時刻は、一家のなかで一番遅かった。夜、帰宅が一番早いのが三重で、耕や慶は夜遅く、全員が顔を合わせるのは、週に1度あるかないかだった。家族は、朝、自分の出る時間に合わせて起きてきて、三重の作ったテーブル上の朝食を食べて出ていった。夜遅く帰宅した者はテーブルの上に三重が準備した夕食を食べた。

3月10日すぎのある日の夕刻、三重が帰宅すると、ダイニングのテーブルの上に、三重にあてた耕からの手紙があった。


お母さん、ボクは4月から松本市内にアパートを借りて独立することにしました。

ご承知ください。

三重は、血の気が引いた。その宣言を一気にグチャグチャにまるめ、投げ棄てた。グチャグチャの手紙は、冷蔵庫にあたって、たたきに転がった。

気をとり直して、グチャグチャの書き置きを広げたのは、夜遅くなってからだった。その夜、耕は同僚の先生を送っていって泊まり、帰宅しなかった。

山の研修会に出かける数日前のことである。怒りをぶつける相手が目の前にいない間に、だんだん三重のなかにも変化が起こってきた。しかしこれを切り出すのは、山から息子が帰ってからにしようと心に決めた。息子が山に出かける前、顔をチラと合わせたが、山の準備のことだけを話し、手紙にはふれなかった。

3月18日夕、翌日山から帰る息子を待って、煮物をつくっていたのである。

そこに、あの悲報がもたらされた。

葬儀が終わり、なぜ息子は死んだかの原因を探す一方、やり切れない感情が、三重の胸中に渦まいた。

「許しておけばよかった」

「耕の言葉を聞き届けておけばよかった」

「耕が生きてるうちに、彼女に会っておけばよかった」

次々に自分を責めた。すべては山から帰ったあとでと、何も答えずに送り出したのである。あの置手紙が、愛する息子からの最後の手紙となった。もう答えることが出来ない。

葬儀が過ぎ、諸々の処理を済ますと、三重は最後の手紙をまた広げた。

「耕、ごめんね。答えてあげられなくて」と泣き続けた。この感情は、篠宮とは分かち合えなかった。一人で泣いた。錯乱し食欲がなくなった。幾晩かそんな日が続いた。

ある日の真夜中、次男慶は、たかぶった母に揺り起こされた。

「慶、私どうしても眠ることが出来ないの。耕のところに連れていってちょうだい！」

慶には、母の心中に起きていることがよくわかった。夜道で母を鎮めようと、連れだって外に出た。

第4章　雪崩は自然現象か？

雪崩事故からひと月経ち、毎土曜日に藤松専門主事が三重を訪ねてきた。今日は災害保険の手続だ、今回は押印もれがあったと、やってきた。

その際、藤松は三重をなぐさめはするが、事故の原因については多くを語ろうとしなかった。しかも、かんじんな現場判断に話が近づくと、「宮本先生が、主任講師だで」と何かにつけて〝宮本〟の名を挙げた。これではラチがあかないとみて、三重は「宮本講師に、ぜひお会いしたいと伝えてください」と頼んでいた。

4月23日、主任講師の宮本義彦が三重を訪ねてきた。三重、夫弥平、耕の親友西牧岳哉が宮本を迎えた。宮本は藤松とは違い寡黙な男であった。仏壇で手を合わせ、向きを変え、しばらく固くなって座していた。西牧の「宮本さん、あのあと現場には行きましたか」の問いかけで、ボソボソと語りはじめた。

「はい、つい先日も一人で当時と同じワカンを履いて登ってみました。あの場所はスキーでも下れるし、決して雪崩の起きるような場所ではないです」

うつむきかげんでボソボソ語っていた顔を、その時きっとあげて、

「いろんな条件が重なった自然発生雪崩だと思います」

この結論部分だけは、はっきりとした声で言った。寡黙な分、話にリアルさはなかったが、この〝自然発生〟だけは、そう語るように決めてきたかのように明言した。

「宮本さん、自然の責任にすり替えているのではないですか。原因はもっと緻密(ちみつ)に追及して検証していただかないと納得できません」

と三重が返すと、宮本はぐっと押しだまり、

「耕さんのかわりに自分が死ねばよかったです」

と視線を落した。

5月12日、藤松に「会いたい」と伝言していた講師の一人であった松田大が、葬儀以来はじめて訪ねてきた。松田は、蟻ヶ崎高校山岳部の顧問であったが、4月から白馬高校への転出が決まっていたので、酒井を後任の顧問にしようと研修会に行かないかと声をかけたのだった。

「ふらっと近くまで用事で来ましたので、寄りました」

と上がってきた。耕の部屋をながめ、事故のことを、どことなくサラサラと語った。三重が核心部

分をたずねた。

「信濃毎日新聞に、事故原因は〝判断ミス〟と書いてある点について、先生はどう思われますか」

「実際、事故が起きて雪崩で人が死んでるんだから、ミスということになるでしょう」と松田は、あっさりと言った。そのミスの当事者は自分ではないという軽さを感じさせた。

「耕先生が見つかった時、まだ体はあたたかかったです」

という事実のつぶやきで、話は終わった。

帰っていく松田の後ろ姿を見ながら、自分が誘った結果に対する痛みはないのかしらと、三重の胸に、わだかまりが残った。


5月13日、藤松が事故報告書を渡しに、三重を訪ねた。そして、4月に着任した新山岳総合センター所長が「挨拶に来たい」と言っている旨(むね)、伝えた。

「あたし、来てもらっても困ります。もうそんな形式的なことはいいです」

「どうしても行きたいと言っています」

との会話が、二人の間でかわされた。


長野県山岳総合センター名で届けられた「冬の野外生活研修会」雪崩遭難事故報告書は、19ページの冊子だった。目次は5項目。
1、計画の概要

2、雪崩遭難事故の概要
3、事故発生に伴う対応について
4、報道関係について
5、今後の課題と対応について

事故発生日の状況については、分刻みの5ページにわたる日誌がつけられている。また、事故発生後の遺族・報道関係者、長野県各関係者への対応日誌も日を追って記録されている。

これらの詳細さ、緻密さに比し、〝事故原因〞にあたる部分の記載は15行である。その中味は、山岳総合センターの雪崩についての現状確認を示す一般論であった。要約すると、

①登山書物等で、危険な地形、雨量、斜面の形、気象、時刻など種々の雪崩要因が考えられるが、雪崩について科学的に立証するだけの現象の解明はなされていない。

②面発生雪崩、面乾燥雪崩……乾燥雪崩と雪板雪崩の中間と言え、雪崩を誘発するあらゆる要因のいくつかが重なり、従来言われる面発生雪崩が起こったものと考えられるが、その時の状況から判断することは出来ない。

すべて〝自然現象〞ととらえられている。講師、受講生がその自然条件をどんな点検でとらえ、注意を注いだのか、注がなかったのかの検証は皆無であった。したがって、今後の対応は次のようにしめくくられている。

「今回の雪崩遭難事故を契機として、冬山の危険を極端に警戒しすぎてしまえば、〝雪崩は、斜面に積雪があれば、どこでも発生する可能性がある〞というある本に記されていた通りであり、雪崩を防ぐ

ことは登山を止めることになってしまう。今回の事故をより前向きにとらえることこそが、冬山をより安全に行なうことであるので、これを教訓に下記事項に十分留意して今後の講習会、研修会に取り組んでいきたい」

数年後、私は他のいくつかの雪崩事故報告書を読む機会を得た。気がついたことが一つあった。他の報告では雪面にどんな人力が加わったかは見られず、自然雪崩にやられたと片付けられていた。山岳総合センターの報告書も、原因は自然雪崩だと書かれているものの、この報告書には登行者のならびと登行方法が図面化され、添付されていた（巻頭2P、137P）。これはあとに続くものが検証する基本になる資料であると思った。

5月17日夜、藤松が運転する車で、新年度から山岳総合センター所長となった志川、それに県教育委員会の平林体育課長、遠藤係長が、三重を訪ねてきた。お線香と果物かごを携えてやってきた。ひととおりの挨拶が終わると、三重は切り出した。

「この前いただいた事故報告書は、どうしても納得がいかないんです。〝雪のあるところだったら必ず雪崩が起こる〟という認識はどういうことですか。新しい所長さん、お読みになって、どう思われました」

志川所長は茫然として、

「私は全然知らない」

とつぶやいた。すると平林課長が、

「藤松先生、どういう報告書出しただ」

と叫んだ。藤松は、

「あのー」

と詰まって、言葉が続かない。平林は、困り果てたあげく、

「これからは精一杯のことをさせてもらいます」

と畳に手をついた。

「それはどういう意味ですか」

と、三重が問うた。それに応えて平林が、

「今後事故が起きないように努力させてもらいます」

と収めようとした。そこへ三重が切り込んだ。

「それだけでは納得できません。具体的に言っていただきたい。事故原因の究明をあいまいにするから、また事故がおきるんです」

やってきた4人は、みんな押し黙ってしまった。穏便にことを収めようとする所長挨拶の果物かごだけが、浮きあがってそこにあった。藤松は、事故後、研修会の耕のスナップ写真を集めてグラビアにし、参加者による追悼文集をつくり、今日また、所長と県の責任者を案内して、果物かごをさげて訪ねてきたのであった。しかし遺族には、これらの一つひとつが原因を迷宮入りにするための小道具にしか思えなかったのである。三重は静かに言った。

「耕の死は一体どうなるんですか。事故の原因を究明することなしに、この事故は終わることがあり

ません。みなさん、なぜ事故が起きたか、なぜ雪崩が起こったか……考え抜いてください」

4人は退散した。夫弥平は、4人を送り出したあと、

「お前は強いネ。せっかく挨拶に来てくれたに……」

と、口を開き、その言葉が三重の心に静かな怒りの火を点じた。


5月24日、三重は、友人小林溶子のすすめで、弁護士に話を聞いてもらうことにした。訪ねたのは、松本城に隣接する小笠原・中島弁護士事務所。事故を伝える二日目の新聞の切り抜きを持っていった。長野県主催の野外生活研修会に参加した息子が、五竜遠見支尾根で講師の指示に従って登行中、雪崩が発生し生き埋めとなって死亡した事実を伝え、どうしたらよいか考え続けているのだと、三重は訴えた。聞き収めた中島嘉尚弁護士は、

「学校の研修会でもそんなことがあるの。安心して子どもを出してやれないネ」

という言葉で、悲しみを受けとめてくれた。しかし、どうしたらよいかについては、中島弁護士は慎重であった。言いよどみながら、口を開いた。

「裁判というのは、むずかしいことだでね」

「私は、裁判ということは全然考えていないけど――このままでは、どうしても納得いかないんです」

と言いながら、三重はハラハラと涙を落とした。今後の県側の対応を見て再度検討するということで、2時間の会談は終わった。

6月3日、事故の日に首から下を埋められた福島伸一が、お参りにやってきた。その日のその瞬間を、リアルに語っていった。要約すると、それは次のようになる。

その時、雪の玉が転がりはじめた。自分が踏み込んだ雪面は、表面は固かったが、なかはやわらかだった。踏み込んだ足は、硬い中間の雪面までもぐって止まった。次の瞬間、お盆の上にでも乗っているように、全体が動いた。気がつくと自分は胸まで雪のなかに埋まっていた。

福島は歯切れよく、あの日の自分の体験談を語った。率直な明快さであった。実は、この語りのなかに、のちの争点を解き明かす重要なポイントがあったのだが、三重はその時、その重要性を理解する足場を、まだ持ち合わせていない。

三重は、葬儀後、「このままだと私は行き倒れてしまう」と、気を無理に立て直し、1週間で職場に復帰したのだった。昼休みは息子に寄せられた弔辞や手紙を毛筆で清書した。そうやって息子のことにかかわることで気持ちを落ちつかせてきた。しかし事故の原因は、なんら明らかにならず、奮(ふる)い立たせようとしても気分が沈んでいった。

6月19日、朝から梅雨がしとしとと降っていた。気分がすぐれず、職場に「休む」と電話を入れた。一人、ダイニングの椅子に腰をおろしていると、どんどん滅入っていく。6月のはじめに、なんとか恒例の梅を漬けた、そしてもうとっくにシソを漬け込む時期なのに、「お母さんの梅は最高サ」と食べてくれる息子はもういないと思うと、むなしくなり、シソを買いに行く気になれなかったのである。

「私、もう死にたい」

「でも同期の先生が毎月訪ねて来てくれるからそれまでは死ねない」

「県の対応も抽象的、弁護士のところに行っても道は見つからなんだ。夫の篠宮は世間体に気を取られている。私はどうすればいいんだろう」

気持ちが次第に沈み込んだ。そして、向かいの池田家の玄関にボーッと立っていた。

池田倫代が「奥さん、どうしたの」と出てきて、三重は一気にはき出した。

「私、行き詰まってるの。耕のこと、このままだと生かされず、私は駄目になっちゃう。どうしたらいいかしら」

〝なぜ篠宮さんに話さないの〟という目を三重は感じたが、すでに事故以来の対応のすれ違いを思うと、もはや夫は同居人でしかなくなっていた。池田夫妻は、座敷に三重を招き入れ、今まで訪ねてきた県関係者との対応を聞き込んでくれた。

その時、池田倫代がつぶやいた。

「奥さん、思いきって知事に手紙を書いたら」

「ああそうか、そういう方法もあるでネ」

三重は、一筋の希望をそこに見つけだした。急に元気が甦り、シソを買ってきて梅に漬けた。梅が色づくまで死んではならないと思えた。シソを漬け終えて、知事に何を訴えたらよいかのメモをつくり、一気に書いた。

6月30日、次のような知事あての手紙を、速達書留で送りだした。

長野県知事

吉村午良 様

前略

ご多忙の折り、突然このような手紙を差し上げて、大変失礼とは存じますが、どうかお許し下さい。

同封の新聞のコピーをお読みいただければ、事故の概要は、おわかりいただけると思いますが、私はこの事故で死亡した酒井耕の母親です。

その節は、関係者の方々には大変お世話になり、ありがとうございました。

過日、県、山岳総合センターから事故報告書をいただきましたが、内容は、ほんとうに通りいっぺんのもので、充分な調査、検討もせずに作られたこの報告書には、どうしても納得できません。

原因はどこにあったのか、今後の対策をどうされるのか、まったく明確ではないのです。死亡災害を起こしながら徹底的な原因の究明と、安全についての対策がなされないまま、同じ講師によって、その後も研修会が続けられているのが現実です。

事故から、早や3カ月余を経ましたが、毎日毎日が悲しさに打ちひしがれた日の連続です。私のような犠牲者はもう、私一人でたくさんです。二度と再びこのような事故を決して起こしてはなりません。このためにぜひ、私の心情の一部をお聞きいただきたく、筆をとった次第です。

この事故は、当時大変天候が不安定で、前日から30㎝余の新雪があったにもかかわらず、毎年実施している場所だという安心感から、自然の条件を無視した上で急傾斜な雪面を、大勢で、横一線に並んで登攀（とうはん）訓練をしたために表層雪崩を誘発させた、完全に人為的災害だと信じております。

このことは、事故の翌日に現地へ行った日本山岳会信濃支部会員で冬山に非常に詳しい知人や、また2週間後現地を訪れた私の主人の考え方を聞いて、確信しております。

さらに、また、この研修会の講師2名や、同じ班で訓練に参加して九死に一生を得た先生方5名も、このことは認めております。

事故後、県山岳総合センターより、わずかの保険金（59万2000円）を受け取りました。

死亡は、公務災害と認定されましたが、これは当然のことで、事故のことは別問題だと思います。息子の死が無駄になってはならないし、このようなことが、今後絶対にあってはならないのです。

この度、私が強くお願いしたいことは、次の3点です。

1．この事故に関する責任の所在を明確にして、関係者に責任を取っていただくこと。

2．息子の命の補償をなんらかの形でしていただくこと。

3．再発防止に万全の対策を講じていただくこと。

私の最愛の息子はS63年3月、京都大学理学部を卒業し、県教育委員教員採用試験に合格し、同年4月1日知事様から辞令をいただき、松本蟻ヶ崎高校数学科教諭として採用されました。

青春真っただ中の24歳で逝ってしまった息子にも、これからの人生があったはずです。親を思い、兄弟を思う気持ちが人一倍強かったのに、さぞかし無念であったろうと思います。それを思うと胸のなかがあつくなり、悔しき悲しみで何も手につきません。どうしてもこのままではいられないのです。子を持つ親ならお察しいただけるものと思います。

10年前に、大切な父親を長い闘病生活の末、亡くしました。その時息子は中学2年生でした。それからというものは、二男と私と3人力を合わせ、なんとか生活してまいりました。

とりわけ、私は夫の残してくれた宝物として、子どもの成長を楽しみに、一日一日頑張ってまいりました。ほんとうに心のやさしい、思いやりのある子に成長し、まよわず教職の道を選びました。

「ボクは新米だから、生徒を引率して行くだけ、ベテランの講師がいっぱいついて行くから安心だよ。よもや遭難なんてあり得ない」と言って元気一杯で、出かけて行った息子の最後の姿が、今では私の脳裏にやきついて離れません。

ほんとうに何も疑うことも知らず純真な気持ちで研修に参加し、冬山の体験を一つでも身につけ、生徒のためになろうとしたのだと思います。

去年5月17日、県教委、平林体育課長さんが、お出でいただいた折りにも、今回の事故に関して、「出来るだけのことはさせていただきます」と言われたまま、現在になっても、なんの返事もございません。

出来うることなら、事を荒立てることは、極力さけたいとも考えております。何かと誠意のある話し合いが出来ることを望んでおります。お忙しいところ、まことにあつかましいことは存じますが、私の気持ちをご理解いただき、一日も早いうちに、ぜひ一度、県の最高責任者である知事様にお目にかかれる機会をつくっていただきたく、何分のご配慮、切にお願い申しあげます。

今は、この手紙を、知事様に直々にお読みいただき、心あるご判断をいただけるよう祈るのみです。勇気を出して書きました。

勝手ではございますが、早々のご返事をお待ちしております。

かしこ

平成元年6月30日

松本市　篠宮三重

今度はすばやい対応であった。7月2日県教育委員会から「手紙落手」の電話があり、7月6日、教育委員会幹部が訪問するという回答が届いた。

7月6日、宮崎教育次長、平林体育課長、高校教育課吉岡主事、山岳センター志川所長が、生花と果物をかかえてやってきた。蟻ヶ崎高校の橋渡元校長も同席した。宮崎教育次長は、県を代表して口を開いた。

「お母さんのご心情はわかりますが、自然災害だからどうしようもないんです。大町警察で刑事事件として扱っていないので、県としてはどうしようもない。自然災害だから県に過失責任はないんです」

三重は、役人の形式論を即座にはね返した。

「宮崎さん、事故にいたる実際をご存じですか。警察で刑事事件にしないから、また繰り返されるんです。雪崩の死亡事故は自然が起こした天災だと言ってしまえば気は楽でしょう。でもこれは、訓練方法に問題のある人為的事故なんですね。その具体的訓練方法に立ち入らずに、原因は突きとめられません。宮崎さん、平林さん、訓練生6人が横一列になって雪を切ったということ、ご存じですか」

宮崎も平林も、くわしい状況は何も知らない様子で、ただ黙っていた。三重は続けた。

「とにかく事故について、あの報告書では納得できないので、再調査をして出直してきていただきたいんです」

すると平林が、「あの報告書は仮です」

と言いだした。三重が、

「ほんとうの報告書はいつ出すんですか」と言うと、4人とも返事に詰まり、「いつ」の答えはないままであった。

4人が帰っていくとすぐ、三重は大町警察署に電話を入れ、7月8日(土)に雪崩事故の件で会見の約束をとりつけた。

7月8日、夫弥平の運転する車で三重は大町警察署を訪ねた。担当の小林外勤課長と白井刑事課長が待っていた。

「どうしてこの事故を自然災害と認定したのか聞かせてください」

この一点にしぼって切り出すと、

「自然災害以外の要素を認めることは出来ませんでした」

と素っ気ない答えが返ってきた。三重は、

「現場検証で何を見られた結果ですか。6人の訓練生が横一列になって登った方法と、この日の雪崩発生は関係ないとおっしゃるのですか」

と問いかけると、

「雪崩のメカニズムはいろいろむずかしく、簡単に判断することは出来ません。未解明の分野なんです。雪崩について新潟大学で研究しているようですが、現時点で一様に判断することは出来ないんです」

という課長の答えに、三重は身を乗り出した。

「それだけで済ませるのですか。訓練方法に疑いがあったら調べるのが警察のお仕事でしょ。県は、警察が自然災害だと判断しているから何も出来ないと言っているんです」

前に座った二人の課長は、当日の調書に目を落としているだけで、黙っていた。

「あなた方が現場に一歩踏み込んで調査をしないから、県も動こうとしないんです。私の息子はどうなるんです。死んでも死にきれない。原因は自然のせいだといって済ませるんじゃあ、息子の霊は浮かばれません」

三重の言葉のトーンが悲鳴になり、涙まじりに引きつってきたその時、三重のお尻がきゅっとつねられた。夫弥平の手だった。退出した玄関先で、弥平は三重に言った。

「ここに来てああいうこと、言うもんじゃあない。仕方ないじゃないか」

お上にたてついても仕方ないという夫、なんとか原因を探りあてようと必死の妻。二人は並んで黙して車に乗った。

〝この人の悲しみはどこ？　葬儀の時の遺族代表挨拶だって、「山で死んで本望」なんてトンチンカンな言葉。お上にはおうかがいを立てるという及び腰〟

妻は、事故以来の夫とのくい違いを反芻した。三重は大きく開いてしまった弥平との溝が、もう埋まりそうにないと思った。


県幹部4人が三重宅を訪ねてきた直後、山岳総合センターから、研修会講師と山岳部顧問教諭に召集がかかった。7月13日、平林課長と志川山岳総合センター所長を囲み、事故当日の確認が行なわれた。この席で、赤羽教諭は「今後の事故防止対策をどう立てるのか」と質問したが、みな押し黙っていた。

「オメエたちはその後酒井さんとこに線香あげに行ってるか――そういうことだで、お母さんは怒ってしまっただ。行ってないものは一刻も早く行け」

と集まったメンバーに、平林がハッパをかけた。

7月19日古幡講師、7月28日宮本講師、7月30日重田講師が、それぞれ仏壇の前に座った。

宮本は盆提灯を持って現れた。三重はたかぶって今までの悲しみを吐き出した。

「宮本さん、息子を返して、返してください」

宮本は、三重の激昂する怒りの言葉を、ただ静かに聞いていた。

三重は、8月に入ると、全気力を失った。食欲がなくなった。何も口が利けなくなり、ふさぎ込んだ。

8月6日、一人でボストンに着替えを詰め、波田病院に入院した。点滴を受け、4日間ベッドに横たわった。弥平はやってこなかった。

退院した日の翌日、教育庁次長以下4名の訪問を受けた。次長は、

「お母様のご心情はわかりますが、どうにもなりません。あれから帰って教育長とも話したんですが、これ以上は——訴訟をしていただく以外にないんです。7月13日に講師や顧問を集めて話し合いをしましたが、報告書以上のことが出なかったんです」

三重は、

「県知事さんに会えるようご配慮ください。私はこのまま泣き寝入りは出来ないのです」

と4人に訴えて返事をくれるように託した。

9月26日になって、「教育長なら会うが、知事とはそんな前例がないから駄目です」という回答が寄せられた。

三重は、身一つの掛け合いのむずかしさを思い知らされて、行く先を鬱々と考えていた。その日の午後、デパート井上の裏の市役所分室に出かけた。印鑑証明を取って出てきたら、入口で男性とすれ違った。見れば、5月に会った中島弁護士である。

「私、蟻ヶ崎高校の酒井の母ですが」

中島は足早やに入りかけて、三重の声に振り向いた。

「先生、5分間、時間をください」

三重のすがるような呼びかけに、中島は申しわけなさそうに、

「その5分がないで」

と手帳を取り出し、予定表を目で追って言った。

「10月5日木曜の18時、私の事務所でどうですか」

思いがけないところで約束は成立した。

5月に中島弁護士に会ったあとも、二、三の知人から弁護士を引き合わされてはいたが、「証拠不十分だし、県を相手というのは攻めきれるもんじゃないナ」と立ち消えになっていたのであった。弥平は、そんな事の次第を知ってつぶやいた。

「裁判にでもなり世間に知れわたったら、僕の妹の亭主は校長になれなくなるで」

弥平の妹の夫は、今、教頭であった。これが訴訟への最初の桎梏である。三重は、腰が引けていく人々に取り囲まれはじめる。「学校に子どもをやっている親として、そんなことでは安心して研修に出

せないネ」という中島の共感の言葉だけが、その後も三重を支えた。

中島弁護士との会見が明日に迫った夜、三重は勤めからもどり夕食の仕度を終えたところで目まいに襲われた。キッチンのとなりの部屋で横になる。7時過ぎに帰宅した弥平は、ちらっと隣室の三重の寝姿をのぞいたが、仕度してある食事を一人でとり、2階へ上がってしまった。三重は、言葉もかけずに2階へ上がっていく弥平の足音を冷え冷えと聞いた。

10月5日朝、三重はどうにか立ち直って朝食の仕度を終えた。弥平が降りてきて、それを黙々と食べた。互いにずっと無言であった。弥平は出勤のためカバンを持ち、玄関で靴を履き終えると「今日は、どうするだ」と小さな声を発した。三重の返事は、図（はか）らずも大きな声になった。

「あなたのいいようにしてください」

三重は熱くなった。弥平の無言のとまどいの様子が伝わった。間もなく三重は、玄関のしまる音を聞いた。

約束の18時、三重は西牧岳哉と共に中島弁護士を訪ねた。弥平はやはりやってこなかった。中島が正面に座ると、三重はこれまでの経過を説明した。これまでに、訪ねて来た研修会講師の藤松、宮本、松田とのやり取りによっても事故原因は解明されていないこと。それに納得がいかず県知事あてに手紙を書き、その結果、県教育委員会の幹部が訪ねては来たが、報告書以上のことはわからないこと、事故原因解明には手がつけられていないことなどを手短かに話した。

中島は報告書に目を落とし、読み続けていたが、

「〝雪崩は斜面に積雪があれば、どこでも発生する可能性がある〟っていう認識だから、自然のせいに

してしまうんだな――これは運が悪かったにしてしまうんだ！」

と端的に指摘した。

黙っていた西牧が、目をくりくりさせながら、口を開いた。

「だから雪崩の原因追及には着手しないでいいという姿勢です。しかし、事故の翌朝現場にかけつけた私の父によると、近くのほかの山々には自然発生の雪崩の跡は認められなかったと言ってるんです」

西牧は、次第に力を込めて続けた。

「酒井が参加した研修会では、6人がワカンを履いて、横一列に並んで上がっていった。その結果、斜面の雪を切ってしまった。父は雪崩を起こす訓練をしたようなものだと言っています」

中島は即座に事態を理解した。

「そんなことがあったの？　ひどいネ――どうだろう、知事にむけて公開の質問状を出したら」

中島の提案を受け、公開質問状の内容が討議された。

①事故当日の分析的資料をつくる

②それをもとに知事に向け公開質問状を出す

③それと並行して、知事会見を要請する

以上の三つにまとめられた。

11月24日、長野県庁に出向き、三重は次男慶を伴って、樋口教育長と会見した。三重にとっては、当然、県への陳情などはじめての経験であった。

樋口教育長を前に、事故から今日までの経過を話し、事故原因追及に着手してもらうよう、知事に直接会って話したいと強く要請した。

「知事さんは、この研修会を主催する山岳総合センターを管理なさる最高責任者ですネ。下の方と話しても原因にフタをしてしまわれる以上、最高責任者がお会いくださるのが筋ではないでしょうか。事故の原因を知事がつかもうとしなければ、また事故は起きるでしょう」

樋口はじっと聞いていたが、おだやかに口を開いた。

「息子さんを亡くされたあとのお気持ちは痛いほどわかります。ただ、知事に会わせてくれとおっしゃっても、結局は教育長の私のところに話はまわってくるんです。知事は最高責任者だが直接責任者ではない。そこのところをぜひ理解していただきたいと思います」

三重は再び口を開いた。

「お役所の世界では決して事故原因に向かわないと聞きました。事故にかかわった人を担当からはずすというやり方で対応なさろうとしていらっしゃるのではありませんか。息子はちゃんと講師の指示に従っていた。しかし一瞬のうちに雪に埋まって死んでしまいました。その事故の原因を、真正面から検討していただかなくては、息子は浮かばれません」

「どうでしょう。いろいろ考えて、私の精一杯の気持ちを手紙に書いて送らせてもらいますから」

と樋口が約束し、その日の会見は終わった。

12月初旬、樋口教育長自筆の手紙が三重あてに届いた。県庁を訪ねてから1週間後のことであった。原因は自然災害だからどうにもならないと結論されていた。今後の対策として約束できるのは、当時の講師を当分の間使わないこととしたためられていた。誠実な言葉遣(づか)いではあったが、三重が奇(く)しくも会見の日に口にした「官僚世界は事故があっても原因の検討に向かわず、人を代えることで幕」の構図が穏便な言葉に包まれて並んでいた。

12月25日、弁護士事務所を訪ねた三重と西牧岳哉に向かって、中島は身を乗り出し、開口一番言った。

「この際、考えを変えて、訴訟に持っていったらどうでしょう。あのあとずっと考えて、教育長からの手紙も読みました。この分だと、知事への公開質問状を出しても、ただ申しわけなかったで済んでしまう懸念がある。やっぱり訴訟でキッチリと責任を問わなければ、彼らの体質は崩せない」

そこで茶を一口すすり、中島は続けた。

「僕は、山はズブの素人だ。訴訟、たしかに大変なことだ。だがそうなったら、みんなで山の勉強をしましょう」

三重の頭のなかで、〝山の勉強〟が残響した。信州に育ちながら、自宅を出た道から朝夕ながめている常念岳にさえ登ったことがなかった。泣き暮らすことをお終(しま)いにするために〝山の勉強〟。一瞬「私に出来るかナ」と不安がよぎったが、そこにしか道が残されていないならばやり抜こうという心が、まっすぐに立ってきた。

西牧岳哉は長野県立清陵高校山岳部顧問であったが、登るのは無雪期だけ。雪山は知らなかった。

「山の素人でも、勉強すれば山を語れるようになるで」

中島弁護士のほほえみが、二人に、道を見つけた安堵（あんど）のため息をつかせた。

①まず、当日の研修現場の事故までの事実を、参加者からくわしく聞いて把握する

②山岳に関する本を集め、雪崩の原因について勉強する

③山の専門家、雪崩体験者の話を聞く

などの課題をまとめ、西牧岳哉が雪崩の本や資料を集める役、三重が、研修会の事故までの事実を聞き出す役、中島弁護士が事故翌朝現場に立った西牧康と、研修会参加者赤羽康定に早急に会見するという分担が決まった。

第5章　雪崩現場の囁き——提訴への転換

暮れもおし詰まった12月28日、中島嘉尚弁護士は、テープレコーダーを持って梓川村の西牧康を訪ねた。西牧康とは、酒井耕の親友、西牧岳哉の父で、事故の翌朝、事故現場に立った日本山岳会員である。研修会の訓練現場・五竜遠見支尾根斜面の略図をテーブルの中央に置き、西牧康が細かく説明するのを、中島は聞きのがすまいと正座した。

「私が事故現場に到着したのは、事故から17時間後のことです。地蔵の頭に立った時、無風快晴でした。事故当日から翌日まで天候の変化はほとんどなく、事故現場はそのまま風化せずに保たれていました」

「誰に教えられなくても、五竜遠見の一番左の支尾根が事故現場であることが一目瞭然でしたネ」

と、当日の現場写真を差し出した。中島は事故斜面を凝視した。西牧は、指さしながら続けた。

「ここが雪が引きずり落ちているV字の跡です。ここに根曲がりの木があり、デブリが谷まで落ちて、東へぐーっとカーブしていたんです。そこには5つの穴が数えられましたが、一番先端の穴が一番深かったので、これが酒井君の埋まっていたところだとわかりました」

しばらく沈黙が続いた。

「自然発生の雪崩の可能性はありますか」と、中島は消去法の質問をした
「いや、それは皆無です。僕は当日、ほかの山の、崩れそうなところと比較検証しました」

「五竜遠見――五竜――白馬へとパンしながら、不帰の沢は？　白馬槍から南面に降りてくるルンゼは？　と、8倍の双眼鏡で、長時間にわたって自然発生の雪崩はないかと跡を探しました。自然発生の雪崩は同時多発することが多いんです。しかし、ここ1週間起きていないことを確認しました。なぜこの支尾根だけで起きたか、夕方の4時まで雪面をさわって考えたんですヨ。どんな訓練をやったか知らずに、事故の翌朝家を飛び出して行きましたから、その時点では、〝誰か雪を切ったかや〟と推測するだけで帰ってきたのです。帰宅して3男の岳哉に、その日参加した6人がワカンを履いて横一列になり登っていったという訓練法を聞かされ、納得しました。〝それは雪崩を起こす訓練をしたようなものだ〟と」

茶をすすりながら西牧は、あらたまってつけ加えた。

「わたしも40年近い登山歴のなかで、4回雪崩に遭っています。雪崩には必ずキッカケがあります。いかにもすべて自然現象のように見えるんですが、一番こわいのが、自分の足の刺激で雪を切ることで

す——20年ほど前、1月に上高地へ入山する時、釜トンネルに直かに降りようとして自分の歩く刺激で上部の雪面が切れて、梓川の底まで流されたことがありました。〝雪を切るな〟、これは雪山の大原則です」

「ウーン、明快ですな」

と中島はうなった。

「いずれにしても、あの斜度の雪面を横一列に6人並ばせて、ワカンでもがけば、雪は切れるで。これは自然ではなく、訓練方法のミスによる人災ですわな」

と西牧は締めくくった。中島は〝訴訟は成立する〟という確信にいたった。

「それに、これはパーティを組んで登山をしたのではない。登山は一人ひとり参加を申し出た時、冒険の結果への共同責任が生じます。しかし、これはその前段階の研修会です。講師の指示に従わなかったら別ですが、従った歩行の結果の事故は、当然講師の訓練指示内容が正しかったかが問われなければなりません。講習会と一般登山とでは、異なる責任の所在がありますな」

と西牧はつけ加えた。中島は請うた。

「私も、雪のあるうちに現地をぜひ見たいです。ご案内いただけますか」

「ああ、いいですよ。事故から1周年の3月の同じ日、現場に立ちましょう。生還された赤羽先生にも来ていただいて……」

雪崩の研究は、北海道大学で進んでいることなどを教えられ、中島の心は、山に関する「知＝理論」と現場での「動＝フィールドワーク」による研修に向けて走り出していた。年が明け、2月に入ると、酒井耕と共に研修会に参加し、雪に埋まって掘り出された赤羽康定と、中島は会見し、現地調査への同行を依頼した。事故当時と同じ雪の状態を観察するために、事故と同じ〝3月18日に入山〟と決定した。

その間、酒井耕の母、三重は、10月末に夫との離婚調停を申請した。明けた1月20日、第1回調停呼び出しに応じた。その日は大雪だった。朝、同じ食卓で食事を済ませ、別々に家を出た。別々に審問に答え、別々に帰ってきて、また夕食を一緒に食べた。三重にとって、夫とすれ違いながら雪崩裁判に立ち向かうことは、もはや不可能なことだった。遭難死を「山で死んで本望」と挨拶し、大町警察で「お前は強いね。ここでそんなこと言うものじゃない」と妻の尻をひねり、「裁判がはじまり世に知れわたったら、きっと妹のダンナは校長になれなくなってしまう」という人をパートナーとしていく自信を失くしていた。しかし弥平は、それでも朝食、夕飯の時間になると2階から降りてきた。

3月18日、第1回現地調査の日がやってきた。

3月、松本から大糸線で下り、信濃大町を過ぎると空模様は一変する。松本は快晴でも、大町を過ぎ白馬の二つ手前の神城駅にさしかかる頃、日本海から吹きぬける風は、大粒の雪となる。

第1回現地調査の日の朝も松本は晴れ、五竜遠見は雪だった。参加者は、中島嘉尚弁護士、研修会参加の赤羽康定、事故の翌日、現地を見た西牧康、遷難者酒井耕の高校、大学の友人西牧岳哉、丸山敏毅、耕の弟慶、それに篠宮弥平と三重の総勢8名である。

三重は、耕が最後まで背負っていたナップザックに握り飯を詰め、花を新聞紙にくるんで、チャックの端からのぞかせて肩にかけ、次男慶、夫弥平と車から降りた。9時前には、白馬五竜テレキャビン（ゴンドラリフト）乗り場に、ほぼ全員、それぞれの防寒体勢で集まってきた。が、肝心の中島弁護士の姿がない。気を取り直してやってきた三重の夫、弥平が口を開いた。

「みんな集まったに、カンジンな人が来ないで、寒いとこで皆を待たせて……」

5分ほど、弥平の小言は続いた。「約束が守れないなんて……」「自分で言いだしておいて……」

「あなたは一足先に上に行っててくださいよ」

と三重が声をかけ、第1陣がテレキャビンに乗った。その時、思いがけず講師の藤松太一が駆け寄ってきた。

「お母さん、ぼくらも慰霊にやってきました」

三重が振りむくと、やや離れたところに、宮本、県教委次長、県教委体育課長、山岳センター長などが一団をなし、目礼を交わした、大きな花束を持っていた。

「私たちは、ただの慰霊に来たのじゃないで」と三重は顔をそむけた。

15分ほどして、ひょうひょうと中島弁護士が現れた。「遅れちゃって」と、中島は、少年のようにニコッと笑った。

中島は、三重が事前に準備して渡しておいた登山靴を履き、ヤッケを羽織ってはいた。しかしスーパーのビニール袋に書類を入れ、手にぶらさげている。よく見ると、ヤッケの下は背広にネクタイである。

「先生は、山でもネクタイだで！」と、山を知らない三重でも吹き出した。ネクタイにも容赦なく雪は吹きつけ、ビニール袋は風に躍った。テレキャビンのなかで用意したザックにビニール袋を詰め直して上へ登った。テレキャビン終点から50ｍほど雪上を歩き、リフトに乗る行列に加わった。中島がなんとなく不安げな顔になり、

「僕、高所恐怖症だでネ！」

とつぶやいた。順番が来て、三重は〝高所恐怖症〟の背中を押した。中島は目をつぶり身を固くして風にゆれるリフトのポールを握りしめた。

終点で待っていた第1陣と合流し、事故の翌朝、現場にかけつけた西牧康の案内で胸突き八丁を登り、地蔵の頭にたどりついた。そこから左にゆるくカーブして下り、雪原に降りると風が弱くなった。研修会でのテント地である。その奥の高地に大きな花束が供えられていた。県慰霊団のものである。

西牧岳哉と赤羽が、その高地の端から雪崩現場の谷に足場をつくり、8人はザイルを伝って下った。そこで前に切り立っている雪崩の斜面を見上げながら、赤羽の説明を聞いた。研修会当日の午後、宮本講師の先導で1班の受講生6名が横一列になり、登りはじめて間もなく雪崩が発生し5人が埋めこまれたこと、そして翌朝、西牧康が一番深い穴をデブリの先端に認めたことなどの詳細を話した。

中島は、山は素人ながら、この雪崩を起こした斜面がかなり立っており、上部はスプーンでそいだようにカットされている地形に着目した。無言のまま、斜面をていねいになぞっていった。雪崩道には木が生えていなかった。中島は声を発した。

「丸山さん、あなたは専門が物理でしたネ。この山、測れないかネ」

耕の友人、丸山は、「ええ」とあいまいな答えを返して首をかしげた。それを聞いていた三重は、「夢

のような話で、とても測量など出来ないだろう」と思った。

しかし中島の胸中には、「山を知らない裁判官に、どうやって、この急な雪の傾斜をわからせるか」の思いが、湧き上がっていたのだ。

耕が埋まっていたといわれる沢の下流へ、三重はザックから花を取り出して供えながら、息づまるその瞬間に思いをはせた。涙がとめどなく流れた。


下りのリフトを降り、テレキャビン駅に歩きながら、中島のとなりに篠宮弥平が追いついて並んだ。

「中島先生、これは〝和解〟ですか」

中島は、答えなかった。

三重は、「今からみんなして提訴準備という時に、またズレている。一体お父さんは、今、何を見てきたの。あなたには、怒りってものはないの！」とつぶやき、弥平の尻ではなく、思い切りヤッケを引っ張った。


現地調査で雪山を踏む一方で〝雪崩はなぜ起こるか〟の勉強会がはじまった。メンバーは、中島弁護士、三重、慶、小林溶子、西牧岳哉である。教材資料の収集役であった西牧岳哉が持ってきたのは、父康の山の書棚にあった本2冊だった。
①大島亮吉著『山——研究と随想』　昭和5年岩波書店発行
②山と溪谷社編『登山入門シリーズ8　山の危険とサバイバル』　1985年発行

どちらも古典に近い歴史的な本である。

山の素人集団である5人は、〝ワカンジキ〟とは何か、〝デブリ〟とは何かということから出発した。〝ワカン〟とは、雪上を沈まずに歩くために木または金で作られた登山靴に装着するワッカであることを、はじめて知った。〝デブリ〟は、雪崩れた雪が止まった堆積物で、止まると同時に、固くひきしまっていくという記述を中島は、納得しながらマーカーで赤く塗った。

長野県人は、みな山を熟知した山国の人と思われがちだが、長野県の冬の気象は、北信、中信、南信では大きな差があった。生活圏が豪雪に見舞われるのは新潟に近い北信であり、雪の恵みと共に恐さを、冬の生活のなかで身をもって会得している。勉強会のメンバーは、みな松本近郊で生まれ育っていた。その松本は東京の冬より5、6度気温は低いが、ほぼ似たような冬姿であった。だから冬山をやらない限り、雪についての知識は東京の人とさして変わるところがなかった。

〝ワカン〟〝デブリ〟が何かは知ることが出来たが、今から立ち向かおうとしている「自然発生の雪崩と人為的雪崩」――「雪崩の原因と、そのメカニズム」は、目眩(めくら)むほど遠かった。しかし、手応えはある。県の言う〝自然雪崩＝自然災害〟を覆さなければならない。6人が横一列に並んで登り、雪を切る訓練をしたようなものという西牧康発言の裏付けを取らねばならないと、がむしゃらに読んだ。「素人でも、勉強すれば、相手の過ちを論破できる基礎知識は必ず獲得できるはずだ」と高所恐怖症の弁護士は、猛勉強に突き進んだ。「大島亮吉」を、「山と渓谷」の特集を、北大の文献を読み続けた。

目標は5月の提訴だった。

こんななかで、三重は、講習会の各講師を一人ひとり自宅に呼んで事故の実状を聞き取り、記録した。三重のノートには中島との打合せの、次のような質問事項が記されている。
①事故前夜の講習打合せ内容。雪崩への注意は出たか
②事故当日、現地で講師打合せの際、雪崩の話は出たかとその内容
③1班の訓練場所の設定。どうして木のあるところに設定しなかったか
④どの地点まで登った時、雪崩が起きたか
⑤ピシッと音がしたあと、雪はどう動いたか
⑥1班が、横一列に並んで登ったことを、現在、どう思っているのか。
それは、さながら民間法廷であった。三重が原告、裁判長が西牧岳哉、書記官が慶という役まわりで、仏壇のある和室のテーブルを囲んで正座し、関係者を呼んで「開廷」した。

今週は、宮本講師、来週は藤松講師、次は松田講師、その上でもう一度宮本講師と、次は赤羽先生、福島先生と休日ごとに質問と聞き取りが繰り返された。

このような地道な聞き取りによって、主催者側と参加者側の、当日の事実認定の違いが鮮明になってきた。

研修会の主催者側は、「雪崩は自然災害で不可抗力」と事故報告書に書き、民間法廷での三重の問いかけにも自然災害を主張し続けた。これに対し、中島弁護士は、研修生赤羽の現場証言と翌朝現場に立った日本山岳会員西牧康の証言から「この雪崩は、人災的要素濃厚＝主催者の注意義務違反」が立証できると踏んだ。中島の胸中には立証すべき現場があざやかに浮かびはじめ、訴状の言葉さえ湧き

出してくるのだった。

中島は、松本市の主として中堅、若手弁護士に声をかけ、10名からなる弁護団を編成した。小笠原稔、山内道生、竹川進一、成毛憲男、小岩井弘道、上條剛、竹内永浩、石曽根清晃、野村尚である。これら10名は、山といえばせいぜいハイキングか、夏山かに登った程度であった。

幾度かの合議を経て、主催者長野県に注意義務違反の過失あり――よって、国家賠償法1条に基づく損害賠償を請求するという枠組みが決まり、訴状は書き上げられた。

国家賠償法（以下国賠法と略）第1条には「国または公共団体の公権力の行使にあたる公務員がその職務を行うについて故意または過失によって違法に他人に損害を加えたときは、国または公共団体が、これを賠償する責に任ずる」とある。

長野県山岳総合センターは長野県教育委員会に所属する行政機関で、公共団体。したがって被告は長野県。その代表は知事吉村午良である。県主催の野外生活研修会での講師の指導は、公権力の行使にあたる。県という公共団体の職員が公権力の行使にあたる教育活動中に注意義務違反という過失により、酒井耕を死に至らしめ、母である原告篠宮三重に損害を与えた。よって県は、これを賠償すべきである――という主張が立った。

その上で、「死に至らしめた過失」はどこにあり、なぜ過失と言えるのかの論証を弁護団は迫られた。法律上の「過失」を構成するには、「雪崩発生の予見は可能か」「その予見の注意内容は何か」「雪崩の発生を回避する義務の内容は何か」――等々と、その当時まだまだ限られていた証言、情報を分析しながら書かれていった。頼れるものは同時体験者の赤羽康定、雪崩現場検証者西牧康による雪崩現場での生々しい証言。昭和5年発行の大島亮吉の『山——研究と随想』と、1985年発行の山と溪谷社『登山入門シリーズ8　山の危険とサバイバル』に書き込まれた雪崩理論。そして、素人であったとしても提訴前に3回立ち入った雪崩現場体験の実感に裏うちされて、訴状は完成した。

裁判後、中島は報告書に書いている。「裁判には運命というものは存在しない。裁判は事実たる証拠と科学的論拠と法律の適用にもとづいて進行するものである。だが新田博士と中山氏との出会いは、まさに運命的であった」と。

提訴したあと出会うことになった雪崩博士新田隆三（現姓若林）からは学術的立場から、雪崩防止教育者中山建生からは実践的立場から、多くの教示を受けることになるのである。直接展開された法廷での証言以外にも、数回にわたる準備書面の提出によって、訴状の内容は次々に補強されていった。

賠償すべき損害金は、慰謝料3000万円、逸失利益7363万7830円（酒井耕の就労可能年数の給与と退職金、平均寿命までに受け取るであろう年金等の総額）に葬儀費用を合わせた1億545万余円から、すでに受け取ったもの（公務災害補償金や葬儀代の一部）を差し引いた残額9118万4910円と記載された。

三重は、提訴に必要な印紙代50万7600円と、弁護士費用着手金50万円を合算して、101万を振り込んだ。

訴状完成のほぼひと月後にあたる11月22日に提訴となった。雪崩事故から1年8カ月が経っていた。

1990年11月22日夕方、松本市役所記者クラブで提訴の記者会見が行なわれた。原告篠宮三重、中島嘉尚弁護士、小岩井弘道弁護士、原告の次男酒井慶が会見席に座った。やってきた記者は、松本市民タイムス、信濃毎日新聞、朝日、読売、毎日新聞、それに、NHKの6名だった。中島が、

「県主催の研修会で雪崩事故、こんなことが、二度とあってはいけないので、県を相手に提訴しました」

と切り出した。一人の記者から、

「こんな大きな問題、早く知らせてほしかったですネ」

の声があったが、他社はしらっとして、事務的にメモを取っていたという。

その日の夕方、NHKのローカルテレビニュースと、信濃毎日の夕刊で報道がなされた。翌朝の全国3大紙にも小さく載った。

三重の友人、小林溶子は、職場で新聞を読むのが習慣であった。東電労組松本支部の書記であったので、昼までには数紙に目を通していた。

提訴から4日目、11月26日の昼近く、アカハタを開くと、突然「雪崩事故を防ごう」というタイトルが飛び込んできた。勤労者山岳連盟（労山）がこれまで4回、雪崩事故防止の講習会を開いており、来年は2月10、11日に中央アルプスで、5回目の講習会を開くという紹介記事である。

これまで原告側は雪の勉強会を2度開いたが、まだ雪崩の原因は、気温の上昇か、風かというところをさ迷っていたのである。

「この人たちだったら、きっと雪崩の起こる原因をつかんでいるに違いない」

その夜、記事をたよりに、東京新宿にある勤労者山岳連盟に電話を入れた。電話口に出てきたのは、講習会を主催してきた責任者の中山建生であった。事情を聞き取り、資料を送ると約束してくれた。その上で受話器の向こうから聞こえてきた言葉に、小林溶子は思わず正座し直した。

「雪崩事故は、自然現象のように言われていますが、実は90％以上が人間の引き起こすものなんです」
「雪崩のメカニズムは解明されてきています。それを避けるための予知・予防法も研究されています」

——やっとここにたどりつけた、今一番、私たちに必要な人を見つけ出した。座っている溶子の体がワナワナと震えた。

「いつでも松本に行きますヨ」という中山の申し出は、すぐさま全員に伝えられた。

訴状が完成した10月、篠宮弥平の生母が他界した。亡母の葬儀と弔い(とむらい)が済むまでは、弥平と三重との夫婦である体裁は保たれた。1階と2階に家庭内別居の状態にあったが、三重は喪主弥平のとなりに黒衣を着て立った。弥平の最後の願いを受け入れてのことである。四十九日を過ぎた12月15日、篠宮弥平は家を後にした。

時をおいて考えると、篠宮は、真面目で、地方都市で生きてきた日本の標準的夫だった。しかし、子どもを突然の事故で失い、県を相手に原因と責任の所在を明かそうとする三重の情熱がほとばしり、静かに波風を立てずに生活しようとする弥平との軌道修正はかなわなかった。夫と妻の役割は6年9カ月で終焉(しゅうえん)を迎えたのである。この日から原告篠宮三重は、酒井三重となった。

年が明け、裁判のほうは、準備書面のとりかわしが、ほぼ1年粛々と続いた。

１９９2年1月19日、中山建生が、松本にやってきた。穂高に雪崩捜索犬を見に来た日の帰り、夫人と息子を伴い、リュックを背負った中山は、松本駅改札口で、酒井三重、慶、小林溶子に迎えられた。救世主の到来である。長野出張から息せき切って駆けつけた中島弁護士、西牧岳哉、赤羽康定も合流し、松本城近くの酒房〝しづか〟のテーブルを囲んだのは、日暮れであった。

「僕らは年1回雪崩を防ぐ講習会をやってきまして、今年で5回目を迎えます。酒井さんの事故のあったところは、第1回の講習会をやった地域なので、だいたいの地形はわかっていますが、とにかく現場を見てみたいです」

と中山が口を開いた。三重はこの時「飛びつきたいぐらいだった」と述懐する。

自身を中心とした勤労者山岳会が長年かけて作成した山岳雪崩地点地図を中山が広げた。三重、小林、西牧、赤羽は「デブリ」「ワカン」という用語を解き明かしながらはじめた、たどたどしい学習会を振り返り、百歩も二百歩も先を行く岳人をまぶしく見つめた。

「受講生であった酒井耕さんの当日の行動に落度がなかったか、順序としてはまずそこからの検証が必要になります。その点だけは承知してください。事故と同じ季節に現地に行き、くわしくお話をお聞きしましょう」

という中山の申し出で、2カ月後の3月16日の現地行きが決まった。

中山建生が加わった五竜遠見の事故現場検証は、１９９2年3月16日、中島、上條、野村ら弁護団4名、中山以下勤労者山岳連盟関係者4名、それに、西牧康、岳哉、赤羽、酒井慶が参加した。原告側の現地入山は、昨年に続いて2回目である。しかし今回は、実践的雪崩研究者、中山の初参加で、新しい発見があるに違いないと、気持ちを新たに入山した。

中山は雪崩斜面の前に立ち、赤羽から、事故当日の状況を聞いた。

雪崩斜面のA地点に宮本講師が立ち、そこから5m離れたB地点に横一列に並んだ6人の受講者（山岳部顧問教員）は、ワカンを装着した。宮本の先導で、宮本はA地点へ、受講生6人は多少の早さの違いがあるもののB線近くまで行動を起こした。3分ほど歩いたその時、赤羽は自分の足元がすくわれて、動く雪面のなかに巻き込まれたという。酒井耕はワカンの装着がやや遅れたが、赤羽の左下位置を登行し、雪崩に遭ったものと思われると説明した。

中山は耕の行動に落度がないことを確認した。その上で中山は、雪崩発生地点の特定と、雪崩の走路を測ることにした。勤労者山岳連盟の入木田と伊藤を、樹林に沿って上部に登らせることにした。しかし、雪崩発生地点方向に踏み込もうとした時、入木田から
「危なくて、これ以上近づけない」「吹きだまりに入ると、亀裂が走って駄目だ、中山さん」

の声が降りてきた。

中山は、雪崩発生地点の斜度の測定と雪質調査の中止の指令を、両腕でバッテン印を作って伝えた。入木田、伊藤は、登った樹林のなかの道を下りながら、ポイントポイントの傾斜を測定した。簡易傾斜計およびクリーメーターの示した各ポイントの傾斜は、上から40度―32度―40度―70度―40度と驚くべき斜度を示していた。

中山は、みんなに声をかけた。

「素人のみなさんの見た感想を、そのまま教えてください。検証は専門家の調べるところと、それに素人の目でとらえたところを総合することが大事です。みなさんが、この斜面から感じることを……」

その中山の声をさえぎるように、対岸の淵（ふち）に立っていた中島が、声を上げた。谷まで降りたメンバーが、対面する急斜面を登りはじめた時だった。

「あぶないから行くナー！　あぶないよ！　……県の講師はなんでこんな急な木のないところを選んだんだろう」

中島は、ザイルに伝わって谷におり、中山がザックから道具を取り出しているほうへ近づいていった。

「中山さん、雪崩の原因は一体なんなんですか？」

「ちょっと、時間をください」

と、中山は即答を避け、雪の壁を垂直に切り出した。切り出した雪の壁は、幾層にも縞をなしている。あるところは太く、あるところは細く……。中山は、その壁に青いインクをスプレーで吹きかけた。すると、縞がより一層あざやかに浮き上がった。中山は参加者が沢に降りきったことを確認し、おもむろに語りはじめた。

「みなさん、これまで雪崩は、気温が上昇した昼間に起こると言われてきました。しかしこれは迷信に近いものです。――まず、この迷信を追い払いましょう。その上で雪崩を科学してみることにしましょう」

ホウと、取り巻いた人々から声があがった。

「同じ積雪でも、この切り出した雪壁の縞模様でわかるように、いろいろな層から成り立っています。——降雪時の気温、風などの影響を受けて、おおむね10種類の層を形成します。新雪、こしまり雪、しまり雪、ざらめ雪、こしもざらめ雪、しもざらめ雪、氷板、表面霜、クラスト、あられ……とネ。このなかで一番弱い層はどれだと思いますか」

問いかけられて、みな首をかしげながら、ブルーの薄い層を指さした。

「そうです。分類に従えば〝しもざらめ〟と呼ばれる弱い層です。この弱層は、なんらかの刺激が加わると、あるいは伝わると、支え切れなくなって崩れはじめます。——これが単純に言えば雪崩です」

中山は、赤羽のほうに向きを変えて、さらに続けた。

「お電話で、小林さんに雪崩事故の90％までが、よく調べてみると自然災害ではなく人為的事故だと言いました。雪崩とは、この弱層に人が刺激を加えた結果です。登山者が30kgの荷を背負って歩く振動は、70cmの深さまで伝わります。70cm以内に弱層があったら、弱い結合面は耐え切れずに崩れはじめます。雪崩は自然現象だと、長い間片付けられてきました。今でも多くの登山者がそう信じています。しかし、実は、落雪、動物の歩行、人の加えた刺激などが雪崩の出発点です。——さらに人が刺激を加えたその個所から崩れるとは限りません。刺激を加えた個所から弱層上部に伝わり、ストレスの強い上部から切れる〝面発生表層雪崩〟も多数見られます。宮本講師に導かれた斜面で起きた雪崩は、状況を見る限り、典型的な表層雪崩と思われます」

赤羽が、

「自分は、足元からすくわれるように倒れたんですヨ」

と体験談を挟んだ。赤羽の声を受けて、中山はさらに具体的に話しはじめた。中山の額には汗が光っていた。上部を指さしながら、

「あの上部のスプーンカットのあたりが、この雪面で一番ストレスの高いところです。先導者一人のあとに6人がワカンを履き、もがくようにして上部に横一列で進んでいく。その間15m。7人はかなり大きな刺激と衝撃を斜面の積雪内部に与えたと考えられます。その刺激は弱層を通して伝わり、積雪全体の支え合っていた力を人為的に壊したのです。この結果、上部のやっと支えられていたストレスのかかる層を切断してしまった。ノートが剝がれるように、支えを失った雪面が動いて、あっという間に登行者の足をすくい取ったのです」

赤羽は、それまで「雪崩とは気温が高くなり雪がゆるんで上から落ちてくるものだ」と考えていた。しかし自分の事故体験は、体感が「上から落ちてくる」ではなく「自分の足元からすくわれる」であった。そのずれを、中山の答えがはじめて埋めてくれた。

赤羽は事故以来、時折り、悪夢に見舞われた。「僕がこの世にいなくなる——子どもたちに悪いなあともがいても動かず、息が苦しくなり気が遠くなる——汗をかいての目覚め」を繰り返した。裁判ということになったが、自分の体験は語れても「雪崩は自然災害という県側の主張を完全には吹っ切れなかった」ため、裁判では中立のオブザーバーでいくかと逡巡（しゅんじゅん）していた。ふさぎこむ日もあった。

しかし、今、目の前の中山の解説を聞き、「雪崩とはなんぞや」が、霧が晴れわたるように、明朗に

なってきた。
平たく言えば、「これはいけるぞ」という感覚である。

「原告を応援したら、校長への道はあきらめだゾ」と、いつ頃からか、まわりから囁かれてもいた。それもあって、まだふんぎりはついていなかったのである。——中山雪崩学の「これはいけるぞ」という科学的解明が赤羽のなかを吹きぬけ、「どうせ女房も教員で共働きだったから、もともと校長への道なんて幻想だったんだ」と思わせた。赤羽は、名古屋大学大学院で鴨長明を研究した。自分の青春には、名誉に引かれるという選択はなく、真実に一歩でも近づく喜びが詰まった日々だった。そうして今、久しく忘れていた事実が見えてきた時の一陣の風！ 赤羽は胸を張って、その風に吹かれる快感を感じはじめていた。

「これはいけるぞ！」
赤羽康定が、数年後に振り返り語った転換点であった。
中山は、沢の積雪の深そうなところに歩を移した。雪をまるく掻きはじめた。何回か繰り返し、60㎝ほどの深さになると、中心部に残った雪が円筒状に浮き出てきた。

「この浮き残った雪の円筒をかかえて引いてみます」
と言いながら、中山は腰を低くし手前に円筒を引いた。すると、積雪の3分の2ほどの高さから雪がパッカリ切れて手前に引き寄せられた。

「ここが弱層だったということです。登山者がここは安全か、危険かを判断するのに、この弱層テストでたしかめるのです。これはスイス雪崩研究所に留学した信州大学の新田隆三先生が発案したものです。文部省の登山者テキストにも採用されていますよ」

「この斜面が、よく雪崩を起こすかどうかは、地形と植生を調べる必要があります。すくなくとも、研修会のためのコースを設定するには、有雪期と無雪期2回の調査が必要ですネ。県の山岳センターは、それをやっていたんでしょうか。——雪がすっかり消えた夏に、またここに来て雪崩道の検証をやりましょう。木々が僕らにいろんなことを教えてくれますよ」

調査は、10時に開始し、途中昼休みをはさんで15時30分まで続けられたのである。

駐車場で解散したあと、三重は中島弁護士の後ろ姿を追い、小声で問うた。

「中島先生、あの、今日動いていただいた行動費は、いかほど差し上げればよろしいのでしょうか」

即座に答えが返ってきた。

「お金のことは一切言わないでください。勝って、県からもらいますから！」

1週間後、中山建生は、「五竜遠見雪崩事故現場調査報告書」を、中島弁護士のもとに送ってきた。今回の調査＝地形、斜度、風成雪の発達と雪質の観察により、事前に雪崩発生の有無と危険性の判断は明瞭に出来る。それほどここは顕著な危険を示す、雪崩の起きやすい斜面である——従って私なら、この場所を講習地として選択しない。

と記されていた。

1993年、雪がすっかり消えた7月13日、現地無雪期調査は行なわれた。3月有雪期調査とほぼ同じメンバーが参加した。
中山は調査事項を次の三つにしぼり、皆に徹底した。
①根曲がりの木、枝折れの木の把握
②裸地(らち)の把握
③生えている植物の把握

あの日雪崩れた斜面は、雪がすっかり消え原形をあらわしていた。しかし有雪期には、雪崩た谷に10分もすればたどりつけたが、今日は近づくことさえむずかしかった。眼前に雪崩斜面を見渡すことの出来た見晴しの台地は、雪に隠されていた人の背丈以上のもつれたブッシュに覆われている。したがって、入山は、右手の尾根への道をたどった。その上で、上部調査班、下部調査班の二手にわかれた。下部調査の赤羽、西牧らは尾根道に出る中途の支沢に沿って下り、雪崩埋没現場から斜面を登った。沢から5mほど登った左手に、大きくカーブした根曲がりの木があった。赤羽が「この根曲がりの木の線より上まで上がった時、雪崩が来たんで」と根曲がりに近づいた。それはブナで、地面を這(は)うように根をくねらせ、80~120年を経てなお葉を繁らせていた。何回も何回も雪崩の雪圧に逃げ道をつくりながら、しかし生き続けていた。

上部調査班の中山と中島弁護士は、いったん尾根道まで出た。そこから雪崩斜面めざして下った。はじめはゆるやかだった。が、雪崩が発生した雪の上部破断面とおぼしき地点に近づいた時、足をふんばり下降をはじめた中島弁護士が悲鳴をあげた。

「絶壁だ、これは絶壁。中山さん、2本の足だけでは、とても降りられないヨ」

すぐに、ザイルが結ばれ、ザイルを伝って降りた。しかし足は熊笹の上を踏みしめ、すべった。その度に緊張して力み、腕がパンパンに張ってゆく。――中山が、その傾斜度を測りながら降りてきた。上部24度だった傾斜は、裸地のスプーンカット地点で49度となった。原告を助けて裁判の先頭に立つことになっている主任弁護人、中島嘉尚は、この時、足と腕の筋肉をパンパンにさせながら、「傾斜49度」を体感した。「裁判官にこの異常な斜度の地をわからせなければならない」と、息をのみ、体に刻みつけた。

上部調査班と下部調査班は、やがて合流した。この斜面にどんな植物が生えているのか、植生調査メモには次のように記されている。

㊤笹、シダ

㊥裸地（傾斜きつし）

㊦矢車草

さらに採取した植物は持ち帰り、蟻ヶ崎高校の生物担当の先生の援助を得て、その名が解明され追加された。湿生植物だった。

カマズミ、ネマガリタケ、タニウツギ、ヤマホトトギス、ハウチワカエデ、オオカメノキ、ヤグルマソウ、ヤマソテツ

中山は、合流メンバーに説明をはじめた。

「根曲がり現象は、過去に発生した雪崩あるいは、これに等しい雪圧を受けたため、樹木がまっすぐに成長できなかったことを物語っています。特に下部において地表に接するように根曲がりを起こしています。このことから雪崩の方向、雪圧の方向を判断することが出来るんですヨ。この斜面の上部では、直径50cmを越えるブナの巨木まで含めて顕著な根曲がりを示しています。ダケカンバの低木は雪圧のため成長できず、ほとんどの幹は細り、根曲がりの方向は逆三角形の形状にそって下部の頂点に集中しています」

西牧と赤羽は、中山の説明を聞きながら大事な要点をメモしていた。

やわらかい木＝根曲がりの木

かたい木＝折木、折れたわきや根から芽を出して新しく育つ

湿生植物＝雪解けが他と比べて遅い証拠。ナダレ常習区の植生

二人はメモを反芻(はんすう)しながら、雪のなくなった季節の草や木が発する雪崩情報に感じ入った。

「自然界の摂理を学ぶことが、身の安全を守ることになるんだネ」

と赤羽が目を細くしてつぶやいた。

「雪にやられてもやられても芽を出し枝を伸ばす木は、そこが雪崩斜面かどうかを、教えてくれるんですか」

と西牧が、応じた。

この雪崩情報を発信する木のことを、新田隆三はその著書『雪崩の世界から』で、WISHING TREEと名づけている。人間もあやかりたいよい名をもらっている。

この調査の報告書を、中山は次の言葉でしめくくっていた。

本件現場の樹木や植物は雪崩の頻度が高く、大きな雪圧を受けている斜面であることを明瞭にしている。――講習地として選定する場合、事前の調査として雪崩の頻発する斜面かどうかの調査が必要である。本件講習を実施するに際して、適切な下調べが行なわれるべきであった。

はじめてみんなで現地に入山し、中島弁護士が「この斜面を測量できないか」と言い出した時、酒井三重は、「この急な斜面を測量なんて、夢のような話だナ」と思った。しかし、いよいよ提訴して年が明け、2回の現場調査が終わると、三重は、「裁判官を納得させるには、中島先生の言った測量がやっぱり不可欠だナ」という気持ちに変わった。

三重はまず、電話帳の測量業者の欄から拾いあげ、10数カ所に次々と電話を入れた。

「えっ、山の測量！　それはウチじゃ無理だで」

「え、北アルプスの測量かネ。それはウチじゃ出来んでネ」

とすげなく断られ続けた。

山だから無理なら、測量の理由を知るに及んだらもっと無理と言われそうな気がして電話をやめた。

こうなったら、亡くなった前夫酒井延俟の東電時代の同僚で、現在、建設会社を経営している芦沢直人に頼む以外ないと思われた。「芦ニイよ、ホトホト困ってるで」と電話で話すと、「それじゃあ、オレの名前でやったことにして、業者を探してみよう」という返事が返ってきた。三重は心底うれしかった。風穴が開いたのである。

すぐに測量事務所Mの紹介を受け、10月10日、三重と慶はMと落ちあい、下見に出かけた。テレキャビン入口に、「酒井です」とやってきた親子の手に花束があったので、「あっ！　これはただの測量じゃあないナ」とMは思ったという。

現地視察勉強会を何度も開いた「支援する会」メンバー。1994年3月

上に上がれば上がるほど、周辺のナナカマドは紅葉の盛りである。その彩りのなかを、しめやかに歩きながらMは、「遭難――裁判――その重要な図面」を、三重の話から頭に収めながら、「わかりました。ただ僕ら、けっこう県から仕事もらうでネ。名前が出ると仕事が回ってこないサ。そこんとこだけは理解してもらいたいで」

と、告げた。

遭難の現場の斜面の見晴し地点に到着し、三重は口を開いた。

「この急斜面、測れます？」

「ええ、慣れてるから平気です」とMが答え、下見はほどなく終了した。まだ雪崩道の両側に立った木々は、赤や黄色の葉をつけて斜面を覆っていた。本測量は落葉を待って、11月3日と決定した。Mの「雨や霧だと、測れんでネ」の言葉に、三重はテルテル坊主を作り、その日を待った。

11月３日、測量３名、依頼主が10名、入山した。中島を中心に弁護団３名、中山建生とその仲間３名、それに事故にあった赤羽、田中、耕の弟の慶が同伴した。

測量は10時から、日暮れ近い４時までかけて行なわれた。中島と赤羽の説明を聞き、測量主任は、上までさえぎるものもなく見通せる対岸の高地に、原点になる光波測距儀を据えた。標高が明らかな地蔵の頭（１９７３ｍ）の高さから何ｍ下っているかを測定した原点にＭは立った。光の波を発して計測を記録する係である。他の二人の測量士が、雪崩道となった斜面を登り、上から一点一点測量地点を決めた。その地点の水平に対する角度Ｖ、距離Ｓ、地上からの標高差Ｆ・Ｈの４点を記録しながら、肉眼で見て傾斜が変化したと思われるところに一人が移動し、次の測定点を探し定めていった。原点のＭと測定点との間では、声が届かなくもなかったが、正確を期すためにトランシーバーを使って連絡しあった。

「その崩落した跡のある裸地は細かく測定点を設けてくれよ」とＭが声をかけた。えぐれて一木一草もなく、土石だけが残ったスプーンカットである。

「最も急な地点は何度ですか」

待ちかねたように、中島弁護士がＭの記録をのぞきこんだ。

「49度だで」の答えに、中島は、「ほう！」と声を上げた。夏の中島弁護士自身があのザイルで下った体感斜度を再度確認した。その後の法廷で、キーポイントとなる斜度は、こうして正確な数字で記録された。

事故当日、雪崩道の両側にあったという木の名と形状をMはメモした。

「今までの仕事のなかに、こんな測量はなかったナ」と、Mは東京の測量専門学校卒業以来20年の仕事を振り返った。20分で昼のおにぎりを食べると、また、測量は続けられた。

「酒井さん、息子さんの最後の真実に近づこうと、あの時一生懸命だったから、僕らにもその気持ちが伝わって、休まずにやっただ」

とMは、その日を振り返って語った。その一生懸命の測量地点は300を超えたという。

12月24日、測量図は完成し、三重の手で中島弁護士に届けられたのである。

自然発生の雪崩か、人為的災害か、それを科学的に解明する基礎は、正確な地形の掌握にあった。それを望んで1年半、やっと届いた図面を、中島は食い入るようにいつまでも見ていた。

第6章　裁判官、雪山に立つ

原告側の準備会議の度に、「証人尋問が先か、現場検証が先か」が話し合われた。現地測量図は、裁判官に届けられる手はずになっていたが、「写真ではなく、現場を見ないとわからないよ」「写真ではあの急な傾斜はつかめないよ」「裁判官の五感でとらえてもらうべし」という意見が大勢を占めた。原告側は証人尋問に先立ち、91年10月25日、次のような現場検証の申し立て書を裁判所に提出した。

原告　酒井　三重
被告　長野県

一九九一年一〇月二五日
右原告訴訟代理人
弁護士　中島嘉尚
—以下略—

長野地方裁判所松本支部 御中

検証の申出
一、検証の場所
長野県北安曇郡白馬村神城地籍遠見尾根地蔵の頭南西約三〇〇メートル付近本件雪崩発生事故現場
二、立証趣旨
積雪期における本件雪崩発生事故現場の積雪の状況、地形状況の把握、確認及び直接の視認により本件事故発生の危険性ならびに注意義務について立証する
三、検証の実施時期
本件事故発生と同時期即ち三月上旬
四、検証事項
1　本件研修場所の全体的位置関係

2　本件雪崩事故現場の地形と植生
3　本件雪崩事故現場の積雪の状態
4　本件雪崩事故発生の具体的範囲とその位置の特定
5　被害者らの発見現場と流されたルートの特定
6　その他関連事項一切

原告側弁護団の「現場に立たなければ、事故のその時をとらえることは出来ない」「現場をベースにして詰めていかなければ、真実に近づけない」という、裁判長への執拗な説得が実り、92年3月16日に、証人尋問より先行して、裁判官、被告、原告立会いのもとに現場検証が行なわれることになった。山中の遭難が裁判にかけられたことは多数あるが、裁判官が、雪山の現場に立つのは前例のないことである。天候悪化の場合の予備日として3月17日が加えられた。

現場検証日の前日、中山建生と赤羽康定は準備のために入山した。検証日が少々荒れた日であっても実行可能なように、山に不馴れな裁判官を現地にたどり着かせるための準備のための入山であった。まず道作りである。リフトを降りてから、平らな道を歩けばたどり着ける道を拓いた。斜面を2回ずつ踏み固め1mの道を作り上げた。長さは優に100mあった。二人はこれに2時間をかけている。道が出来上がると、休憩のためのシェルター（避難所）作りに取りかかった。幅2m、長さ5m、深さ1・5mのシェルターである。雪原の中央部の雪のブロックをスコップで切り出して、三方に積み上げていった。山で普段鍛えている二人にとっても3時間を要した。掘りさげたシェルターの上にシートを張って固定した。遅い昼食が済むと、今度は、素人でも事故現場である谷に下れるように雪の階段をつくり、ザイルを手すり代わりに取りつけた。終了は15時をまわっていた。

中山と赤羽は、その夜、掘り上げたシェルターでコンロを焚き、一夜を過ごした。

裁判官や他の参加メンバーも、神城駅近くのペンションに宿をとり、その朝にそなえた。午前8時めざして、テレキャビン駅に集まりはじめた時、一面にガスが降りてきた。酒井三重は「やっとこの日にたどり着いた」という思いと、「天気が悪ければ明日になるかもしれない」という思いが混じり合い、寒さも加わって、暗澹(あんたん)としてガスの流れを追っていた。

裁判官3名、書記官2名が、足は軽登山靴や長靴にスパッツをつけ、裁判所支給の濃紺のヤッケを羽織り、デイパックを背にして集合したのは、朝7時50分であった。

一方、シェルターで一泊し、皆を迎え入れる準備をすませて早朝下降してきた中山からの情報を、中島弁護士は「上は時折りガスるけど、曇りなので実行可能」と裁判官グループに伝えた。すると、一面のガスを眺めながら裁判長が言った。

「この天気じゃねー！」

どうも上にあがるのをためらっている気配である。その時、中山は、ためらいの集団に向けて声を発した。

「山の天気はわかりませんから……行ってみましょう！」

裁判官は、この言葉に促(うなが)され一歩一歩動きはじめた。テレキャビンでスキー場まで上がり、さらに地蔵の頭に上がるリフトに移動しはじめた時、ガスが切れ、晴れ間が見えてきた。三重はホッとした。リフトが、二人ずつ組にして、裁判官、被告側、原告側を順々に運んだ。青空はのぞいたが、大きなブランコのようなリフトは、寒風に揺れていた。

前日、中山・赤羽が踏み固めた左回路を通って、24名の集団が雪崩斜面を見やる対岸の雪原の淵に立った。中島は「現場にこそ真実が宿る」と言い続けてきて、やっと雪の谷に法廷を設定できたことへの喜びがこみ上げたと、その日を振り返る。

雪深い3月16日、強風の標高1650mのこの地に立ったのは、

> 裁判官等5名
> 笹村蒋文、田口直樹、宮坂昌利（以上3名裁判官）
> 平澤憲雄、小林信明（以上2名書記官）

であった。一人を除いて、山は眺めるだけの男たちだった。現地雪山の法廷、それは画期的なことである。

> 被告側は6名
> 被告代理人　竹内喜宜（弁護士）
> 〃指定〃　寺西一彦（県担当者）

〃　〃　神林夏雄（県〃　〃）
証人　藤松太一（研修会講師）
他2名（白鳥・古幡）

原告側は13名
原告　酒井　三重
原告代理人　中島嘉尚（弁護士）
　　　　　竹川進一（弁護士）
〃　〃　小岩井弘道（弁護士）
〃　〃　上條　剛（弁護士）
〃　〃　野村　尚（弁護士）
証人　赤羽康定（研修会参加者）
他6名（西牧岳哉、康、中山、田代、伊藤、酒井慶）

以上の被告側、原告側が、雪山の法廷に立った。

実は、三重のザックには特製の画板が6枚くくりつけられていた。現地で風に吹かれても、雨や雪に降られても、文字がかき消されないようにと、大工さんにベニヤ板を届けてもらい、ビニールをかぶせて、背にかけるヒモをつけた。街頭の署名活動で見かけるあの画板である。晴れ間がのぞいていたとはいえ、３月の雪深い標高１６５０ｍは冬山で、強風が吹き抜けた。裁判官、書記官のメモ帳がパラパラとめくれた。その時、三重が、

「どうぞ、これ使ってください」

と書記官に画板を差し出した。ほんとうに必要だったので、書記官は「どうも」と受け取った。被告側にも同じものを手渡そうとすると、「イヤ、結構です」の言葉が返ってきた。

原告側証人、赤羽康定（事故当日、教員グループ1班メンバーとして登行、雪崩埋没後生還）と、被告側証人、藤松太一（事故当日、雪崩た斜面の右どなりの斜面で、男子生徒4班の講師）、そして原告側の中山、西牧父子、被告側の古幡は、次々に谷に下って、雪崩斜面の前に立った。次が続かない。しばらくして中山は裁判官に向かって、

「ここの傾斜はきついですが、フィックスしてあるザイルにつかまって、下りてきてください。大丈夫ですから！」

と叫び上げた。その時、対岸の雪崩斜面はガスにかき消された。わずかに透けて見えていた視界が、次第になくなった。裁判長は、

「あぶないから、僕らは、ここから聞き取りましょう」

と声を返した。

やむなく、説明する証人は、下の沢に立ち、聞きとる裁判官、書記官とそれに弁護人は雪崩斜面の

対岸の雪原に立つという方法で聞きとりは進められた。〃完全にガスると中断、ガスが消えはじめると再開〃を、何回もくり返した。原告側及び被告側の証言は次のように行なわれた。

赤羽は、事故当日と同じようにA点から登りはじめ、口を開いた。その証言内容を要約すると次のようになる。

宮本講師が5ｍ前を登り、それに先導されてそのあとを、田中、今井、福島、関、赤羽、酒井の6名の山岳部顧問教師が横一列で登行を開始――この斜面は、粉雪のような柔らかい雪に覆われており、踏み込むと下の堅い雪の層で止まるまでワカンが30㎝ほど沈み込み、歩く度に雪が崩れた。赤羽はB点に達した時、「ナダレだー！」という声を聞き、瞬時にして足元をすくわれた。次の瞬間、まっ暗な雪中に埋まり、手も足も動かせなかった。〃子どもに申しわけない〃とチラッと思っているうちに意識を失った。

藤松は、隣の斜面で、男子生徒4名と共に登行中であった。C点に達した時、藤松はピシッという音を1班登行斜面上部に聞き、「雪崩発生位置」からスローモーションのように雪が剝がれてくるのを見て、「ナダレだー！」と大声を上げた。

すぐに1班斜面に生徒と共に駆けつけたが、今井、田中以外は、それぞれ雪にまきこまれ姿を消していた。

1班の登行地点、雪崩の発生点、雪崩の走路などが、地図のなかに書記官の手で記入された。ガスがかかれば待機し、斜面が姿を現せば、赤羽、藤松が登ったり降りたりしてその位置を再現し、そのポイントポイントを書記官は撮影したり、記入したりした。

小雪がちらつきはじめた。かなり冷えている。

「一休みしませんか。お湯わきましたから、お昼にしたらどうかしら」

と酒井三重から声がかかり、時計を見ると12時近かった。裁判官、書記官もシェルターに入り、ホッと一息ついた。おにぎりは各自のものを出し、食べはじめた。三重は、体をあたためようとブタ細(コマ)と青菜を刻み入れた豚汁を、皆にくばった。書記官が「ホウー」と声を出し、汁をすすってメガネを曇らせた。被告側も誘ったが、なかには入らず、風に吹かれて食べていた。

午後からは、雪崩に埋まった5名の埋没地点の特定が行なわれた。関、福島、宮本、赤羽、酒井の埋まっていた地点には、それぞれ赤旗を立てて、それを書記官がカメラに収めた。死者酒井耕の埋没地点はデブリの末端であったが、当日、人工呼吸を行なった藤松の示す地点と、事故の翌朝、現地入りして、一番深く掘られた穴を見ている西牧康の示す地点が5ｍほどくい違った。書記官は、濡れないように画板の上に貼ったビニールシートをめくり上げて、〝被告デブリ末端位置〟〝原告デブリ末端位置〟と、それぞれの言い分を図面のなかに記入した。

最後に、原告側が雪質検査をし、解説した。５名が埋まっていた沢に面した東側の雪壁を削って雪の層を切り出した。中山の出番である。２ｍほど切り出した雪壁の前に書記官の一人が立った。中山はいつものように、着色剤のメチレンブルーを雪の断面に吹きかけ、堅い雪層には濃く、やわらかい雪層には薄く、青が浸みた。「薄く浸みた弱層が、上からの刺激によって崩れる。それが雪崩である」ことを伝えた。裁判官にとって、はじめて聞く雪崩説であった。刺激の加わったところより、はるかな上部が切れて面発生する〝表層雪崩〟のメカニズムも解説された。そして無雪期の植生調査の結果もまじえて解説は続いた。

「雪崩の通り道には木が育たず、育っても根曲がりを起こしています。これは雪崩の常習区である証拠です。木は雪崩情報を我々に伝える指標です」

裁判官は、一時役割を忘れて少年の顔になった。自然界の不思議に吸いよせられたのであった。

書記官は、「根曲りノ木」と記入した。

午前8時にスタートした現場検証は、こうして午後3時過ぎに終了した。

中島弁護士は、帰りの車のなかでつぶやいた。

「我々の現場に懸けた目的は、かなり達成できたネ」

〝こんな怖いところ〟〝どうして、こんなところで訓練したんだろう〟――という裁判官の心象を形成できたと思ったという。

いよいよ裁判がはじまるにあたり、ここで誰が誰を訴え、どういう点で、何を請求していたのかを振り返ろう。

まず裁判は、民事と刑事裁判に分かれる。民事裁判は、私人が私人または法人または行政を相手どり起こす訴訟。刑事裁判は、検察が刑罰を科すべき法令違反ありとして起こす訴訟である。一つの事故や事件が民事訴訟と刑事訴訟の2本立てで行なわれる例は多数ある。この五竜遠見雪崩事故の場合、事故当日に大町警察が関係者から事情聴取し、「酒井耕の死は自然発生の雪崩による死」で、人災ではないと認定処理してしまったので刑事訴訟の道はなくなった。したがってこの裁判は民事訴訟である。訴え出た原告は、事故死した酒井耕の実母三重である。誰を訴えたのか――それは、この雪崩事故の現場責任者である研修会の講師個人ではなく、主催者である長野県を訴えた。被告は長野県である。研修会を主催した山岳総合センターは長野県の一部門にある行政機関であり、したがって、この研修会での注意義務違反による事故死の責任は県が負うべきであるとして訴えた。原告は、県に国家賠償法第1条により、生じた損害を賠償するよう求めたのであった。

１９９０年11月22日提訴後、約1年間は、口頭弁論が5回行なわれた。口頭弁論というと、侃々諤々（かんかんがくがく）、原告側と被告側が言い争う場のように聞こえるが、実は両者の弁護士が言葉で言い合うのではなく、準備書面で論争する、書面だけの争いである。このような口頭弁論＝書面の取りかわしにより、両者の争点の整理・追加が行なわれていく。証人申請や次回開廷日程の調整も行なわれる。一般の職場やグループの場合なら裏方の事務局間で決められそうなことも、裁判は公開が原則なので、開廷して行なわれるのである。

したがって、裁判官、原告、被告の代理人である弁護士と、関係者2、3人だけで開廷し、15分で終わりということもあった。

原告側は、33ページに及ぶ訴状で県の責任を追及したが、ポイントは次の4点に要約された。

①研修会現場の地形、天候、雪質等の調査不足

②雪崩発生予知は可能であったが、その予知調査をせず注意義務を怠ったおこた

③訓練方法（斜面に横一列に並びワカン歩行）の誤りにより雪面に刺激を加え、雪崩を発生させる原因をつくった――人為的原因の雪崩

④長野県は、講師等に専門的な雪崩講習を受けさせることを怠った責任は大である

この訴えに対し、被告側は準備書面を出し、次の2点で反論した。

①雪崩発生のメカニズムは現在充分解明されておらず、したがって雪崩発生の危険予知は不可能である

②雪崩は、自然発生の雪崩である。自然災害であるから、講師にも県にも責任なし

両者の主張を擂す り合わせると、「雪崩は自然発生か人為的原因に起因する雪崩か」を最大の争点とし、「講師の注意義務違反があったかなかったか」が、これから延々5年間にわたり争われることになった。

ほぼ1年間、準備書面の取りかわし、証人申請などの手続きが続き、その後、いよいよ証人尋問が普通ならはじまるところである。しかし、この裁判の場合、原告側弁護団の強力な要請で、現場検証が証人尋問に先行して行なわれた。「どんな地形の現場で、どんな雪崩が起こり、人が埋まり死んだのか」を前提として理解しなければ、各証人の証言を受けとめられないという原告側主張が通り、雪山の現場検証が設定されたのであった。

したがって、提訴から1年半後の92年6月、やっと証人尋問が開始された。県側の1番バッターは、研修会の企画と講師を務め、事故当時、長野県山岳総合センター専門主事であった藤松太一となった。

被告側証人として立った藤松の尋問は次のような日程で3回に及んだ。

6月9日　主尋問（被告側）
9月1日　主尋問後反対尋問（被告・原告側）
10月21日　反対尋問（原告側）

6月9日、松本城の裏手にある長野地方裁判所松本支部に53名の傍聴人が列をつくった。一般傍聴席は45名、報道傍聴席は10名が定数である。開廷30分前に傍聴整理券が配られ、くじ引きがはじまった。その風景は笑いをさそうほど中世風である。中国の街角に座した易者がじゃらじゃらと音をさせて何やらとなえているあの風景に酷似している。易者でなく裁判所職員が背広姿で立っていることと、何かとなえるのではなく、整理券にしたがって「一本引いてください」と声をかける違いがあるだけだ。自分の順番がきた傍聴希望者は、鋳物の花瓶のような筒に入った菜箸（さいばし）のような黄色い棒を「当たりますように」と念じながら引き抜く。先に赤の印がついていると当たり、無印だとはずれだ。しかしこの門前風景は、歴然とした現代司法制度を支える原風景なのだ。

三重の友人である小林溶子が、この入口に立って傍聴者の調整を行なう係になった。はずれた人が後半でも交代して入れるように、はずれ組をプールし、当たり組に声をかけたり、ある時は報道席の空席分を裁判所にかけあって入れたりした。しかし第1回証人尋問の報道席はみんなふさがっていた。

まもなく開廷した。正面の上段に裁判官が3人。その内訳は、裁判長を中心に、右、左に一人ずつ。それぞれ陪席と呼ばれ、裁判長の右手（傍聴席からは左手）にいるのが右陪席、左手（傍聴席からは右手）の左陪席は若手裁判官が務め、「事実整理」をする役目である。

裁判官より一段低い雛壇に書記官が並び、記録はテープレコーダーと速記が並用されている。

傍聴席から見て左手に原告代理人（弁護士）、その後列に原告が座る。右手には被告代理人（弁護士）、その後列に被告が座る。

被告代理人席と原告代理人席は向かい合っているが、その中間スペースに裁判官に向かって証人席が設けられ、デスクには水とコップが用意された。

その証人席に立った藤松太一が、少々緊張した面持ちで、決められた宣誓文を読みはじめた。

「良心に従って真実を述べ、何事も隠さず、偽りを述べないことを誓います」

宣誓が終わると、被告代理人、竹内弁護士の質問に答える形で、藤松は、次のような略歴を述べた。

昭和49年信州大学教育学部を卒業し、上田市立中学教諭を経て、長野県教育委員会のもとにある山岳総合センターの専門主事に昭和63年に着任。専門主事の仕事は、センターで行なう、山岳県としての遭難事故防止、登山活動の推進、自然保護活動の推進などの講習、研修会の企画、運営の中心的役割を担（にな）う役であることが明らかになった。

「特筆すべきあなたの山岳に関する経歴は？」と、被告側代理人である竹内弁護士が切り出すと、藤松太一はニコッと笑った。

「たくさんあり過ぎるんですけど、国内の山では、厳冬期に、大学時代に行った劔岳があります」と語り出した。すべての信州大学山岳部員30人を投入して、厳冬期に30日間入山し、北方稜線をたどって、４名の縦走隊員が登頂を果たしたその縦走隊の一員であったことを話した上で、藤松はつけ加えた。

「冬でこのルートを歩いた記録は、うちら以外にはありません。ヒマラヤに匹敵するような山行だったわけですけれど、それが非常に強い印象を持っております」

昭和23年早稲田大学山岳部が北方稜線から初登頂している記録を知ってか知らなかったのか、誇らしく胸を張った。さらに、海外に7回の遠征、ネパールヒマラヤのニルギリ南峰（６８３９ｍ）の初登頂を果たしたことを加えた。そのうえで、弁護士に「そういう山行中雪崩が起きるかどうかの判断をする機会というのは多いか、少ないか」を問われ、次のように答えている。

「劔は、日本でも有数な雪の多いところで、もう雪崩はしょっちゅうあるというか、その危険は常にあります。ヒマラヤ遠征に行った時も、雪崩で荷物を流されました。そういうことで、それは、四六時中、神経を尖らせてやっているという状況で、雪崩に関しては常に意識して山へ登っています」

弁護士とのかけ合いによって、現場での雪崩体験が多く、その注意意識に勝（まさ）っていることが強調された。

いよいよ野外研修会の企画・立案・事前準備に入っていく。

①研修場所は、危険の少ないテントの張れる地として選定。３年連続の場所

②研修講師は、登録されている講師名簿から主任講師として宮本義彦先生を選定。選定理由は、高

校教論で、長野県山岳協会の理事長であり、公認二種指導員の有資格者。何より現在も山に登っている現役登山家であること

③3月15日に事前調査

④現地で雪質と量をチェックし、予定の雪洞訓練はむずかしいので、ワカン歩行訓練に切りかえ

⑤ワカン歩行の訓練場所は、各班講師が選択

などが話され、事前の準備は万全であったことが強調された。

その上で、藤松の視座から見た〝雪崩その時〟は、次のように再現して証言された。

五竜遠見を上部に見て一番西側の斜面で、宮本義彦を講師とする山岳部顧問教師の1班が訓練中であった。そのすぐ東側の隣が藤松の率(ひき)いる男子生徒グループの4班という位置関係にあった。藤松は生徒に「俺について登ってこい」と声をかけ登りはじめた。4班が行動を起こして5分後（15時45分頃）左手の斜面上部で「ピシッ」という小さな音が聞こえた。音の聞こえたほうをパッと見上げると、ノートの切れ端のような雪がズルッと落ちてくる。藤松はとっさに「ナダレだー！」と叫んだ。最初はスローモーションではじまり、次の瞬間、視線をおろすと、左下で止まっていた。その間ほんの2、3秒の出来事だった。

すぐに7mほど離れた雪崩の止まった地点に駆けおりた。下半身だけが埋まった福島先生の掘り出しにかかった。埋まっていなかった今井・田中先生は、足が出ていた関先生を掘り出した。その時点で「全員集まれ」の伝令を飛ばした。1班の残りの3名は完全に姿がないので、発見された遭難者と雪崩発生地点を結んだラインを伸ばした線の下方を探せという鉄則に従い、集まってきた全員で掘り

▌雪崩事故当日の登行図 （裁判の証拠とされた書類のコピー）

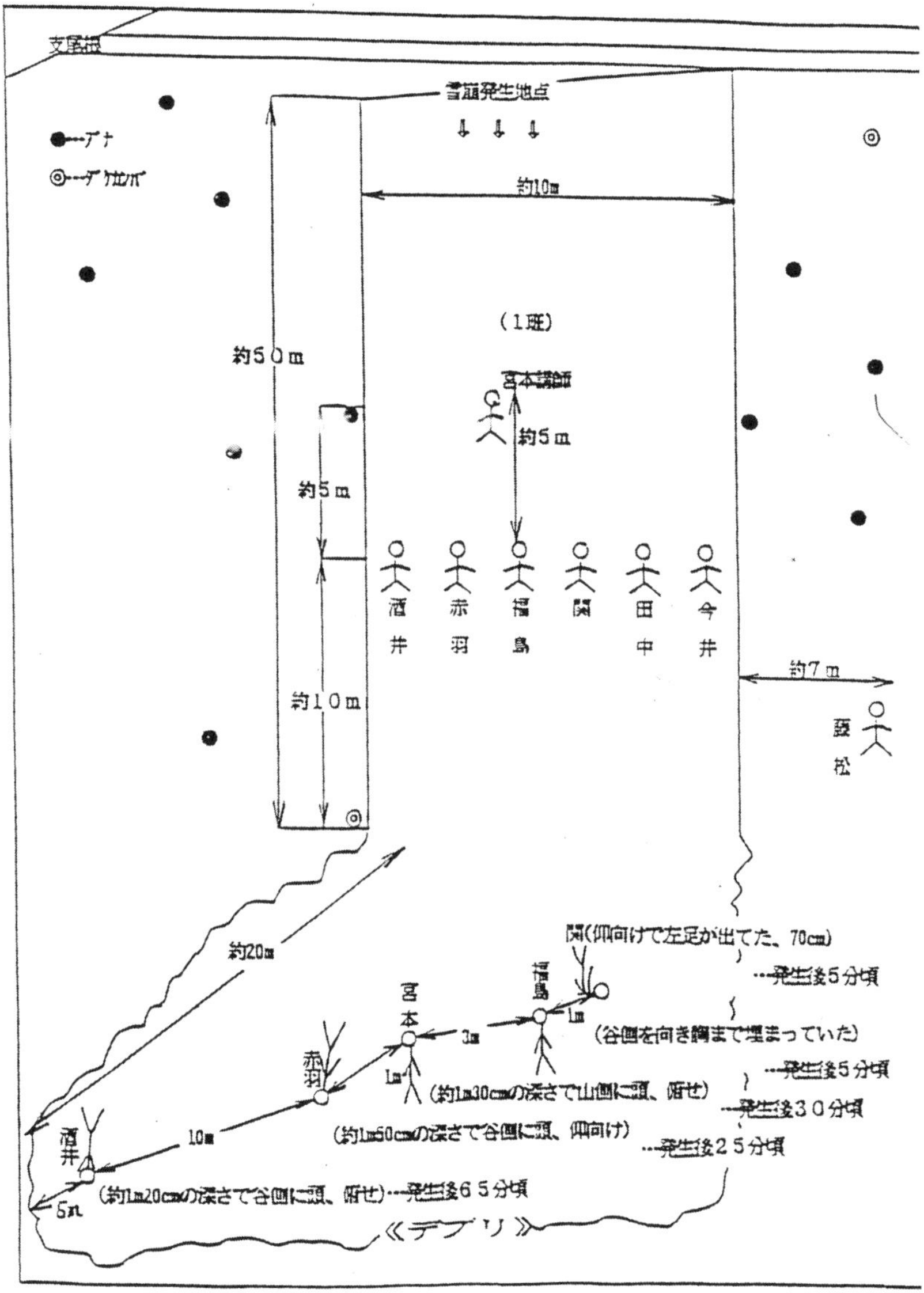

山岳総合センター作成の雪崩遭難事故報告書に添えられた、事故当日の「登行図」

下部に記された5人の遭難の様子（右より）——関（仰向けで左足が出てた、70cm）…発生後5分頃／福島（谷側を向き胸まで埋まっていた）…発生後5分頃／宮本（約1m30cmの深さで山側に頭、俯せ）…発生後30分頃／赤羽（約1m50cmの深さで谷側に頭、仰向け）…発生後25分頃／酒井（約1m20cmの深さで谷側に頭、俯せ）…発生後65分頃出しはじめた。25分後に1m50㎝下方から赤羽先生、30分後、1m30㎝下方から宮本先生を掘り出した。二人ともチアノーゼ（血液中の酸素が欠乏して皮膚や粘膜が青くなること）が出て意識がもうろうとしていた。あと一人の酒井先生はどの位置で登っていたかを他のメンバーに聞いても要領を得なかった。みな必死に掘り合ったが時は刻々と過ぎていく。念のためということで、デブリの末端に一部の人手を振り向けた。

絶望的な時間が経過するなか、デブリ末端の雪中から意識を失った酒井先生を掘り出した。1時間以上も経っていた。日赤の救急法指導員の資格を持っている古幡講師が、すぐに瞳孔反応と、呼吸・脈拍を見て、人工呼吸を施したが、蘇生はかなわなかった。

被告弁護人竹内は、藤松証人に向かって問いかけた。

「この酒井先生の救出について、証人がお考えになって、どこか欠けていたと、問題があったような点は考えられますか」

藤松は答えた。

「今回、5人が雪崩で埋まったわけです。たまたま二人は体が出ていたんですが、3人は完全に雪のなかに埋まっていた。雪崩の場合は、埋まって10分か20分が勝負だと聞いているわけですが、すぐ生徒とか先生方を集めて指示をしながら4人掘り出したということは、出来る最大のものだったと、今でも思っています。酒井先生はこういうことになってしまったわけですが、あと1分でも2分でも遅ければ、赤羽先生でも、宮本先生でも非常に危険だったと思います」

竹内弁護士はさらに駄目押しの質問をした。

「５人が雪崩に遭って、そのうち４人救出できたというのは、亡くなられた人には申しわけないけど、全体としては、救出として成功していると言えるわけですか」

藤松は寸分のためらいもなく、決められたセリフを明言した。

「今でも、自信を持っています」

傍聴席から怒りの声があがった。裁判長が制した。

「傍聴の方は、お静かに願います」

原告代理人である中島弁護士の、藤松太一への反対尋問の時が来た。中島は、藤松も宮本も〝山のベテラン〟が強調されているが、それは雪崩の予知能力を養っていることとは別のことではないかという疑いを持っていた。「山のベテラン必ずしも、雪崩予知のベテランならず」とひそかにつぶやき、中島は反対尋問の皮切りにその質問を据え、次のようなやりとりが続いた。法廷で書記官により記録された証人調書が印刷され原告被告双方に渡されている。その調書をたよりに再現してみよう。

「山岳総合センター主事の立場で、雪崩事故に関する講習会に参加したことはありますか」

「ありません」

「長野県のほうから、そのような講習会に参加せよという通知なり要望なりが、過去に来たことはなかったんですか」

「そういうことはありませんでした」

「あなたが個人的に、雪崩事故に関する研修会その他に参加したことはございますか」

「ありません。ただ本を買って読むということはやっています」

「あなたは、宮本講師を経験から選任をしたというふうにおっしゃっていましたけれども、宮本さんが雪崩に関して、そのような講習を受けているかどうかということについては、講師に選ぶ際の指標にしたことがありましたか」

「それはありませんけれども――雪崩のことを含めて長野県山岳協会の理事長ですから、十分、そういう知識とか――講習会に参加するんじゃないかと――逆に講習会を主催する立場ですから、十分そういう力はあったと思います」

「宮本さんは専門的立場から雪崩に関する講習をしたことがあるんですか、そういうことを調べましたか」

「長野県山岳協会ですから、講習会とかはやっていると思います」

「調べたかと聞いているんです」

「そういうことは、調べていません」

中島弁護士は、事故当日前の天候の変化を読みあげた。

14日　小雨
15日　晴　　気温マイナス3度
16日　　　　気温マイナス5度
17日　雪　　気温マイナス7度
　　　　　10ｍの風

18日　晴　　気温マイナス10度（事故当日）

その上で、中島は藤松に投げかけた。

「そういう状況で、当日は雪崩注意報が出ていたんですよ。雪崩の発生というものを一応疑ってかかってみるべき状況だったんじゃないですか。今考えてみるとどうですか」

藤松は言下に証言した。

「いつも雪崩警報というのは出ているわけです」

「私が聞いているのは、今になって考えてみると雪崩発生を疑ってみるべき状況にあったんじゃないですか」

「だから雪崩だけじゃなくて、いろんな事故のことを考えて講師の人たちに実際歩いてもらってやっているわけです」

「今得た藤松さんの知識からして雪崩の発生を疑うべき状態に当時あったんじゃないですか。どうですか」

「だけど、山で10ｍぐらいの風が吹くのはそんなに大したことじゃないです」

「疑うべき状況にあったかなかったかを言ってくださいよ」

「それは――そういうことも全部考えてそれぞれ講師の人と相談して、判断したわけです」

「今こうやって、いろいろ情報を集めてみると当時雪崩を疑うべき状態にあったんじゃないかって、あなたの判断を聞いているんです。当時の判断じゃなくて、今の判断を聞いているんです」

「今でも当時の判断は間違っていないと思います」

「そういう状況は雪崩を疑うべき条件とは考えていない？」

「はい！」

「雪崩が実際起こってしまった今考えてみても、雪崩の発生を疑うべき状態でなかったと考えているということ！」

「そうです」

「本当にそう考えているんですか。あなた山男でしょう！　……今考えてみて、あの雪崩の発生を疑うべき状態にあったと思えないのですか」

「思えないです」

平行線は10分以上続いたが、「山男」はあくまでも〝予想外の、予測不可能な雪崩〟を押し通した。

その時中島は、甲第7号証としてあらかじめ裁判所に提出していた新聞記事をとりあげた。

「ここに、田村県山岳協会長が〝危険な状態だったことは確か。現地でどこまで判断できていたかが問題だが〟と言うふうに言ってますネ。それからもう一人の現地の地元登山家ということで、〝初雪がクセモノ。こういう時期は絶対に気をつけないといけない〟というふうに書いてありますネ」

藤松はちょっとうなずいたが、答えは、

「一般的雪崩を言っていると思います。現場を見ていない人たちですから」

だった。

尋問は、当日現地で講師が何をたしかめ、どう判断したかに移っていった。中島が問うた。

「14時30分の打ち合わせというのは何を話し合ったんですか」

「それは結局——当初雪洞を掘ろうという計画だったが、全然雪がなくて掘れないと。じゃ……これは駄目だということで、主にワカンの歩行訓練をやろうと。で、どこの場所でやるかということを話したわけです」

「そうすると、雪崩に対するさまざまな検討ということは、この講師の打ち合わせのなかに出ていないわけですネ」

「雪崩についてはないです。ただ安全というものを考えた場合に全部入るわけです」

「じゃ、特に雪崩についてはなかったんですネ」

「安全が第一なら雪崩も入ります。常に意識はしていたんですけれど、特に雪崩という……」

「頭のなかにあったというのじゃなくて、そこの講師の打ち合わせで、言葉として雪崩対策をどうするかとか、雪がどういう状況なのかとか、雪崩判断の打ち合わせをしてはいないんでしょう」

「ただ昨……」

　とまた、答えをずらそうとする藤松に対し、中島は言った。

「ないんでしょう。あるんですか。ないんですか」

「常に、安全を意識したということだから、雪崩についても当然考えた……」

「しかし雪崩という言葉は出なかった！」

「雪崩という言葉ではないです」

　という藤松の言葉が出てくるや、中島弁護士は裁判長のほうに目をやり、無言のまま「そういうことだそうです」という表情をした。

尋問は、雪質の調査法に移った。被告側から事前に出された〝雪質の調査法〟は①手で雪を握った②雪のなかに踏み込んでみた③スコップで掘ってみた——の3点を中島は確認した。その上で、藤松に対して聞いた。

「雪崩が起きるかどうかについて簡単に判定できる方法として、弱層テストがあるということは知っていますネ」

「ええ知ってます。——でも私は弱層テストは有効だとは思いませんけど。——大学山岳部時代もやったことないし、入山した時、現実的には有効じゃない。山岳会で弱層テストをして山に登る人はあまり聞いていない——弱層テストなどしなくても、山の斜面を見れば、大体、長年の経験で危険かどうかわかるんです」

藤松の長年の経験と勘による危険の判断方法が全面主張された。文部省体育局から出されている登山テキスト「たかみへのステップ」には、弱層テストにより雪崩の危険性を事前に察知すべきことが載っているが、これを否定し、そのテストに代えて〝経験と勘〟を対置した。これが明かされたことは、後日の雪崩専門家証言との矛盾を生じさせる伏線として記録された。

中島弁護士は方向を変えて、証人の雪崩認識をたしかめた。

「それからあなたは、日本の山での行動中に起きた雪崩事故の半ば以上は、人為的な誘発に原因する雪崩だというふうに指摘されているのを知っていますか」

「それは知りません。ただ私の考えは、実際に雪崩というのは24時間あるわけですよ。雪崩というのは頻繁にあるはずなんです」

藤松の頭のなかは「雪崩は自然発生で24時間そこらじゅうに起こる」という風景に満ちていた。中島はクギを刺した。

「私が言っているのは、日本の山で起きた雪崩事故の半ば以上は、雪崩の人為的誘因に原因する誘因雪崩だというふうにかなり多くの人に指摘されているんですよ。知っていますか」

「知りませんね」

と藤松は横を向いた。

中島は風呂敷包みを解き、なかの分厚い資料をめくりはじめた。酒井三重は原告席からそれを見ていて、「見つかるかしら……」とハラハラした。ややあって中島は、

「甲第2号証です」

と雪崩発生直前の1班の行動図を示した。

「これを見ますと、ほぼ10ｍの幅の雪面に7人の人が入ってますね。横一列に並んで」

「これは私が報告書に書いたんで、便宜上一列に書いたんで、実際は前後しているわけですよね」

「多少のバラツキはあるかもしれませんが、ほぼ横に並んで登ったんでしょう……ワカンを履いてこれだけの人が幅10ｍのところに並んで、一度に登ったということに関して、雪面の微妙なバランス――雪面というのは微妙なバランスで保っているわけでしょう……それを崩すことになる。そういう危険性をあなたは考えませんでしたか」

中島は諭（さと）すように言った。藤松は口ごもった。

「同じようなことはどこの講習会でも……」

「考えたか、考えなかったか」

と、中島はやや甲高い声でたたみ掛けた。

「クラストした雪の状態ではないので、考えなかったです。手で握れば手の形がつくような雪が上から下まであったんです……」

「あなたは酒井さんのお母さんに、先ほど示した事故報告書を見せながら、〝雪崩が起きる場合には、こういうふうに切断面が必ず出来るわけだ〟と。〝あれは完全に表層雪崩ですからね。下にも雪があったからね〟と。〝これを切る要因の力の一つには、横に並んで歩いて登ったということが、もちろんあると思います〟とあなたは言ったでしょう」

「そういうふうに言った記憶はないですけどね」

「酒井さんのお母さんはよく覚えていますよ。覚えてないですか」

「覚えてないですね」

事故報告書作成時の藤松と三重の会話には出ていたことが、裁判になると、証言からすっかり消えていた。

「横一列に並んで登って、それが一因となって表層雪崩が起きた。そういうふうに考えてないですか」

「山スキーなんかで、スキーのエッジとかで雪を切ることはあるという意味で……」

藤松がひとりごとのようにつぶやいていると、中島が大声でかぶせた。

「あなたは切ったところから、雪が落ちるというように考えているの」

「そういうこともあるということです」

中島は、手を頭の上に伸ばして雪が落ちてくる形をつくりながら、

「そうじゃない、それ以外にも上が切れる場合だってあるでしょう。人が入って刺激を与えたために！」

中島の声はこの時、堂々としていた。日本山岳会員の西牧康が裁判前に語ってくれた雪崩体験が、山に素人の中島弁護士の、この事故現場の描ききれない霧を晴らしてくれたのであった。上高地をめざして西牧康が歩いている冬、自分の歩行の刺激で上の斜面の雪が切れ、足をすくわれてアッという間に流されてしまった。上から落ちてきた雪のジュウタンにのってたどりついたのは梓川だったという話が、この五竜遠見支尾根の3月18日の一瞬の雪崩の原因を照らし出した。中島の声は、岳人の体験に裏打ちされていた。

反対尋問は救助の体制に移った。原告側から、救助を外に求めるのが35分後と遅れたことはなぜか指摘されたのに対し、「早期救出が先だと思った」と回答された。その上で中島は、救出の用具として持っていくべきスコップは3本、ゾンデ棒はなしの状況だったこと、ほとんどの生徒がピッケルまたは手で掘っていたことを明らかにした。

中島は総括的に陳述した。

「あなたの証言を聞いていると、もう雪崩のことは全然頭のなかになかったんじゃないの。ここでは起きるはずがないということで、この現場に行って計画立てたんじゃないですか。率直な言い方をすれば……」

「私としてはやるべきことをやったんで、そういうように言われるとちょっと心外なんですけど……」

「油断じゃないの。慎重な調査を怠ったんじゃないですか。経験と勘に頼って」

中島は小さめの声でボソボソと言った。法廷というのは、決着をつける場には違いないが、原告代理人と被告側証人が直接に決着をつけなくても、両者間のやり取り、証拠資料等を示しながら、裁判官の心証を形成できるか――さらに進んで言えば、裁判官の心中に、どんな事実認識や確信をつくり出すことが出来るかにかかっている。大きな声も、力強い声も、見事な論証も、そして時にはボソボソとした声も、そのために動員された。

その時、傍聴者の耳にはボソボソとした中島の声で、しかし明朗に聞こえてきた。

「……経験と勘に頼って」

それは、長々と続いた被告側証人の本質を突いた一語に思われた。


ここで中島から上條弁護士に代わった。前回の尋問をひきつぎ、雪崩研修会について問いを発した。

「あなたは、長野県山岳協会の雪崩研修会には出たことはないというふうにおっしゃいましたね」

「はい」

「長山協では特に雪崩の研修会というのはやっているんですか」

「いないと思います」

「日本山岳協会ではやっていますか」

「日本山岳協会でも当時はやっていないと思います」

「勤労者山岳会ではやっていますか」

「やっていると思います」

「なぜ勤労者山岳会だけが、雪崩の研修会をやっているか、ご存じですか」

上條の問いに答えて、藤松被告側証人は次のような主旨のことを答えた。

勤労者山岳会はハイキングから登山までという幅広い会員を集めて発足した。登山をはじめると、だんだん岩や雪をやりたいというふうになって、ある時期、雪崩の事故が起き、それを契機に講習会をはじめたと思う、と述べた。その上で、山の専門的団体である日本山岳協会は、

「雪崩だけというのは必要なく、――冬、普通3週間ぐらいは山に入り、それを何年も重ねると、普通じゃ得られないものが得られるということで、必要ないという認識でやっているわけですね」

と結んだ。藤松は言内外で「今でも雪崩だけの研修会は必要ない」を主張した。


今回は最後の尋問なので、落ちがないようにしようということで、原告側弁護人の3人目、山内道生弁護士に代わった。山内は、藤松に向けて切り出した。

「あなたの認識と判断では、この現場では当日雪崩が起きるというような心配はないだろうというふうな見方をしていたんですね」

「そうですね」

「しかし、現実には雪崩が発生しましたね」

「その通りです」

「客観的には雪崩が発生する条件が、前提としてあったということですよ」

山内のこの言葉を、藤松はさえぎって言いはじめた。

「いや、私はそういうふうには考えていません。雪崩が起こる要因が明確じゃない、いろんな要素が重なったんじゃないか……」

「だから、あなたは積雪期あるいは冬山の登山は豊富だけれども、あなたの認識なり経験なりを超えて雪崩が発生しているわけですよ」

「事実は、その通りです」

山内弁護士は藤松を土俵に引き入れた。その上でさらに続けた。

「そういう条件があれば、常に雪崩は起こり得るということでしょう。そういう前提で臨まないと、また同じ事故を繰り返す。〝自分の経験から言うと、ここで雪崩は起こりえないだろう〟と思ったけれども、結果的に雪崩は起きたと、そこにある教訓を、あなたは全然引き出せないじゃない」

諭すように言った山内弁護士の声にかぶせて、藤松は言った。

「そういう考えでいけば、山へ一歩も入らないほうが安全だという発想になっちゃうわけです」

第7章　天災か人災か

１９９2年、事故から4度目の年の暮れの迫った12月22日、二人目の被告側証人尋問が行なわれた。証言台に立ったのは、研修会の主任講師、宮本義彦である。彼は当日、事故のあった1班の指導をし、自らも雪崩に流され30分間雪に埋もれ、最後に掘り出されたのであった。したがって、その雪崩体験者が何を語るか注目を集め、前回の藤松証言を越える56人の傍聴者が詰めかけた。

宮本は、昭和42年に大阪工業大学を卒業して、長野県中野実業高等学校の教諭になった。19歳で山登りをはじめ、教員になってからも、社会人山岳会、グループ・ド・モレーヌに所属する現役の登山家であった。年齢は、証人に立った時点で48歳、研修会時は44歳、日本山岳協会の2種指導員、研修会直後に1種指導員になっていた。

38歳の時、中国ボゴタ峰での日中合同登山技術研修の岩登り研修会を担当した。42歳の時、中国チャンツェ峰（7543ｍ）への日中合同登山に参加した。

48歳、この証言台に立つ直前の11月、ヒマラヤのナムチャバルワ峰を日中登山隊がアタックし、その登攀隊長を務めた。

被告代理人弁護士竹内は、主尋問を通して、宮本義彦の山のキャリアを以上のように引き出した。その上で、次のように問いかけた。

「そうすると、指導員の資格、それから研修分野等から見て、長野県では第1級の登山家であって、登山の指導者だというふうに考えてもよろしいんですネ」

「自分でそういうふうに言うのは登山をやる者としては気が引けますけれども、そういうふうに見られるのは、そうかなというふうに思います」

宮本がこのように答えた時、傍聴席からブーイングに近い声が上がった。「研修会で死者を出し」ながら、原因究明もせず、「自分は第1級の登山家である」という言い分が据えられたことに、原告側の何人かが抗議のうなり声をあげたのである。

被告側弁護の戦略は、藤松太一の時も、宮本義彦の時も、まず、それぞれが秀でた登山家で、豊富なキャリアの持主であることの強調が据えられた。その山のキャリアをもってしても避け得なかった「ウエカラ落チテキタ自然ナダレ事故」という構図であった。

竹内弁護士の次のような問いに、宮本は答えた。

「もし一定のことを行なっていれば、雪崩には巻き込まれなかっただろうというふうに思われる点はありますか」

「あの事故についてはずっとこれからも心を痛めていくことだと思いますが、研修の調査、実施等において、これが決定的に落ちていたというふうには考えておりません」

被告側の中核証人の核心証言なので、印刷されている調書を読み込み、忠実に再現してみよう。焦点が移った。雪崩斜面にいた人間のはじめての供述である。

「検証図面の1班登高開始位置に6人の研修生が並んでいた様が記されていますが（P137参照）、証人はどこにいたのですか？」と被告代理人竹内が問いかけた。宮本は、その時をまとめると、次のように再現した。

1班は斜面に立ち、宮本は、6人の研修生の位置より5mほど上まで登り方を実際にやってみせた。「こんなふうにやってみてください」の宮本の指示に従い、横一列の研修生は、10mほどワカン歩行をした。その間10分程度だった。その時となりの班の講師藤松から「雪崩だ」という声がかかった。

そこまで宮本が証言すると、竹内は「雪崩だという声を聞いて証人はどうされましたか」とたずねた。それに宮本は核心的答えを返している。

「雪崩というのは普通上からくるものだという認識がありますので、上を見ました」「落ちてくるというか、ずってくるというような感じでした」

竹内はそれを受けて、問いかけた。

「じゃ、上から一団の雪が動いてくるという感じで、証人はどうされましたか」

「多分、逃げろという声をかけたんだというふうに思いますが、それと同様、私も逃げようとして多分、足を2歩ぐらい抜いたように覚えています」

1班受講生、福島伸一の証言によれば、この時宮本の口から発せられた言葉は、もっと本能的な言葉「やばい」だったような気がするということであった。宮本証言はさらに続く。

「2歩ぐらい、今井、田中先生のほうに足を抜いて——雪崩に巻き込まれて、そのあと2回転ぐらいさせられて、あと、まっ暗になって押しつけられたということで、なんとか脱出できないかというふうに考えまして、いろいろ叫んでみたり、もがいてみたりしたけれども、まったくそういうことが通じるような状況ではないので、ああ、もうこれで駄目だというふうに思って気を失ったという感じじゃないかと思います」

「そのあと、記憶があるのはどこからですか」と竹内がうながすと、さらに続けた。

「掘り出されてからになると思いますが、掘り出された時には立ち上がれないぐらいですから、はっきり認識できるということはありませんけれども、ああ、生きていたかというふうに思ったぐらいの記憶で。その間、まったく空白です」

以上のように、雪崩の瞬間が再現された。

雪崩の予知については、宮本は「雪を握る、歩くを通してワカン歩行に適した状態だと判断した」と証言した。また雪の安定度については「弱層テストをやらなければ、それが判定の決定的間違いだというふうには思っていない」とした上で、弱層を見わけるには、スコップで掘る、ピッケルを差し込む、足を踏み入れる等でも出来ると主張した。どこの山岳会でも弱層テストをやるところは少ないとつけ加えた。

横一列に並んでの登攀法が積雪内部に刺激を与え、雪崩の誘因をつくったということについては、「雪崩のメカニズムは解明されていない」「横一列に並んでの登攀法が直接、雪崩の引き金になったというようにも思っていない」と全面否定した。

結果として、宮本は「不可抗力の、上から落ちてきた自然発生雪崩だ」という主張に終始した。

宮本証人への第1回尋問が終わったあと、原告側傍聴者は、松本城公園を通り抜け、正門入口にある第一会館に集合した。

「酒井さんの雪崩裁判を支援する会」の発会式である。30名ほどの支援者が、食事をしながら今後の裁判を闘っていく絆を深めた。会長に芦沢直人、事務局長に草間敏雄が選出された。

芦沢直人は、東電で酒井三重の夫延侯の同僚で、合唱団でも一緒に歌った仲であった。今は、東栄工業株式会社の社長であった。会長を誰にするかということになった時「芦兄（あしにい）なんてどーお?」と、裁判を最初から傍聴していた芦沢を推す声が出て、小林溶子が交渉して、この日選出のはこびとなった。

事務局長は、ある程度運動の経験者がよかろうということになり、弁護士中島の知り合いの、芝浦労組の活動家、草間敏雄が引き受けてくれた。

これに先立つ12月初旬、酒井三重は、草間の紹介を受けることになり、中島弁護士事務所で待った。午後一番の会見という約束だったが、なかなか現われない。

「どんなカタイ人が現われるか」

と、三重は緊張して待った。

「ごめんごめん、オレ、スキー行ってきたで、遅くなって！」
と満面の笑みで快活に現れた草間は、ほんわかと人を包み込む人柄で、三重は、ホッとしたのであった。

第一会館での腹ごしらえが終わり、会長の芦沢直人が挨拶に立った。

「自分にも息子があります。この事故のことを聞いて、自分の息子が殺されたような思いでした。――前途有為な酒井耕君を死亡にいたらしめた、この雪崩事故に対し、いまだに責任をとろうとしない長野県の態度に怒りを感じます。――皆さんのこの会へのご協力を心からお願いします。多分、法廷での闘いは長い年月かかるでしょう。みなさんと手を組んで、真実を認めさせる日まで、がんばっていきましょう」

「雪崩裁判を支援するグループ」は、「会」という組織に成長した。それまでは、事故のその日から3年9カ月間、酒井慶、西牧康、岳哉、小林溶子、島崎重子、芦沢直人という友人、知人で原告を支えてきた草の根運動であったが、この日を境にして、柱の立った一まわり大きな運動体になった。同時に雪崩裁判ニュースが発行されることになった。開廷の予告、現地視察会の呼びかけ、裁判所・県への署名呼びかけや参加者の意見が紙面に載り、次第に広報活動が広がっていった。

年が明け、次々に冬将軍がやってきた。松本城からはるかに見渡す北アルプスの常念岳は、くっきりとした白銀となった。93年1月27日、弁護団会議が開かれた。集まったのは、弁護士、原告、支援の中心メンバーである。

3月2日に設定された宮本義彦への反対尋問に向けて、何をなすべきかが検討された。会議は3時間半に及んだが、そこでまとまった結論は、次の4点である。

①〝雪崩はなぜ起こるか〟の学習会を開き、弁護士、原告、支援者が、共通認識をもって対応できるようにする。学習会は、中山建生を講師として、2月21日に開催する。そのなかで、3月2日の宮本への反対尋問で、何をポイントにして主張すべきかを考えようということになった。

②裁判をとり巻く運動を一まわり大きくする。そのための要(かなめ)の一つは、組合支援を取りつけること。酒井耕が組合加入していた長野県高教組に、支援してくれるよう、2月13日に要請に行く。

③〝真実は現場にあり〟。支援する会のはじめての現地視察会を3月21日に開き、現地学習でみんなの認識を深める。

③原告側の証人として法廷に誰を立てるかを検討した。研修日当日、酒井耕と行動を共にし、雪崩に埋まって生還した赤羽康定に証言してもらおうということに決定し、申請する運びとなった。

支援する会のスケジュールは、急にピッチをあげて動きだした。原告酒井三重は中島に電話を入れ、「何を着て行けばよいか」と質問し、この日にそなえて冬のスーツを買った。2月13日、中島弁護士と長野駅で落ち合って、長野県高校教職員組合を訪ねた。長野市は松本より5度は寒く、時折り雪が舞った。

中沢委員長に会見することが出来た。中島弁護士は、おだやかに、この裁判の主旨から切り出し、話しはじめた。

「委員長、この裁判は、講師を訴えたものではありません。国家賠償法の1条によって、この研修会の主催者である県知事が、事故の責任を負えという訴えです。原告は、組合員仲間である講師を訴えたように、一部には伝わっているようですが、これはまったくの誤解です」

その時、中沢委員長は瞬きをし、鼻に手をやった。中島はそれを見詰めながら、話を続けた。

「高教組の組合員である酒井耕先生が、業務中に死亡したのです。ぜひ、組合でとりあげていただきたいのです。裁判は次回までが被告=主催者側証言が続きます。その後、研修会参加の原告側証言がはじまります。ぜひ支援していただきたいのです」

中沢は黙って聞いていた。中島は、やや甲高い声で、順々と願いを重ねた。

「3月21日には現地に入り、雪崩斜面を前にして、〝雪崩はなぜ起こって事故となったか〟を、みんなで検証することにしています。この現地視察会に参加していただいて、組合としても〝どんな事故だったか〟を、まずつかんでいただきたいのです」

中島はその時身を乗り出していたが、中沢は腕を組み、反論も、質問も発しなかった。しばらくの沈黙が続いた。

中沢は、中島が渡した資料に視線を落として、低い声でしめくくった。

「被告側と原告側の双方に、高教組組合員がいるというむずかしい裁判です。まあ、資料を読ませていただきましょう」

酒井三重は、帰りの電車のなかで、歯切れの悪い委員長の言葉を思い出して憤慨し、目に悔し涙があふれてきた。その三重に向けて、中島は諭すように口を開いた。

「酒井さん、腹が立つネ」

中島の諭しはいつも共感の言葉ではじまった。

「だけど、我慢強く説得していこう。組織というものはね、――なかなか小回りのきかないものなんだよ。時間がかかるけど、今日投げかけて、その結果がどう動くか、根気強く見届けよう。その結果を見て、また支援を取りつけるねばり強い方法を考えていこうよ。委員長は、今日口にこそ出さなかったが、組合員が業務中に死んでいるのに、その救済に手を出していないことに引け目を感じているよ。組織というものは時間がかかる。けど、時間をかければ、高教組は、こっちのほうに向くで！」

2月21日、松本市内の勤労者福祉センターに、弁護士、原告をはじめ支援する会のメンバー10名が集まった。中山講師は横浜からやってきて、学習会がはじまった。13時にはじまり、とっぷり日が暮れてもなお討論が続き、解散したのが18時をまわっていた。

2月も下旬になると、おどろくほど春めいた日が顔を出した。しかしそれは一日のこと、また厳冬にもどって行った。

〝主任講師、宮本義彦に対する反対尋問〟は、この裁判前半の大きな山場であった。3月2日の開廷日を前に、中島弁護士の準備はピークを迎えていた。〝実証の人〟中島は、事故研修会参加者から次々に証言を取り、センター発行の事故報告書と突き合わせ、その弱点を分析しつくしていた。しかし、中島は山はまったくの素人、今度の相手は、長野県山岳協会副会長を務める現役の登山家である。どんな反論が飛び出すかしれないという一抹の不安はあった。しかし、数日前の学習会ノートの記録を見直して策を考えた。

「雪崩は予知できたのに科学的検証を怠った――横一列に並びワカンでもがき、積雪に刺激を与えたことにより、人為的雪崩を発生させた」――裁判官にこれを理解させるために、証人に何を問い何を答えさせるべきか――想定問答集をつくりあげた。

真夜中に及んだが中島は疲れを感じなかった。支援者によく、「先生、過労死しないでネ」と声をかけられることがあった。中島の労働時間に着目すると過労死指標の時間を超えていた。しかし中島は、「自分は過労死しないで。僕は正義を勝たせるための方法の発見という楽しい仕事をやってるんだから……」と常々言っている。

この時、事務所のメンバーが帰宅したあと、一人コーヒーをすすりはじめ、作戦を練っていたのである。コーヒー3杯を飲み干した。窓から見える松本城のライトが消えた。

一方、三重は、「一番大事な宮本講師への反対尋問だでネ。必ず傍聴に来て！」と二晩続けて電話をかけ続けた。

その甲斐あって、3月2日、この裁判がはじまって以来、最高の63名の傍聴者が、長野地方裁判所松本支部の玄関に列をつくった。

受付には、整理係として小林溶子が陣どった。傍聴人の定員は45人である。クジにはずれたメンバーは20人近かった。小林が報道席の空き席を数え、裁判所側と交渉し、何人かを座らせる処置をとった。それでも入れない人は、受付の椅子に待機させ、休憩時間に交代して傍聴するやりくりを考えた。傍聴者は、原告側がほとんどだった。後日の裁判では、被告側の宮本がクジにはずれてポツネンとしているのを見かねて、小林が席を融通したこともあったという。

3月2日午前、開廷した。中島弁護士は宮本義彦への反対尋問のはじめに、「雪崩その時」を据えた。

中島「あなたはその時に、〝あぶない〟〝やばい〟とかいう言葉を口に出しませんでしたか」

宮本「その言葉は覚えていませんけれども、私としては何か言っているはずです」

中島「その時に〝ピシッ〟というような音がしたというふうに藤松さんは言っておりますけれど——証人は、この音は聞いていなかった」

宮本「聞こえませんでした」

風呂敷に包んであった書類を手に取り、中島は続けた。

中島「事故報告書の18ページを示します。この〝ピシッ〟という音は、18ページ右の図面に、〝切断面〟とありますが、切断面が出来た音ですネ」

宮本「切断したかどうか分かりませんけれど、他の雪崩経験からすると、そういう音だと思います」

宮本は、その時〝足を2歩ぐらい抜いた〟と答えていたが、それに対して、雪崩の種類を問う質問が続いている。

中島「その時の模様は、何か下に敷いてあるものを引っ張られたら倒れるでしょう。そういうふうに感じたという受講生がいますが、そんな感じだったんじゃないですか」

宮本「そんな感じではありません」

中島「どんな感じですか」

宮本「上から来るのに押し倒されたような感じがして、回転させられたように覚えています」

中島「上から来るものというのは、上の雪が転がって来たわけじゃないでしょう。この前の証言でズッてきたと表現したのは、足元の雪が動いたんじゃないですか」

さらに中島は、前回の尋問で、宮本が「動いて落ちてくる」といった直後に「ズッてくる」と言いかえ、また「ズッてくるというより落ちてくる」と言い換え続けた矛盾を厳しい声で正した。その時、被告側弁護人竹内が割って入った。

竹内「今回の雪崩が起きた時ですけれども、足元から雪が流れて行ったんですか」

そうではないですよネ……という響きで宮本に問いかけた。宮本は、迷い込んだ答えを訂正するように、次のように断言した。

宮本「まったく、そうじゃあありません。上から落ちてきました」

反対尋問のなかに割って入ってでも、「雪ハ上カラオチテキタ」に完全修正させた。「自然ナダレ＝上カラオチテクル」の戦略がねじ込まれた瞬間だった。傍聴者は、ズッテクルとオチテクルをくり返し言いよどんでいる証人が「まったくそうじゃない――上から落ちてきました」に、突如変じたことに驚いた。裁判官は、その豹変の事実と、そのわけを脳に刻みこんだと、中島は確信した。

中島弁護士の追及は、現地での危険度の点検はどうなされたかに移った。
中島「講師の間で打ち合わせをしたと言われましたが、具体的には何をしたのですか」
宮本「雪の状態をよく判断しました。はい。握ってみたり歩いてみたりしています」
中島「その時、進め方の打ち合わせをされていると思いますが、雪崩に関しての話というのは講師の間で出ていないでしょう」
宮本「雪崩という言葉が出るか出ないかでなくて、安全というなかには、当然そういうことが入っております」
中島「そうじゃあなくて、雪崩についての話が、講師の間では出なかったでしょうと聞いているんです」
宮本「すべてを含んでいるというふうに、私は申し上げました」
中島「話が出たか出ないか、雪崩に関して」
宮本「たとえば、どういうふうにおっしゃられたいんでしょうか」
中島「雪崩という言葉は出ましたか」
宮本「出ておりません、雪が安定しているかどうかということは、話に出ているはずです」
中島「はずじゃなくて、そういう話が出ているんですか」
宮本は沈黙した。そこへ裁判長が割って入った。
裁判長「そういうことが話題になったのを、あなた自身はお聞きになったんですか」
宮本「当然そのなかでは出ているはずです」

裁判長「はずですって、そういう話が出て、あなたが聞いた記憶があるんですか。どうですか」
宮本「私は出ていたはずだと思っております」
裁判長「今のご記憶ではどうですか」
宮本「今もそう思っております」

中島は、甲5号証として事前に提出していた事故斜面の測量図を手にして話しはじめた。三重が探しあてた測量師Mに頼んだあの現地測量図である。

「これは、本件雪崩の起きた斜度を測ったものです。これを見ますと、上部の雪崩の起こったあたりが49度、証人が登った地点が42度あるということがわかっています」

中島は、自らが現場に登り検証した時、この斜面の雪が破断したと思われる地点から下降しようとして足がガクガクしたこと、遂にはザイルをつけて踏んばりながらやっと下降した日の、体に刻みつけられた傾斜の感覚を思い出していた。中島はたしかに山の素人ではあったが、長野県の山の玄人ナンバー2を前にしても、一歩も引くことのないあざやかな体感を甦らせていた。中島は、

「そういう斜度があるということは、ご存じじゃなかったんですネ」

「そこは藪(やぶ)で、普通は誰も入らないところですから知りません」

と宮本は返した。測ったこともないと言った。

「あなたは、ここの斜度は何度ぐらいあると理解していましたか」

という中島の問いに、宮本はボソッと答えた。

「30度か、もうちょっとぐらいと思っていました」

引き続いて中島弁護士は、雪山の事前調査の常識である一つ一つの調査をやったかと、宮本に質問した。無雪期の地形調査、植生の調査、高層の天気図取り、弱層テストと、次々に聞いていったが、そのどれもやっていないという答えが返ってきた。最後には「そんなもの、なんの役にも立たないからやらない」という響きを込めて拒絶した。中島はたまりかねて切り出した。

「要するに、あなたが言うのは、そういうことは調べなくて、あなたの経験と勘だけでやればよいということでしょう。自分が判断する基準が何もないじゃないですか」

宮本が答えた。

「実際には、研修をやるのに斜度計を持っていくようなことはないわけです。それはそれなりの経験なり自信があるからだと思います」

中島の問う声が大きくなった。

「雪崩の発生を疑うべき状況というものを、総体的に判断するには、そういうことも科学的に調べてやらなければ、ただ勘と経験だけでは判断できないんじゃないかと私は聞いているんです。その点のあなたの見解を聞かせてください」

宮本の答えは、すぐには出てこなかった。言いよどんでいると、そこへ裁判長が入ってきた。

裁判長「総合的、科学的に、斜度等も含めてちゃんと検討すべきじゃないかという質問に対しては、いかがですか」

宮本「その通りだと思います。それらは十分承知の上で判断をしたわけです」
中島は一息つくと、次の尋問の準備をはじめた。
反対尋問は、いよいよ核心部に入っていった。研修会当日、1班の〝横一列登行法〟が、雪崩を起こす原因になっていないかが問われたのである。中島は甲15号証の10ページを開き、「〝雪崩の危険への対応〟の最初に」と言いながら、読みはじめた。
「〝雪崩事故のほとんどは、遭難者が自分で起こして、自ら巻き込まれるものだ〟というふうに指摘されていることは知っていますか」
宮本の答えは「そういう記述が、いくつか本にあることは知っております」であった。
中島「文部省発行の〝山岳遭難救助技術テキスト〟、新田隆三さんの〝雪崩の世界から〟のなかにも、雪崩事故のほとんどは、遭難者が自ら起こし、自ら巻き込まれているという指摘があるのは知っていますか」
宮本「知っております。一般論ですから知っております」
中島「〝積雪内部にあって、表面からは見えない微小なヒビ割れが、人間の荷重や刺激によって、急激に拡大発達して、瞬間的に雪崩の本格的なクラックになる〟と書いてあります。これは知っていますネ」
宮本「知っています」
中島「このような人為的な雪崩を避けるために、どうしたらいいかということも言われているのをご存じですか」

宮本「間隔を置けということが一番の力点だと思います」
中島「それからもう一つ言われているんじゃないでしょうか」
宮本「どういうことでしょうか。ちょっと記憶にありません」
中島「〝狭い雪面に、多くの荷重をかけるな、多勢の人が乗るな〟というふうに言われているのを知っていますか」
宮本「ちょっと明確に覚えていませんでしたけど、書いてあるんだったらそうだと思います」
中島「あなたは、当時はそういうことは頭のなかにはなかったんですね。覚えてなかったということは」
宮本「そのことをですか――議論をするわけではありませんが、そういうふうに結びつけられると、また私は考え方が違うんです」
中島「証人は、前回の証言で、ここに人が入ったことが、雪崩を引き起こした原因の一つと残念ながら考えられるということをおっしゃっていましたね」
宮本「刺激という点では、ほかの刺激はありませんでしたから、刺激が雪崩誘発の原因になったとすれば、そういうふうに考えざるを得ないという……」
宮本の語尾が消え入りそうになった。それに続き、中島が、「狭い雪面に集団的荷重をかけた結果、雪崩が発生したのではないか」という主旨の質問を、言葉を変えて何回かくり返し尋ねた。それに対し、宮本は言いよどみながらも、「一概には言えない」「簡単には言えない」をくり返した。
傍聴席から「それじゃあ、なんなんだよ」「はっきり言えよ」という囁きがもれ、ざわついた。

中島は、少し向きを変えて、最後に尋ねた。優しい声でゆっくりと聞いた。

「やっぱり、横一列に並ばせて集団で上がらせるよりも、離して上がらせるべきだったんじゃないですか。今から考えてみれば――やっぱりあの狭い雪面に人を並ばせて乗せたということが、負荷を与えて雪崩の原因になったんじゃないかと、今考えれば――そう思うでしょう」

その問いに宮本は次のように返答した。

「雪崩の起きた地点と訓練をやった地点が非常に離れてますし、その地形が、まっすぐストレートに来る間隔だと思いませんので、そういうふうに短絡的には思いません」

この宮本証言は、表層雪崩の遠隔誘発のメカニズムに関する無知と否定をあざやかに語っていた。さらに「日常的に高校スキー部指導によって、雪の安定度を見抜く力は鍛えられている」と強調して証言を終わってしまった。

「予想をはるかに超えた自然雪崩が上から落ちてきた」論に対し、支援する会の裁判後の総括会議でみんなの批判が集中した。初参加の男性が「裁判官の顔も、傍聴の僕のような素人にも、宮本さんの自然雪崩の主張には迷いと無理があることがわかります」と発言したことに代表されていた。

この日の夜、中島弁護士は、自分が「狭い雪面に6人を横一列に並べて登行させたことが雪崩の原因になったのではないか」と聞いたのに対して返ってきた宮本の答えを反芻した。

「雪崩の起きた地点と訓練をやった地点が非常に離れている――その地形がまっすぐストレートではないから、下の刺激と上の切断は関係なし」のメモを読んだ。中島は、誰もいない事務所で、「この宮本の言い分を論破しつくさなければ――これが核心だ」と見定めた。

3月下旬、中島は、日本雪氷学会の雪崩分科会会長の新田隆三を松本に招き、特別講義を受けた。新田は、スイス雪崩研究所の研究員となった折り入手したスイスの山岳ガイド、ヴェルナー・ムンターの『新雪崩学』という厚い本を、中島の前に開いてみせた。

それまでの日本では〝温度が高いと雪崩れる〟〝雪崩は上から落ちてくる〟などと言い伝えられてきたが、これは迷信に近いものであると新田は断じた。その上でさらに力を込めて話しはじめた。

「今、中島さんが説明なさった研修会当日のこの斜面に沿って考えてみましょう。下部の登山者の歩行刺激と、上部の切断は一見無関係に見えるけれど、実は、積雪内部で図のような刺激伝達が発生するのですよ。積雪内部の弱層を伝って上部のストレスの一番強いところで2次破壊を起こす。登山者の歩行による刺激は、70cm下まで積雪内部に伝わり、そこまでに弱層があれば上部150mまで刺激は

雪崩「遠隔誘発」のメカニズム

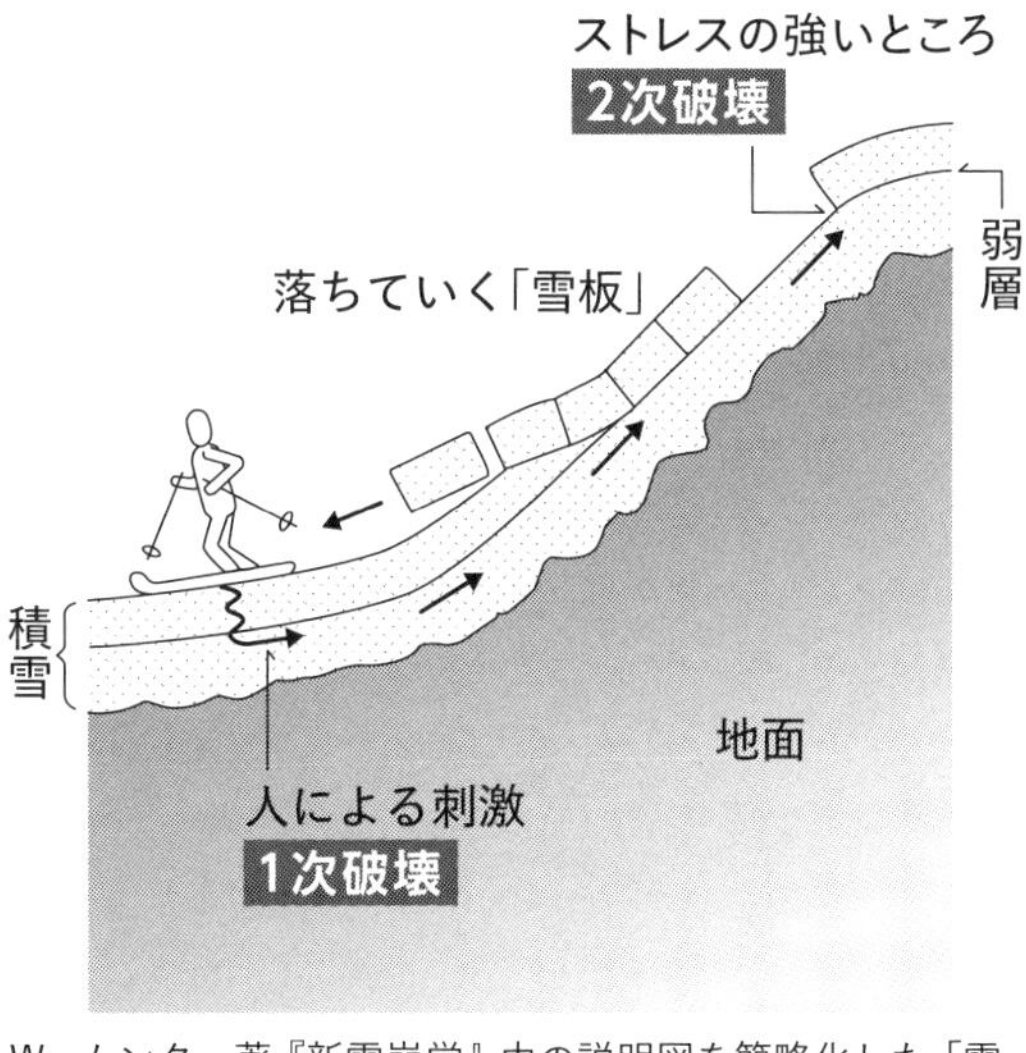

W・ムンター著『新雪崩学』中の説明図を簡略化した「雪崩遠隔誘発図」。人が起こした刺激が積雪内部の「弱層」を伝って上部のストレスの強いところで2次破壊を起こし、雪崩のキッカケとなる。

伝達し、雪崩発生のキッカケとなります」

中島は、この講義で、すべてが明快になった。表層雪崩の遠隔誘発のメカニズムをまとめて宮本証言への反証として準備書面にし、4月に入ると裁判所に提出した。被告側証人の強弁の前に立たされた中島弁護士の雪崩論は、こうして一歩前進した。

実は、これが判決で、雪崩発生の原因判定の要となったのである。

私は、中島弁護士の他の裁判を傍聴して特長を追体験し、証人調書をはじめ、この裁判の記録をつぶさに読んだ。そして、

「宮本講師は、雪崩現場の証言を、言いよどみ続けている。事実のままに言えない苦悩があるに違いない」

と思い、宮本講師あてに手紙を書いて送った。やや長文になるが、私の取材申込みの手紙と、宮本講師の返信の要旨を引用してみよう。

宮本義彦先生

秋冷の季節、ますますご活躍のこととお察しいたします。

突然の手紙で失礼いたします。

私は、山のノンフィクションを手がけている泉と申します。と申しましても、最近まで私立広域通信制の科学技術学園高校に事務職員として勤務しておりました。在職中、卒業生を中心に、のらくろ岳友会をつくり、20年ほど山に踏み込んでおりました。89年1月、3人の会員を常念一ノ沢の雪崩事故で失い、それ以来山岳事故に関心を持ち、種々調査を続けてきた者です。

数年前、五竜遠見雪崩事故の裁判記録を読み、法廷で論争された背後に、どんな関係者の苦悩があったのか、また、何が真の争点だったのかを知りたく思いました。これまでに裁判の証人調書の通読と並行して、研修会を企画なさった山岳総合センターの藤松先生、参加された生徒さん5人、参加なさった福島、赤羽先生、裁判を支えた方から少しずつお話を聞いて参りました。

そのなかで、参加生徒の中島佳範さん（現山岳ガイド）に会った時、「きっと宮本先生のなかには言い知れぬ苦悶があったはずです」という言葉を聞き、遠からず一度、宮本先生にお話をうかがおうと思っておりました。

裁判という枠組み、法廷という場を離れて、発言なさりたいことが、多分おありのことでしょう。

〝自然災害である〟という立場に今も立っておられるのかどうか、直接、お話を聞きたいです。岳人がある時、過失をおかすことは、山岳史に登場する先人のなかにも多々認められるところです。問題は、それと向き合い、事実を検証してあとに続く者のために教訓を遺すことではないかと思われます。

十数年前の、遠くなった事故のことで先生をわずらわすのは大変恐縮ですが、貴重なご体験をお話しいただけないでしょうか。

先生のご証言の裁判記録はすでに入手し読ませていただきました。また、高教組の先生からも「宮本先生の、苦渋をつき抜けて高教組の原告側の署名運動への協力要請を認めるご英断をなさった」ことをお聞きしております。私は、先生の裁判に盛りこみえない当事者の苦悶の軌跡を知りたいと願っています。

ご繁忙のなか恐縮ですが、どこかでお時間をご都合いただき、会っていただけないでしょうか。どうぞよろしくお願いいたします。

かしこ

泉　康子

10日ほどして、

「お便りを拝見いたしました。お返事が遅れ、恐縮しております。

さて私の関係した事故につきましては、各方面に多大なご迷惑をおかけし、一生の反省事項と思っております」

という書き出しのていねいな返信が届いた。――会談受け入れかと読み進んだが、結果は残念ながら断りの手紙であった。
・裁判のなかで持論を述べている
・私のなかではこの件は終わっている
・研修会企画責任者である藤松氏から話を聞いていらっしゃるご様子、それ以上、私が申し上げることはない
旨の文章がしたためられていた。

この事故が、宮本にとって「一生の反省事項」であるならば、自分のなかで終わらせないで、県という重い背負いものから解放された今、共に検証する立場に立ってほしいと思った。
宮本は、岳人としての活動を中止したわけではない。海外遠征の登攀隊長として脚光を浴びている。いつの日か、「あの雪崩は天災なのか人災なのか」のあなたの答えを書き記してほしいと思う。その日を待つことにしよう。

第8章　生還者、証言台に立つ

酒井耕が雪に没してから4回目の命日が巡ってきた。三重は、4年経っても一人でいると、耕が自転車を急停車させるあのキュッという音を立てて帰宅するのを待っていて、ああもういないんだと気持ちを切り替えるのに時間がかかった。耕がよく口にしていたセリフ「どんなことがあっても強く生きるんサ」を思い出し、悲しみから抜け出そうとした。命日には煮物を作って供えた。

4年前の雪崩の日に近い日曜日の3月21日、支援する会結成後はじめての現地視察会が開かれ、21名のメンバーが集まった。

メンバーの半数を初参加の者が占めた。耕の他界した父の3歳下の弟にあたる酒井多三郎は、信州新町を夜明けに出発し、バイクを飛ばしてやってきた。耕は、父の故郷である信州新町が好きだったのだ。小学校6年まで、毎夏一人で訪ねてきて、10日ぐらい泊まっていった。リンゴ畑の広がる山のなかの叔父の家は、父のにおいがした。土地の人が鬼毛（おにげ）と呼ぶ飯綱山からは五竜が見えた。カブト虫を獲り、下っていっては蛇行する犀川の河原で石けりをした。ひとしきり外で遊んで帰ってくると、座敷で腹這いになり、本を読んだ。多三郎が「楽しいかや、たいくつしないか」と声をかけると、「僕は、自然観察するのと、本読むのが好きなの」と答えた。兄の延侯は死の直前、多三郎に筆談で「ウチのあとのことをよろしく頼む」と呼びかけ、多三郎は「心配するな」と手を握った。だからその兄の頼みを果たすのは今だという気持ちを、多三郎は裁判のはじめからかかえていたのである。

現地視察会の目的地である雪崩斜面を見通すことの出来る五竜遠見の雪原に到着すると、中島弁護士はみんなに呼びかけた。

「支援する会としては、ここに来たのははじめてです。が事故直後から数えると、関係者がこの現場を見るのは、今日で8回目です。私はこの現場を見て、あの斜面をたどることで、多くのことを教えられました。みなさんのはじめて見る目、素人の疑問はとても大事です。何回も見ていると、次第に慣れっこになって疑問が湧かなくなり、気がゆるんで注意が散漫になります。みなさんの新鮮な目で、どうぞ雪崩斜面を見つめて、感じたことを、どんどん出してください――それが酒井耕君の裁判を支える力になるんです」

中山建生が雪崩斜面を指し示しながら、みんなに説明をはじめた。多三郎はその話を最前列で聞いた。

「正面のあの斜面のまん中は、木が生えていません。下部の左手に大きく根曲がりした木があるのがわかりますか。――そのちょっと上部に、6人の先生が横一列で足にワカンをつけて立っているのを思い浮かべてください。その6人より5m上部に宮本講師がいました。宮本先生の号令で、合計7人が登りはじめました。登りはじめから3分、10mをもがきながら、上部めざして登りました。――その時、上部のスプーンカットになった一番斜度のきついところで、ピシッという音がしました。雪が切れたのです。これが、この日の雪崩のはじまりです。赤羽先生、当事者として、その日を思い出しながら、続きを話してください」

赤羽は「オレッ?」と、となりの人に確認してから話しはじめた。

「登るのに精一杯だったので、僕には雪の切れる音は聞こえませんでした。斜面の左手から2番目を僕、一番左を酒井先生が登っていました。酒井先生はワカンを結び直したのでやや遅れ、僕の視界にはいませんでした。結構きつい斜度だナと登っているその時でした。突然、シーツにのったまま引っぱられるような衝撃に巻き込まれたんですヨ。――ドンと打ちつけられて暗闇のなかに閉じ込められました。25分後、掘り出されるまで気を失っていました」

そこまで話すと、中山が引き取った。

「雪の切れるピシッという音を聞いたのは、となりの斜面を登行中の藤松講師でした。〝ナダレだー!〟と叫んで生徒と一緒に馳けつけたそうです。そこには、7人の1班が、5人雪中に消えていた――手足が見えているものから掘り出しはじめた……」

中山は、ザックのなかから事故斜面の登行図コピーを取り出し、みんなに1枚ずつ配り、話を続けた。

「皆さんのなかには、この前の法廷で宮本講師の証言を聞かれた方も多いと思います。あの証言のなかで、〝雪崩は上から落ちてきた。だから上に原因のある自然雪崩だ〟という意味の主張をしました。これは雪崩のメカニズムを知らない人の言い分です。状況を聞き収めた限りでは、この日の雪崩は〝表層雪崩〟の典型で、自然発生の雪崩ではなく、人為的雪崩そのものです。——どうしてその雪崩が起こったかを今から説明しますので、ようく聞いてください。お渡しした登行図にあるように、6人が横一列に並んで10ｍ幅の雪面で、もがきました。これはかなりの刺激を与えたはずです。まんべんなく、雪面を耕したようなものです。——一般的に上からの刺激は、50㎝から１ｍほど下の雪中に伝わります。その厚さの間に雪と雪の接合の弱い層、これを弱層と言いますが、その弱層がその刺激を受け取り、ピンピンと剝がれるように上部に伝播（でんぱ）します。上部１５０ｍは伝わると言われています。この斜面の場合、その間に傾斜のきついスプーンカットがあったんです。みなさんわかりますか」

中山は斜面上部を指さした。

「あのアイスクリームを一サジすくったようにえぐれたところ？」

と誰かが問いかけた。

「そうそう、あの一番ストレスのかかったスプーンカットのところで、その刺激の伝達に耐え切れなくなって切れたんです。受講生が登っていった線から、あのスプーンカットのところまでが瞬時に１枚のジュウタンになって落下したはずです」

酒井多三郎は、この時、甥の最期を……という気持ちより、雪崩の奥深い不思議さに心奪われていた。ヤッケを羽織った見なれぬ男が、小さな手帖に、さっきからの説明をのがすまいと書きつけていた。

ザイルを伝って21人が谷に降りた。見あげると根曲がりの木が、左手に見えた。多三郎は、

「なぜこの木は、こんなに曲がって生えているだ？」

と、大声を出し、中山がその疑問を引き受けた。

「そう、曲った木のことは誰でも聞いてみたくなるでしょう。実は、この木が、雪崩地帯だということを教えてくれているんです。この斜面は何回も雪崩が流れた。その度に、木はダメージを受けて、折れることもある。しかし、やられてもやられてもそこから芽を吹きかえし、伸びてきた結果です。根曲がりの木の存在と、この斜面の中央に木がまったくないこの風景は、雪崩の常習域だということを教えていますネ。夏になり、雪がなくなったら、また来ましょう。生えている樹木、草が語ってくれるものがあるんです。それを私たちは、読み解かなければならないんです」

酒井耕が埋まっていた場所まで、1列になって下って行き、花と線香をたむけた。酒井多三郎は、「耕君、今日は心優しい人が大勢来てくれたよ」と心のなかで呼びかけた。祈り終えた時、三重が、前から埋まっていた花を見つけ、その下に手紙が埋めてあるのを見つけ出した。それは、事故の時、酒井耕先生に引率されて山の研修会に参加していた蟻ヶ崎高校山岳部員の中島佳範からだった。6日前に埋められたものだった。

僕は、長岡技術科学大学に合格することが出来ました。（中略）

僕が大学に合格出来たのは、自分のまわりの人々のおかげです。考えるとそのなかの一人に酒井先生がいて、また酒井先生のお母さんがいたような気がします。僕は、霊や神といったものの存在を信じるほうではありませんが、人間一人一人が思い出すことによって心のなかで生き続けることが出来るのだと思います。

大学はぼくに与えられた最後のチャンスであり未知の世界です。

酒井先生、どうか導いてください。

どうか安らかにお眠りください。

3月15日

中島佳範

中山は、雪崩斜面の向かい側の雪層を3ｍほど垂直に切り出し、ブルーインクをかけて待っていた。祈り終えた参加者が、この斜面の前に移動した。中山は話しはじめた。

「さっき雪崩の起こるまでの話をした時、〝人の足で与えた刺激が弱層を伝っていく〟と申しました。弱層とは何かを、この切り出し雪の断面で説明させてもらいます。この雪の断面は、横シマになっています。このシマは雪が積もった日の天候、風、気温を表わしています。降雪天候物語というわけです。ここのシマわかりますか？」

と、中山は、ザラメ部分を指した。

「これは、上下の雪面との接合がゆるい弱層で、言うなれば、雪崩候補の積雪です。そこに刺激が加わると雪崩れはじめます。弱層から弱層を選んで伝わり、一番ストレスの強いところから切れて雪崩が発生します」

そこに集まった雪国育ちも街育ちも「雪崩は気温が高くなると雪が崩れはじめる」と思っていたので、その話は驚きだった。

「自分たちの知識は、迷信だったんだ」

と囁きあった。そして、眼を輝かせる雪の科学者たちが生まれた。

なめこに青菜の味噌汁を、どんどん紙コップによそって、フーフー言いながら、21人がおにぎりと一緒に食べた。

テレキャビン駅までのゆるやかな斜面をみんなが思い思いに下りはじめた。酒井三重は西牧に話しかけた。

「高教組に、この会に来て現地を見てほしいって頼んだに、こなかったネ」

その時、あとから追いついてきたメモ帖の男が三重に名刺を差し出した。

「信濃毎日新聞記者、太田康夫」

と書かれていた。

現地視察会から半月後の93年4月5日、信濃毎日新聞朝刊に、「雪崩は予測できたか」という、1面全部を使い10段抜きの検証記事が掲載された。

それは、90年11月提訴後の11回にわたる法廷で次第に明らかにされてきた原告、被告の対立点を伝え、「雪崩は予測できたか」を問いかける内容になっている。

原告側が「研修現場の斜面の事前調査をすれば、予測は可能であった」とするのに対し、被告側は「予見は無理で、この雪崩は不可抗力であった」と双方の主張が真っ向から対立し法廷論争が続いていることを紹介。さらに、原告側の中島弁護士の語ったこととして、

「雪崩事故が裁判の場に持ち込まれたのは、77年、中央アルプスで都立航空工業高等専門学校ＯＢが雪崩で死亡し、都に損害賠償を求めた裁判以来である」

と伝え、

「雪崩の予見性は、『科学的な調査でかなり可能』『結局は経験と勘』と、登山家の間でも見方が対立するなか、司法は厳しい判断を迫られている」

と締めくくっている。

太田記者は、3月21日に同行取材した支援する会の現地視察会の、自ら撮った写真を記事に添えた。事故から4年目、提訴から2年半、人々の関心が薄らぎはじめていたが、この大きな記事で、県下の登山関係者の関心を新たにした。

連休の直前、松本の勤労者福祉センターの一室に、中島弁護士を中心に、支援する会のメンバー11名が集まった。3月21日の現地調査の成果を、小林、島崎、草間が、

「現場を目前にすると、なぜ雪崩が起こったかが彷彿（ほうふつ）とする」

「6人がもがきながら登っていった様子があざやかに迫ってきた」

と、それぞれの表現で発言した。

その後、法廷の外でも何か出来ないかが検討された。中島弁護士は、ちょっとトーンを変えて話しはじめた。

「裁判はネ、いかにも法廷内での論争が勝負のすべてのように思われている。でもネ、実は極言すれば、法廷内50％、法廷外50％の闘いなんだよネ。言い方を換えれば、弁護士と証人の発言が50％、あとの50％は法廷の外で、みなさんがどれだけ多くの人に訴え、支援を取りつけるかにかかっています。——それは署名です。署名を集めて、裁判官にも、被告の県にも、無視やおざなりに出来ない注目者がいることを、突きつけることです」

続いて、事務局長の草間敏雄が提案した。

「それじゃあ、裁判所と県に訴える署名用紙を2部セットにして集めることにしましょう」

署名用紙を連休明けまでに作り終え、個人と同時に、団体にも依頼することにし、その依頼団体の筆頭に、酒井耕が加入していた長野県高校教職員組合の名が上がった。

その日、集まった支援する会のほとんどの面々は、署名は頼まれてしたことはあっても、自分が要請する側にまわるのは、はじめての人々であった。裁判とは、被告と原告と弁護人の舌戦で決まるものと思っていたメンバーは、中島弁護士の発言で、自分も運動の主役にならなければ、と腹をかためた。

5月18日、長野県庁そばの長野県高等学校教職員組合（略称高教組）に、署名依頼に出かけた。2月12日に支援要請に行ってから3カ月経っていたが、なんの返答もなかったので、出かける前日、信州新町の酒井多三郎は、電話を入れ、中沢委員長に訴えた。

「命を失った組合員のことだで、力になってくれ。明日署名の依頼に行くで、会ってやってください」

当日出かけたメンバーは、中島弁護士、西牧岳哉、赤羽康定、酒井三重、酒井延倹の高校時代の友人、渡辺であった。出かける1週間ほど前、三重は、中島弁護士に電話を入れた。

「先生、今度は大切なお願いに行くのだから、何か手みやげを持っていきますか」

「そうだネ、そういう細かい気遣いが大事かもしれん。酒井さん、何か松本の菓子折でも用意して！」

三重のザックには署名用紙と一緒に焼菓子の箱が収まった。県知事あてと裁判所あての2枚組の署名用紙とよびかけ文１０００部は結構な重さであった。半分は三重のザック、半分は赤羽が背負子（しょいこ）にくくりつけて出かけた。

５人が、緊張しながら長野県高教組書記局を訪ねると、中沢委員長は留守であった。事前に対応策が練られていた模様で、林茂樹書記次長が対応してくれた。持ち込んだ署名用紙の束を「はい、わかりました」と、受け取った。

長野県高教組は、県下89の県立高校分会を束ねており、その構成は地区別に12支部に分かれ、その下に1校1分会の体制が取られていることを、林の説明で知ることが出来た。訪問した5人は、「よろしくお願いします」と深々と頭を下げて退出した。駅前でお茶を飲み、「これで大量の署名が出てくることになるで」と、みな一仕事終えた安堵の表情になった。

しかし、実は、高教組の取り組みは、あとしばらく待たねばならなかった。林茂樹書記次長が法制部長を兼ねているので、「雪崩事故問題をどう取り扱うか」を検討する責任者に指名されたというのが実情であった。〝取り組むかどうか〟が未検討であったので、署名用紙1000セットを、箱から出すわけにいかなかった。

「この裁判は、仲間が仲間を裁くことになる」

「原告は組合員の母、被告は組合員である講師の雇い主、言ってしまえば、仲間が仲間を裁くことになる――頭の痛いこと」

こんな声が各校に流れていて、原告からの本部への支援要請は3年間保留となり、議題にのぼることさえなかったのである。しかし、本部要請はおりないのに、先行して署名の取り組みをした支部があった。高教組の松筑（しょうちく）支部である。松本、塩尻、明科（あかしな）、波田地区を束ねている松筑支部では書記長の杉山行孝を中心として、4月から署名の取り組みをはじめていた。杉山は研修会に参加した赤羽と木曽西高校時代の同僚だった。同時に、高教組教育文化会議の数学部会会長であった杉山は、主催した初任者会議で、酒井耕に会っていた。何より、松本憲法会議の役員として中島弁護士と列席しており、この事故への対応は、裁判のはじめから話し合ってきていた。

「本部より先行して署名を支部で取り組みましょう」

「署名は、万単位でやれば、必ず力になる」

と考えた。松筑支部で署名をはじめたが、本部からのクレームがつくということはなかった。県は、天災＝不可抗力を主張していたが、杉山は、高校時代の体験から、「天災と片付けられるもののなかに、多くの人災がまぎれ込んでいる」と思っていた。杉山は高校2年の時、長野県松本深志高校の同級生を、西穂集団登山中の落雷事故で失った。その時は落雷という天災だと思って時が過ぎたが、教師になってから「あれは人的災害だった。あれは避けることが出来た災害だったのではないか」と思うようになった。「あの時、神奈川の湘南高校が早ばやと下山してしまったのを笑ったが、あれは正しかったのではないか」「雷を予想できる時間に稜線に向かうのは、やはり人災だ」と思うようになっていた。そういう過去の事故への反省が自ずと思い出された。中島弁護士に状況を聞けば聞くほど、酒井教諭が死んだ雪崩事故は、天災でなく人災だと思えてきた。天災だと手をこまねいてコトを起こさなければ、また同じことがくり返される。——こんな思いを胸にためていた。杉山は中央委員会に出席し、雪崩裁判支援の要請発言を続けた。自分の地区では、組合員1名につき5名分の署名を集めるというノルマを決めて、集めはじめた。

一方、支援要請を受け続けた高教組本部は、6月に入り、やっと関係者の意見を聞く会を設定した。メンバーは5名。うち山岳関係者は3名、——まず講師の宮本義彦を当事者として呼び寄せた。また高体連山岳専門部の伊沢利幸を高校山岳部顧問の代表として、信高山岳会会長の勝野順を登山をする教員の代表として呼び寄せた。高教組側からは中島書記長と、林書記次長が出席し、3人の山岳関係者の意見を聴取した。中島書記長が、

「この事故の関係者が、原告、被告双方とも実質的に高教組組合員であり、高教組としてどう取り組んだらよいか、ずっと苦慮してきました。ここでお集まりいただいたみなさんの忌憚のない意見を聞かせていただきたいと思います」

と切り出した。みんなしばらく黙っていた。司会の林が、

「それではまず、宮本先生、当事者としてお考えをおっしゃってください」

宮本は、淡々と低い声で語りはじめた。

「この裁判は、宮本個人が問われているのではなく、県を訴えているので、高教組として支援することが必要ならば、……自分としてはかまわない。……取り組むことに異存はないです」

林は、ノートに記入し終わると口を開いた。

「心中いろいろおありでしょうけれど、それを超えてご意見いただき、ありがとうございます」

続いて意見を求められた伊沢と勝野は、二人とも次のような主旨の発言をした。

「人命が失われている以上、遺族の立場に立って支援を進めるべきではないでしょうか。登山中ではなく、研修中の事故なので、再発防止を含めて教訓を引き出すべきでしょう」

山岳関係者を二分するような論争が数年聞こえてきていたが、やっとたどりついた結論のようであった。

この山岳関係者への打診結果が報告され、執行委員会は、6月末までに支援の腹をかためた。

これを伝え聞いた支援する会は、署名用紙をダンボール箱に詰めて送り出した。しかし高教組としては、「支援するのであれば、高教組としての署名用紙と訴えの文書の検討が必要」ということになり、その秋まで署名活動は持ちこされることになったのである。


法廷は、原告側に証言がまわってきた。

原告側証人の一番手に、酒井耕と並んで斜面を登った赤羽康定が選ばれた。赤羽は、事故に遭い雪に埋めこまれたのが42歳の時、証言台に立つことになるのが46歳である。

赤羽は、事故のあと3カ月ほどは雪崩の恐怖が甦り、眠れない日々が続いた。裁判への提訴の声が聞こえてきた時、「私は見守らせてもらう」という立場をとり静観していた。いよいよ県を相手どって、酒井耕の母が提訴したというニュースが大きく報じられた。これを境に、教員の世界にはさざ波が立ちはじめた。

「仲間が仲間を訴えている」

「仲間を訴えるのに力を貸しているのは誰か」

にはじまり、先まわりしたこんな声も囁かれた。

「裁判で、県を訴えた原告に力を貸すヤツは、校長登用への道は断たれるだろう」

赤羽は聞き流していたが、山に検証に出かけていく前、それを街で聞かされた時はグサグサと心に突き刺さった。40歳代になると、校長への登用へ（教頭試験の受験）の声がかかりはじめるのが常道であった。当初、赤羽は裁判にも教育委員会へも距離をおこうと思った。酒井耕の母に乞われて事故現場に出かけて行き、「雪崩その時」を説明した。その時も「裁判では僕はオブザーバーだ」と心に決めていた。

若い時から雪山に親しんできた赤羽は、誰から教えられるでもなく〝雪崩は自然現象だ――気温が上昇したら気をつけろ〟が山の鉄則として胸に収まっていた。だから、〝自然現象を主張する県〟になど勝てないと思われた。雪崩に埋められ生還できなかった酒井耕の母に求められれば、その限りで雪崩の瞬間を語ったが、自然のなせる業（わざ）は動かしがたく、「ボクはオブザーバーだ」に落着した。

ただ一つ、自分が体感した雪崩が、上から落ちてきたのではなく、足をすくわれるように引きずりおろされたあの日の記憶にこだわっていた。思い描いていた雪崩と自分の体験の違いに決着をつけたいと、現地学習会に足が向いてしまった。そして雪崩研究者中山建生の説明する雪崩のメカニズムに心奪われていった。雪崩の90％が人為的原因によるものだという説明にショックを受けた。

「雪崩はなぜ起こるか」を、雪のない夏の植生の調査からはじめる奥深さに没頭した。そこには自然界の法則を発見しようとする、何ものにも代えがたい知的自由があった。未知のものを知り、開けた扉の奥に、またさらなる不思議があった。中山の現地での説明、学習会での講義を聞き逃すまいと喰いついていた。

赤羽は、信州大学卒業後、名古屋大学文学部大学院で学んだ。卒論は〝鴨長明〟であった。鴨長明の『方丈記』に魅かれていた。長明の生き方に愛着を感じて、読み続けた。鴨長明は、当時としては光り輝いていた下鴨神社長への道を断ち、心の自由を選びとって生きた。その生き方に若い赤羽は心寄せた。

「思ひあまりうちぬる宵の幻も
浪路を分けてゆき通ひけり」

長明の歌が口をついて出た。雪崩のメカニズムを聞いているうちに、青春時代の心の燃え立ちが甦った。気がつけば、そこは五竜遠見の支尾根から降りてきた雪谷であった。

「長明と自分、道具立てはずいぶん違っているが、その心の軌跡はどこか共通する」

92年3月、裁判官と一緒に谷に向かった時、赤羽康定に、もう心の迷いはなくなっていた。

すっかり心変わりして、裁判や山に出かけていく赤羽を見て、定年近い同僚は、そっと耳元で囁いた。

「赤羽先生、校長はネ、長野県下に掃くほどいるけどネ。先生のような生き方は数えるほどだヨ」

功名の境にある年代、40歳代の初頭に雪崩に遭い、そのあと雪の不思議に魅かれて過ごし、46歳11カ月で、法廷の証言台に立ったのであった。オブザーバーになり切るはずだった赤羽が、雪崩の瞬間、自分が体感したものに決着をつけるためにたどり着いた場所が、図らずも法廷の証言台だったのである。93年6月15日、この日、一日のうちに主尋問と反対尋問の両方が行なわれる。

赤羽康定はやはり緊張しながら宣誓を行なった。今日主尋問をするのは、原告側代理人の上條弁護士である。最初の質問で研修会参加のいきさつと、参加メンバーのレベルにふれた。その結果わかったことはおおよそ次のようになる。

参加生徒は1年生中心で、ほとんどが雪山初心者、また参加した山岳部顧問の先生も積雪期の登山経験はほとんどないというメンバーであった。

最初の大きな質問として、個人での登山と、研修会あるいは学校行事の登山では安全性に差があるかという問いが据えられた。

「安全性についての差は基本的にはありません。ただ事故があった場合の責任の所在については違います。研修会の場合には引率する顧問に責任があります。しかし仲間同士で行く場合には、事故は、個人個人の責任であるという約束の上で参ります」

と責任の所在に違いがあると答えた。また研修会の座学では、講師の講義のなかで雪崩についての説明はなかったと証言した。続いて雪崩が発生する前後の状況を問われての答えを要約すると、次のようになる。

雪崩が起こった斜面に、宮本講師に先導されて、その5m下に受講生6人が横一列に並んで立った。そこでワカンの歩き方を説明された。講師について登ってくること、歩き方はまっすぐ前へ足を出さないで、外側のほうへ円を描くように、足を巻いて歩くようにと指導があった。その時、雪の斜面についての注意はなかった。ほぼ横一列に受講生が並んだ時、左となりに立っていた酒井耕がワカンの輪の部分を踏んでいた、赤羽は酒井に「その履き方は違っている」と注意した。すると酒井はすぐにしゃがみ込み、直しはじめた。全体の登行がはじまったので、赤羽は講師のあとを追いかけた。酒井先生はどうしたかと首を左下のほうへ向けたが、酒井の姿は目に入らなかった。その時赤羽の目に入ったのは、真横の2本のブナの木であった。その直後に「ナダレだー!」という声がして、それと同時に足元をすくわれた。2、3回転して、雪の落ちるドドキュキュと締まる音を聞き、非常に強い圧迫を上半身より下半身のほうにより強く感じた。呼吸がとても早くなった。「その時、ボクはもうこれで終わりかナ」と思った。子ども（上が小学1年生、下がそれより4歳下）には申しわけないという思いが頭をかすめ、10秒ほどして意識を失った。講師を信頼していたので、雪崩が起きるなどということは考えもせずに登っていった結果であった。

恐怖を感じたかという質問に対して、臨死体験者のみが語れることを次のように述べている。

「恐怖感というのは、恐怖の真っ只中にある時は感じないものだと思います。恐怖感を感ずる時というのは、精神的に余裕のある時。それを越えると、もう恐怖感を感ずるどころではない。無我夢中であるということが僕なりにわかりました。伯父たちから戦争中に輸送船が沈められた時の体験を聞いたことがありました。恐怖より先に無我夢中で甲板に上がり脱出することのみで、助かったあとで、非常に恐ろしかったという感情が湧き上がったということです。私自身の体験も、まさにその通りだったんです」

当日の雪質は、重要な争点の一つになっていた。「雪崩を疑うべき雪質であったかどうなのか」登りはじめる時の講師との距離は？——5、6mはあったと思います。

その斜面の傾斜は？——はじめのうちは傾斜がゆるく、比較的容易に歩けました。しかし途中から非常に傾斜がきつくなり、なかなか上へ進めませんでした。

その時の雪の状態は？——表面2㎝ぐらいはやや固めで、踏み込めばくずれるほどの雪の下にサラサラの軽い新雪がまず30㎝。その下が非常に固い、石のように固い雪で、そこまで踏み込んだ時、ワカンがキチッと止まりました。

斜面を登っていく時の状況は？——登っていくに従って、新雪の深さは深くなり、ヒザより上、ついには太ももの中間ぐらいの深さまでもぐりました。雪がどんどん下へ落ちますので、雪にふれて体を支えながら歩くというよりは、雪を下へ蹴落としていたと言ったほうがいいかと思います。四つん這いのような……。

青沼裁判官も質問した。

「あなたが足の裏で感じた感触ですが、ワカンで踏むと下が石のようなものにあたったということですネ?」

と、念を押したのに対して、

「斜面が急になるほど、そうなってきました」

被告側弁護人竹内は、反対尋問で〝雪崩の瞬間〟を聞いた。

「雪のなかに足を踏み入れた時、下から崩れていく状況だったか、それとも上のほうからですか」

「まったくわかりません。ただ足元をすくわれました。下なのか上なのか確認する時間も、動いている雪も、まったく見ていませんから、まったく自分にはわかりません」

この赤羽の答えに対し、竹内は重ねて聞いた。

「逆に言えば、上から流れてきた雪に巻き込まれているかもしれないが、それはわからない?」

赤羽康定が「ただ足元をすくわれた」という実感を言い続け、「動いた雪は下なのか上からなのかわからない」と繰り返した法廷とは、主尋問、反対尋問の両場面で、証人から我が方の主張に有利な証言を引き出し、裁判官への印象形成を有利にするパフォーマンスの場になっているのであった。

終盤で、原告代理人中島弁護士が立った。被告代理人の反対尋問によって踏み荒された雪面を修復するように聞いた。

「ワカンで登る時、もがくようにして、足を横に回しながら足をふんばって上がったんですネ。登る時、表面の雪がかなり下に落っこちていっちゃう。そういう状態だったんですネ」

「そうです」

と赤羽が答え、この10ｍ幅の雪面の上に6人の受講者が横に並び、いかに強い刺激を与え続けたかが彷彿となった。

傍聴していた西牧康は、あらためて、つぶやいた。

「やっぱり、雪崩を起こす訓練をしたようなものだ！」

第9章　組合の山動く

1993年7月1日、支援する会の事務局会議が開かれた。

4月にスタートさせた県知事と裁判所に向けての署名を、はじめて集約する日である。

団体にも少しずつ依頼をしてきたが、組織署名は、どうしても機関決定して下部組織に流され、それが回収されるまでに時間がかかり、まだほとんど集まってこなかった。

それに比べると、個人署名は、支援してほしい旨訴えて、その場で家族全員の名を書いてもらい、すぐに受け取って帰れた。

「もしお知り合いの方やお友達に、この裁判の事情を話せば支援してくださりそうな方がいらっしゃったら、何枚かあずかっていただけませんか」

と頼んでみると、たいていは、

「それでは3枚あずかってみましょうか」

というような返事が返ってきた。

集合した中島弁護士、芦沢会長、赤羽、草間、小林、島崎、西牧、酒井が、それぞれに集めたものをテーブルの上に重ねてみた。しかしそれはまだ集計できるほどの数ではなかった。

「この程度ではまだ提出できない。提出するには万単位で、県や裁判所を振り向かせる物量が必要だ」

と確認された。

個人まわりや、各職場まわりの署名をシコシコとやり続けると同時に、大きく数を伸ばすには、組織への要請活動に本気で取り組まねば、ということになった。「ただ……」と、中島は言った。

「個人をシコシコ頼んで歩くことは基本だよ。組織はね、思いのほか頼りにならないんだ。必要なのは、その組織を動かしている個人の心に火をつけることだネ」

5月18日に、長野県高教組に1000組の署名用紙を持っていき正式依頼してあったが、赤羽によると、各高校分会にはまだ下りてきていなかった。

中島弁護士が、6月中旬、高教組に電話を入れ、その後の取り組み状況を聞いたところ、執行委員会では支援の方向を決めたが、正式な組織決定は今からということだった。「どうしても高教組役員に現場の山を見てもらうことだ」――これが中島の持論だった。高教組の林書記次長に中島は電話で訴えた。

「先生、8月19日前後に、支援する会では現地視察会を開きます。どうぞ複数の役員の方に参加していただくようご検討ください。雪が消えた現地の雪崩斜面では、木や草が多くの雪崩情報を発信しているんですヨ。まったく山に素人の私も、現地に通ううちに確信が持てるようになったのです。林先生、ぜひいらしてください」

この説得が実り、高教組の役員2名の参加が決まった。その決定通知と一緒に、次のような新たな申し入れも付いて返ってきた。

「署名に取り組むにあたって、いろいろと今までいただいた文書を読ませていただきました。署名要請の文書を下部におろすということにするには、いくつか問題になる個所があります。もし出来たら、山に入る前後の時間で、署名用紙の検討会を開いていただけないでしょうか」

中島は、いまさらと思ったが、むしろその言葉を〝ほんとうに行動を起こす段階に至った兆候〟ととらえ、不満をぐっと押し殺した。

「わかりました。それでは8月19日に白馬で合宿して検討会、翌20日にその足で朝から山に行くというのはどうでしょう」

8月19、20日の現地視察合宿は、こうして決まった。赤羽も、三重も、署名の話を持ち込んで半年近く経っているのにいまさらという気持ちが強かった。しかし中島の次の言葉とそのねばり強さに、事務局は心動かされた。

「ほんとうに行動を起こす段階になったんだよ」「人をこちらに振り向かせるには時間がかかる。でもネ、自分たちと同じ現場に立てば何かが変わるんだヨ。裁判官がそうだったように……。疲れるけど、ねばりだヨ！——こちらに振り向かせることは、必ず出来るんサ。酒井さんが心から訴えて、僕たちをふりむかせたようにネ」

8月19日、大糸線神城駅から歩いて10分ほどの、テレキャビン近くに点在する山荘の一つ、白馬荘に現地視察合宿参加者が集合した。高教組から執行委員の林と下岡が参加した。支援する会からは、中島弁護士、中山、赤羽、峰村、芦沢、草間、小林、三重と、西牧など現地直行組を含め、総勢28名の参加となった。

すでにはじまっている長野県知事あての署名用紙には、要求書というタイトルの下に大きな文字で次のように記されていた。

> 長野県知事は、1989年3月に行なわれた山岳総合センター主催の「冬の野外生活研修会」で訓練中発生した雪崩事故の責任を認め、再びこのような事故が起きないよう対処することを要求します。

そのあとに、事故のくわしい実情が説明され、その上で長野県知事に要求しますと記されて次の3項目が立てられていた。

> 一、長野県知事は、山岳総合センター主催「冬の野外生活研修会」で訓練中発生した雪崩事故の責任を認めること。

一、前途有為な青年、酒井先生の賠償に応ずること。
一、再びこの様な雪崩事故が発生しないよう、山岳総合センター、関係機関の指導徹底をすると同時に、同センターの研修を充実すべく適切な職員の配置、研修に対する十分な予算措置を行なうこと。

氏名　　住所　　印

長野県知事　　吉村　午良　殿

白馬荘の一番広い座敷に泊まりのメンバーは座った。会議は、草間事務局長が取りしきった。まず、署名よびかけ団体は今まで「支援する会」であったが、これからは「長野県高校教職員組合」の名を並記してもらえないかと、支援する会が要請を出した。

この申し入れに対して、林は、

「署名に協力するという立場にしてもらいたいんです。したがって主催者名は今まで通り〝支援する会〟にしてください」

中島弁護士は、すんなりとＯＫを出した。林は、

「署名協力をするという前提で、署名用紙の前文についていくつかの注文があります」

と言って、次の3点をあげた。
①「京都大学理学部を卒業した酒井先生」と書かれているが、大学名は入れない。
②雪崩の原因について断定的表現は、出来ればさけてもらいたい。
③宮本講師を組合員としてかかえながらの支援になるので、講師批判につながる言葉はさける。
署名用紙を作成し、各地を巡らせはじめている面々が、

「まだ、ふんぎりがついていないの！」

「いまさら、何よ」

と叫び出しそうな顔になっているのを読み取った司会の草間敏雄は、折り合いを探るためにはと考え、中島弁護士を指名した。中島は、「署名を高教組という組織の各現場に下ろして取り組んでもらうこと」が第一義であり、そのためには、大きな譲歩をいとわないという姿勢を通した。組合の名がほしいのではない。各校に署名用紙がまわっていけば、必ず「今後自分たちが部活動の顧問で外に出て同じような事故に遭うことはありうる」「そのことを考えると協力すべきではないか」という現場の声を、中島は発掘したかったのだ。

「組合の中央委員会ですか、提案なさるのは？　そこで提案しやすい文章を考えることにしましょう」

と、中島は言った。

ソフトな中島の言葉に、林と下岡はホッとした。

署名用紙の文章が決まり、高教組に原紙を送れば、印刷して各高校に下してくれることになった。主催者は支援する会なので、用紙代は、後送されることとなった。

翌朝は、一番のテレキャビンに乗って、28名が五竜の支尾根に上がった。支援する会になってから無雪期に現地に登るのは、はじめてである。雪はすっかり消えていた。3月に雪崩斜面を眼前に見わたした雪原は、すべて藪である。それも背丈以上に深い藪だ。今回最初はなんとか「藪こぎ」で近づこうとしたが、それはとても無理だった。五竜遠見へ続く本道にとって返し、沢らしきものがはじまる地点から左斜めに、急傾斜を、足をふんばりながら降りていった。途中から水が集まってきて流れになった。石も滑り、木の根も滑る。ある者は木の枝を杖にして一歩一歩下っていった。

いつもの雪崩斜面が右手に開けてきたところにたどり着くと、みんな、ひとかたまりになって、眺め上げた。

赤羽が、研修日当日を再現した。

「僕たち、ここで、宮本講師の指示を受けてワカンをつけ、登りはじめました。5m先に宮本先生、僕らは6人、横一列であとを追いました。この傾斜ですから、雪をかき落としながら、ワカンをつけた足を上へ運びました。10分ほど登った時に、突然足元の雪が動きはじめたんです。雪のジュウタンが引っぱられるように！」

中山があとをついだ。

「そのあとを、今まで多くの方の証言を聞きとった内容で解説してみます。──多分、みなさんは、雪崩は気温が高くなると雪が融けて上から落ちてくると思っていらっしゃる方がほとんどでしょう。──実はそんな雪崩はごく少数で、赤羽先生たちが巻き込まれた雪崩は、そんな雪崩ではありませんでした。

まず、隣の班の講師、藤松先生が、ピシッという音を聞いて、雪崩だと声を発しています。今はこの斜面に雪がありませんが、雪がベットリついていると想像してください。そのピシッという音の発生源はアソコです」

中山は斜面上部の土がえぐれたところを指さした。

「あそこで雪が切れた音です。この斜面を登って行った人は、宮本先生をのぞいてみんな、雪のジュウタンにのせられて足元が動き、倒されたと言っています。この雪崩の仕組みをお話してみますので、よく聞いてください。この斜面には当時2ｍほどの深さの雪があったと思われます。それぞれの雪が積もった時の天候、風などの影響で、いろんな種類の雪の層が積み重なっていました。一口に言えば、密着度の強い雪、弱い雪、さまざまな層になっていました。その上を、6人の受講生がもがきながら上に上に、横一列になって登っていきました。斜面内部の雪の層に、かなりの刺激を与えてしまったのです。本来一人の歩行でも刺激を与えるので、縦に並んで登り、刺激を少なくする配慮をするのが常識なんですが、こともあろうに横10ｍほどを6人で耕してしまったんです。その刺激は、弱い雪層を伝ってピンピンと上へ上がっていきました、そして一番あの斜面のきついところで、遂に耐えきれずにちぎれてしまった！　それは、あっという間の出来事でした。ピンと音を発する直前に雪のジュウタンは出来ていたわけです。〝雪を切るな〟――これは雪山の鉄則なんです」

説明がそこまで来た時、昨日署名用紙の表現をめぐって、宮本講師を刺激しないようにと言葉を変えたことが、なんとなく白けて見えた。現場が語りかける事実は、人間のあれこれの事情をあっさりと薙(な)ぎ倒した。

高教組の林も下岡も、現場の急斜面を眺め上げ、明快な説明を聞いて納得した。

中山は続けた。

「みなさん、この斜面の中央は、木が１本も生えていません。左手には、根曲がりの木が何本かあります。そしてさっき、ピシッという音の発生源だと指さした個所は、一木一草生えず、地肌が露出しています。――雪崩斜面を雪のない時に見て何がわかると思われた方があるかもしれません。しかし、今、ゆっくりお話した根曲がりの木や、草木の生えないえぐれた土などが〝ここは雪崩の常習域だよ〟と囁いているんです。雪崩情報を得るには、この一木一草の囁きに耳を傾けることが大切です。根曲がりの木――これは雪崩で枝が折れる、しかし希望を失わずまた折れたところから芽を出して枝を伸ばしているのです。雪崩環境に木が順応した結果です。雪崩博士の新田隆三先生は、雪崩情報を発信するこれらの木のことをＷＩＳＨＩＮＧＴＲＥＥと紹介しています。――いずれにしても雪崩環境のなかで雪に刺激を与えたことは、雪崩を起こす訓練をしたことになるんですネ。――雪崩の事故は、自然現象の結果で運が悪かったと思われがちですが、実は、雪崩事故の８、９割は、雪に人間が刺激を与えた結果起こる人為雪崩がほとんど

現地で根曲がりの木（ダケカンバ）を調査する弁護団。
1993年8月

です。今回の雪崩は、そのなかの典型です」

はじめて参加した会員が、根曲がりの木をさわりに登っていった。林も下岡も、上部のガレキを見上げて、雪崩の原因の説明は、どんな表現の言い換えより大事なことだナと思いはじめていた。沢の水を汲み、青葉を入れた味噌汁が出来上がった。今日は多勢なので、二鍋炊き上げた。紙コップに味噌汁を受けとり、それぞれがオニギリにかぶりついた。夏でもこの支沢はヒヤっとしていたので、味噌汁が腹にしみた。

同じ鍋から、立場の微妙に違う人々も、腹を満（み）たし合いながら、現場の山は凄かったネという一体感が湧き上がった。

中島弁護士は、まず、自分が現地を歩き、さわり、測ることで、確信に近づくことが出来た。そして、その同じ雪山体験に裁判官を導き入れて、心ひそかに「こんな怖いところで」という気持ちを起こさせた。そして今度、高教組の役員に来てもらい、その入口で言葉の妥協はしたけれど、現地の厳しさにふれることで、妥協の言葉では言いあて得ない、その日の雪崩の真実を感じてもらったと思った。〝現場が人を変える〟ことに中島は自信を持っていた。その自信からくる余裕で、高教組の役員に声をかけた。

「先生、2日間ほんとうにありがとうございました。中沢委員長にどうぞよろしくお伝えください」

植物や木が発信する雪崩情報から、はじめて参加したメンバーのなかに〝雪崩青年〟や〝根曲がり少女〟が生まれた。みんな裁判を支援するために雪山やブッシュに覆われた山に入ってきたに違いなかったが、下山する頃には、豆科学者に変身していた。

「あの根曲がりの木のあきらめない生命力はすごい！」

「雪崩の常習域を無雪期に調べるってことは思いつかなかったヨ」

「植物や木が雪崩情報を伝えるとは、自然って不思議だネ。みんなつながって生きているんだ！」

生き生きとした会話が続いたのである。下山路の傾斜がゆるくなっていた。

裁判がはじまってやがて3年という夏に、担当裁判官の異動が発表されていた。

中島には「山を見に行った裁判官に判決文を書いてほしい」という気持ちがあったが、あの日の山の法廷での所見は必ずや伝えられると期待した。原告側として今までの法廷で何を明らかにしたかを準備書面にし、新裁判官に8月24日提出した。


9月14日、原告側証人による尋問が行なわれた。研修会の雪崩現場で酒井耕を最初に発見した田中延男が証言台に立った。田中は事故当時、岡谷東高校の山岳部顧問であった。その後異動し、証言台に立った時は諏訪清陵高校に所属していた。中島弁護士の主尋問に答えて、まず登り方について、次のように話している。

その斜面を手で雪を払い落しながら、ワカンで踏みつけて登っていった。ピッケルは胸までくる雪を掻き落とすのに使った。雪は、足場を固めようにも、すぐ崩れてしまうようなやわらかい雪質だった。「ナダレだー！」という声は聞きとれなかったが、雪崩発生位置といわれている位置を眺め上げ、雪が滑り落ちるように流れてくるのが見えた。雪崩の間、田中は足のスネあたりに雪崩の圧力を感じたが、結果的に流されることはなかった。田中の足元の雪は動かなかった。自分の左手に崩れ落ちた跡が裂け目のように現われてきた。それを見るなり右側のブナの木につかまろうと右に移動した。したがって、宮本、関、福島、赤羽、酒井が、どのように雪崩に流されたか見ていない。

「私の雪崩の印象は、砂丘の丘が崩れて砂が流れるような感じでした。なお私のいた上からは雪に埋まった青い服と赤い服が見えました。私と藤松先生のどっちが先だったか、デブリの現場に着き、私がまず関先生の顔を掘り出し、今井先生が福島先生を掘り出したと記憶しています」

　水を飲んで、さらに続けた。

「〝酒井先生がなかなか見つからない。もう駄目だ〟という話が出てきて、私も20分が常識だと聞いていたので、かなり焦ってきました。結局、酒井先生を一番最後に私が発見しました」

　田中は一気に語り終えた。雪崩の同時体験者は7人いた。そのうち埋まらずにそれを見ていたのは、一番右手を登っていた田中と今井の二人であった。7人が七様の視角と、偶然の位置が決めることとなった体験を持っている。

　反対尋問で被告代理人の竹内弁護士は田中に質問した。

「今、あなたの高校にいる酒井先生の親友である西牧先生、知ってますネ。その西牧先生から、本件について何か依頼されたということはありませんか」

　傍聴していた西牧はビックリした。突然自分の名が出てきた。「〝自分が田中に何かを吹き込んでいる〟という印象をつくろうとしている」と感じた。

　原告側証人に立ったことで大小の波風が立ち、田中は、この出廷を境に高体連登山部関係の活動を控えるようになった。

翌9月15日、長野県高教組中央委員会が開かれた。県内各地に点在する89の県立高校の89分会から1名ずつと、各支部選出者を含め、総計100名の中央委員が集結した。

高教組として、雪崩裁判を支援し、署名活動に組織として取り組むことになった。これは画期的なことであった。

先行して署名活動を開始していた松筑支部の杉山書記長は、「やっと時期到来！」と、自分たちの支部の署名体験から力強く発言した。

「1組合員が5名ずつの署名を集めましょう。それを束ねれば県知事が振り向かざるをえない数になります。たかが署名、されど署名です」

裏舞台をつくってきた林法対部長は、やっとここへこぎつけたと肩の荷をおろした。中央委員会後、林は、裁判支援の取り組み文書を書いた。

1993・10・5

分会長
支部長
支部書記長
各役員殿

長野県高等学校教職員組合
執行委員長　中沢憲一

故酒井耕先生の雪崩裁判支援の取り組みについて

各地では教育研究集会が開催され、日頃の研究成果の交流が盛んに行なわれていることと思います。また県民署名・ＰＴＡ署名など、あらたな運動が提起されるなか、奮闘ご苦労様です。

さて、標記の取り組みについて、経過を記し、取り組みを要請します。

１９８９年３月18日、北安曇郡白馬村神城五竜遠見支尾根付近で行なわれた長野県山岳総合センター主催の『冬の野外生活研修会』において、登攀訓練開始間もなく表層雪崩が発生し、この雪崩に５人が巻き込まれ、当時松本蟻ヶ崎高校教諭で新任１年目の酒井先生が全身を雪で埋められ、死亡しました。この研修会は、長野県下の高校生（主として山岳部）と山岳部の顧問教諭を対象として冬山の気象、生活知識、雪上歩行の基礎実技を習得することを目的とするもので、酒井先生は、生徒を引率し参加していました。

（途中省略）

同じく組合員であり、あってはならない事故で命を失われた酒井先生を悼み、ご遺族の立場に立って取り組みをすすめることとしました。

（途中省略）

裁判は今後とも続きますが、次回11月および12月に予定される証人調べが一つの山になるという判断で、以下の取り組みを要請します。

（途中省略）

1　署名の取り組み
内容（2種）
1　長野地方裁判所松本支部裁判官宛　公正な裁判をもとめる要請書
2　長野県知事宛　損害賠償請求と研修体制充実をもとめる要請書

高教組は中央委員会決定後、「雪崩裁判を組織として支援することに決定」と県教育委員会に通知。支援する会の今までの活動は、高教組の協力をいかに取りつけるかに集中していたが、その支援を得てみると、高教組のある教育会館のなかには、公立義務教育の教職員組合である県教組があることに気がついた。10月14日、草間と、酒井三重は、「寄って頼んでみよう」ということになった。

飛び込みで会ってくれたのは県教組の裁判支援担当である社会保障対策部長の岩上昭亜であった。岩上は、酒井三重の話を静かに聞いていた。話が一段落すると、岩上は口を開いた。

「酒井さん、実は私、学校の教師をしながら、寺をやっとります。檀家を何軒も持って人の生き死に立ち会ってきました。手塩にかけて育てあげた子どもが、別れも告げずに逝ってしまうその悲しみは痛いほどわかりますヨ」

岩上の話は、子どもの死の悲しみへの共感からはじまった。

10月14日は、支援要請の打診で終わった。10月26日に日をあらためて、県教組委員長に会い、正式の話し合いをしようという約束をとりつけた。

聞けば県教組は、全長野県下の小中学校の組合員1000名ほどを束ねている組合である。地区別に15の支部に分かれていた。行政としては、小中学校は各市町村が設置し運営しているのであるが、組合はその垣根を取り払って、共通の討論・要求形式が行なわれていた。

県教組との会談の約束をとりつけて松本にもどった支援する会事務局会議で、そのことを喜んで報告すると、メンバーの一人から、こんな反応があった。

「えっ、県教組は社会党系だで。そんなとこ、一生懸命やってくれんで」

支援する会には政治的にさまざまの立場の者が集まっていた。

その時、事務局長の草間が言った。

「そう言わずに、この裁判の趣旨に賛同してもらえたら、何党系だろうとお願いしましょう！」

酒井三重の兄は、松本地区労働組合評議会の議長をしていた。既に署名は頼んであった。三重が言った。

「署名に関しては、何党だからたくさん取れるということないで。それより裁判の主旨に共感してもらえる人をつくることが大事さ。中島先生も言っとられたけど、いつも闘っている組織が、署名となると意外と数が集まらなんだ。私たちのしらみつぶしの説得が、組織でも個人でも必要さ」

この発言が、みんなをまとめた。

10月26日、草間と三重は、県教組の伝田委員長と裁判支援担当の岩上社対部長と会見し、正式に支援を要請した。彼らは、この研修会事故のことを真正面から受けとめてくれた。後日、執行部での検討結果が伝えられた。それは次のようにまとめられていた。

①講師個人をせめるのではなく、行政の責任を問う裁判なので支援する。
②現状の研修会体制の改善を迫るためにも大切な裁判なので支援する（現在は予算も少なく、講師もボランティアで、専門訓練を受けていないなかで、各研修会が開かれている体制の弱さを改善させることが必要）。
③同じ教員が業務上死亡していることは重大で、とりあげるべき問題。
④高教組、各支部と、県教組組合員である藤松講師（中学校教員で事故当時山岳総合センター出向）との調整が必要。

④の申し合せにもとづき、数日後、藤松と県教組の桜井書記長、岩上社対部長が会談をした。今までの経過を説明し、岩上は藤松に対して次のような要請をした。

「県教組執行部としては、この裁判を支援することにしたので了承していただきたい。この裁判は、個人の責任を問うものではなく、県を訴えているということをまず理解してほしい。これは、今までの学校現場で感じてきたスキー部その他のクラブ活動指導体制の弱さを改善させる闘いの一環になるんですネ」

岩上は、この研修会の現場でどんな指導が行なわれたかの具体的状況には踏みこまず、今まで組合が感じてきた研修体制の弱さの改善に引き寄せて説明した。聞いていた藤松が、しかしちょっと引っかかるという声で言った。「組合は、組合員を守ってくれるための組織なんですよネ」

そこには、暗に、私のほうを支援すべき組織ではないかという意味を込めた響きがあった。岩上はそれを察知し、きっぱりと答えた。

「藤松先生の責任を問われるようなことがあったら――たとえば退職勧奨を受けるとか――その時は、必ず先生を守りますよ」

しばらくのやり取りがあったあと、藤松は最終の答えを出した。

「僕も、県の指導体制改善の必要は感じているので、了解しましょう」

岩上は、当時を振り返りながら語ってくれた。それをまとめると次のようになる。

同じ長野に住んでいるといっても、北信なのか、それとも中信、南信なのかで雪体験は大きく違う。藤松の住む上田、宮本の住んでいる中野は、雪が少ない。岩上は新潟との県境に近い飯山に家がある。豪雪地帯だ。岩上は幼ない頃から、生活圏で雪の恐さを体感して成長した。今回の2人の講師は、雪山のベテランとはいえ、生活圏での雪体感が少ないのは気の毒だったと思う。

たとえば、ほとんど雪の積もらない上田からたいして離れていないが、新潟側の飯山は1~2m、その北の栄村では、5mも積もる。家を11月から4月まで透明材で囲んで生活する。この地区の小・中学校は、冬、スキーが正課になる。冬はグラウンドが使えない。近くのスキー場で授業をやる。――こういう土地で生活すると、雪の深さだけでなく、その質に自然と敏感になる。

かつて戸狩スキー場・黒岩スキー場で、スキー講師の雪崩による死亡事故があった。この講師はアルバイト学生で、我々は支援署名の体験もした。

「一里一尺」と言われている。一里北に行くと積雪が30㎝増える。長野県下では、大町以北、飯山以北がこれにあてはまる。このような実状を訴えて「スキー教育する身だから、県として雪についての教育研究体制を取ってほしい」と要請を出し続けたが、県内では少数派で、切り捨てられることが多かった。

岩上は、この体験と酒井三重の訴えを重ねて、支援のほうに大きく舵を切った。

しかし、県教組のなかには「自分たちもいつ藤松的立場に立たされるかもしれない。その時こんな裁判になるのではかなわない！」と、署名には当初消極的な者もいた。そのうち少しずつ広がっていったが、裁判所あての署名はするが、県（知事）あてには名前を書かないという、次の数字のアンバランスが、現場の迷いを現わしている。

県教組分署名数

あて先	94年1月	94年8月	最終
裁判所	8494	11411	17554
県知事	391	1477	7614

93年の夏の終わり、長野県阿智高校の福島伸一教諭のところに、教育委員会から一本の電話が入った。

「先生、雪崩のあった研修会の裁判に証人として立っていただけませんか。むずかしい注文はありません。研修日当日の先生の体験をありのままに話してもらえばいいんです」

福島は、明朗明快な男である。普通の業務分担を校務のなかで受けるような気軽さで、

「ああ、そうですか。いいですよ」

と即答した。

秋に入り、原告側弁護士から電話が入り、「当日の雪質」「訓練内容」などを聞かれた。これにも明朗に答えた。

しかし周囲から、いくつかのことをなにやかや聞かされはじめた時、

「自分は、うかつだったかナ」

と思った。

証人と言っても、被告側のそれになるか、原告側のそれになるかで、求められる役割は１８０度違うということを告げる人もいた。

「僕は、死んだ酒井耕君と一番年が近かったし、懇親会でも行動中も、言葉を交わしている。彼の死は他人事ではなかった。僕にその運命がまわってきたかもしれない。――事故のあと、酒井家を訪ね、一人で霊前で焼香させてもらった。酒井さんのお母さんにも当日の体験をありのままに話している。――僕は、酒井さんのお母さんに、ほんとうは何でも手を貸してあげたかったんだ」

しかし、グチグチと長く悩まないのが福島であった。

「教育委員会は、体験をありのままに話せばよいと言ってた。そのなかには、酒井さんにも有利になるかもしれないことが、あるだろう」

「僕はありのままの真実を話そう」

ちょっとした迷いは吹き飛んで、その日を迎えた。

秋も深くなった11月16日、福島伸一は、長野地方裁判所松本支部の証言台に、被告側証人として立ったのである。

被告側弁護人竹内から質問されながら、福島が明らかにしたのは、次のようなことであった。

事故のあった平成元年当時、長野県須坂高校山岳部顧問として、研修会に参加し、1班で宮本講師の指導で登行中、雪崩に遭い、生き埋めとなった。

前年に山岳部顧問になってからはじめて登山するようになったので、本格的な雪山に関しては、初心者だった。

雪質が、どんなものだったかを、たどったコースに沿って、答えはじめた。

スキー場のなかのチャンピオンコースを歩いている時は、ジメジメした雪だった。雪を踏んでいくうちに徐々に雪の固まりがアイゼンについた。そのままにしておくと歩きにくくなってくるので、それを時々ピッケルでたたいて落とした。しばらく登り、地蔵の頭の手前の、スキーヤーがもう入ってこないあたりになると、雪が新雪で、フワフワしていたのを覚えている。テント場に到着し、生徒3人とテントを張り、その上で周囲に風よけのブロックを積むのに、次の行動指示があるまで、目一杯時間をかけた。したがってその間、宮本や藤松講師が、どんな雪の点検をしたか質問されたが、その時、生徒と設営作業中だった福島が、その件について証言することは無理であった。

証言は、1班の雪崩斜面登行の場面に移った。福島伸一の体験した雪崩の瞬間は、次のように語られた。

「急な斜面を登り、ひとまずちょっと休んだんですが、その時、上を見上げたら、ちょっとした雪の固まり（スノーボール）が転がってくるのが見えたのです。それはなんだろうと思った瞬間、宮本先生がヤバイとかあぶないとかいう内容の言葉を発して、で、あれ、なんであぶないのかなと思った瞬間に足元がすうっと流れ出したような感じでした」

被告側弁護人である竹内は、次の質問を発した。

「上のほうから雪が落ちてきて、その雪に巻きこまれたということではないんですか――雪は上から落ちてきたんでしょう？」

福島は、迷わずに答えた。

「はい、私の思っているところでは、上からたしか転がってくる雪の固まりが見えたんですが、それが僕のところに到着する前に、足元の雪が動きはじめたと記憶しています」

竹内は、書類を持って証言台のほうへまわりこんできたが、もうその時は、福島が続きを話しはじめていた。

「足元から動いたような気がしているんですが、そのあと、雪のなかで、どっちに回ったかわからないんですが、1回か2回ぐらい、頭と足がまわって――それからドンという雪の圧力を感じて止まりました。止まった時、頭とか顔のあたりも雪だらけだったもんで、一瞬〝これは全身が埋まってしまったんだナ〟というふうに判断して、かなり恐ろしいと思いました。すぐにもがいたら、上半身が出てることがわかりました。――で、遠くのほうから田中先生たちが、こっちに向かって走ってくるのが見えてきて、助かったナと思いました」

埋没者5名のうち、最初に掘り出されたのが福島伸一であったので、救出されたあとすぐに、他の埋没者探しの作業に加わっている。

続いて、原告代理人中島が尋問に立ち、論争のポイントになっている雪質にスポットをあてた。というより、福島の証言にスポットをもう一度あてて、裁判官の注意を喚起した。

〝スキーのゲレンデは登山靴にダンゴ状に雪がついてしまうような湿った雪だったが、地蔵の頭以降は、フワフワした新雪だった〟と。

そのなかを、もがくような感じで、上へ上へワカンを運んだこと。雪面へ横一列に並んで、みなもがきながら前進したこと。

尋問の最後に、中島は聞いた。

「あなた自身、この雪崩に遭ったあと、いろいろな本を読んだと思います。たとえば、どのぐらいの斜度があぶないとか、どういう雪質があぶないとか、一度に大勢で雪面に入ってはいけないとか——そういうふうに考えてみて、現在から振り返ると、どうなんでしょうか。——あなたはあそこに同じ条件で、また入る気になりますか。それを聞かせてください」

福島は、明朗に答えた。

「今になってみれば、あの斜面はあぶなかったと思います」

旗色の悪い竹内弁護人は質問をはじめた。

「斜面の状況を調査してみたんじゃなくて、遠くから見ただけでしょう。〝あそこで雪崩の事故に遭ってしまったナ〟と、それだけのことでしょう」

と、食い下がった。

「あとから教えていただいたんですが、あの斜度は40度ぐらいの所もあると聞いています。そういうことを聞いてあぶない斜面だったんじゃないかと判断したんです」

そこで竹内は、

「斜度を聞いて……！」

とちょっと突き放したような声を出した。それが引き金になったように、被告側に不利な福島の言葉が出てきた。

「斜度のこともありますが、もう一つ、みんなで横一列になって登ったのも、あぶなかったんじゃないかと思います」

裁判が終わって十数年経って、福島と会見した。福島は、一歩まちがえば自分が酒井耕の運命であったかもしれないという思いがあったと語った。県側証人には、成り行きで立ってしまったけど、ほんとうのことを言うことに徹したと当時を振り返ってくれた。

その後も、出来るかぎり年休をとって裁判を傍聴した、と。

裁判所の入口に立って、傍聴者へのお礼を言う酒井三重に、福島は必ず声をかけたとも語った。

「お母さん、僕に出来ることがあったら、お手伝いしますから、いつでも声をかけてくださいネ」

傍聴人たちは今でも時々当時を振り返るという。

「事故のあとすぐにあの訓練方法は誤りだったと認めるべきだったんだ。雪面を6人のワカンの刺激で切ったため雪崩を起こしてしまった——主任講師の登山家としてのメンツが、長い裁判にしてしまったのだ」

第10章　SL機関士志望から弁護士に

長野県における山岳界の第一人者と呼ばれる人や国の山岳専門員に向かって、次々に審問を展開するのは、原告側主任弁護人の中島嘉尚である。

中島弁護士は、一見飄々（ひょうひょう）としているように見える。決して〝闘牛〟ではない。しかし法廷では、どんな権威ある専門家の言い逃れをも許さぬ、鋭い〝蜂〟であった。中島は、松本城の横の「あるぷすの風法律事務所」で毎夜遅くまで、近づく反対尋問の策を練るのであった。

彼が、長野県松本の地に生まれ、蒸気機関車（ＳＬ）の機関士になるはずだった人生を、弁護士への道に舵を切り、なぜ数年後に雪崩裁判のハンドルを握るようになったのか、その道をたどってみよう。

中島嘉尚は、小学生の頃から鉄道少年であった。自宅のはるか西方にある松本駅を通過する蒸気機関車に憧れていた。大きな息づかいを上げて出発していく蒸気機関車の懸命さを自分のことのように聞いていた。凍てつく冬の夜空に、遠慮げにポーッという汽笛を吐いて到着する夜汽車は、たまらなく心をゆすった。

中島は、宮沢賢治の詩を愛読する少年であった。宮沢賢治の死後、小さな手帖に書き遺されていたという「雨ニモマケズ」の詩を繰り返し読んだ。

詩を口遊みながら、賢治の優しい心根に憧れた。毎日眺めていた機関車の懸命さと、賢治の詩心が二重映しになり、中島少年の胸のなかに広がっていった。

「僕は、貨物列車の機関士になろう！　人々が寝静まっている深夜、人の知らないところで黙々と働きたい。石炭を燃えさかる〝缶〟の中に投げ入れて列車を動かし、人知れず、明日人々の役に立つ荷物を運ぶ——そんな人になりたい」

小学生時代からの憧れは、高校にあがる頃までには、〝貨物列車の機関士〟という明快な像を結んでいた。

当時を振り返り語る中島は、声を落としてつぶやいた。「ただ、僕には致命的な欠陥が二つもあってネ」と打ち明けると、誰もが「エーッ」とおどろいた。

「一つはネ、一晩じゅうカマタキできるほどの体力がない。もう一つはネ、乗物にのると30分もしないうちに酔ってしまう体質をかかえていた。だから、余計になんとかしてその体力をつけようと、もがいた。希（のぞ）みに手が届かないかもしれないと思う分、余計に憧れは強くなった」

高校を卒（お）えると、信州大学文理学部の社会学科に入学する。社会学科に、その年は16名が入った。そのうち10名は経済を専攻し、あとの6名が法律を専攻、中島はその一人になった。しかし、法律関係を専門とする教授は少数で、各論の専門家は外から呼ばれてやってきた。夏休みになると、他の国立大学の教授の集中講義が行なわれた。それらの講義は活気があり、学生に人気があった。

戦前、瀧川事件で京都大学を追われ、戦後、京大にもどった瀧川幸辰（ゆきとき）教授は、信州大学の開学式に参列している。その後、死の直前1962年夏まで刑法の集中講義に信州へやってきた。その少しあとに入学した中島は、刑事訴訟法講義を、瀧川幸辰の息子、瀧川晴雄（大阪大学教授）の集中講義で受けた。

これらの講義は、法律専攻の学生だけでなく、他の専攻の学生にも人気があり、夏休みなのに40～50人の学生が押しかけ受講した。

前年の憲法の授業のなかで、「京大事件」とも「瀧川事件」とも呼ばれた事件のことは聞いていた。瀧川幸辰の『刑法講義』『刑法読本』発禁に続く、文部大臣による大学追放と、それに抗議して8名の法学部教授や助教授、専任講師らが辞職したという、大学の自治をめぐる昭和史を多くの学生が学んでいた。

瀧川晴雄の〝刑事訴訟法〟の授業でのことであった。信州の夏も、お盆まではけっこう暑い。教卓の上の小盆の上に水差しとコップがある。瀧川晴雄は、授業のなかほどまで来た時、その水差しに手をかけた。すると、教室の後方がざわついた。しかしそれはひそやかなさざ波だったので、教卓には届かなかった。瀧川はコップになみなみと水を注ぎ、一気に飲んだ。さざ波の主たちのハラハラとした上目使いにも目をくれず、飲み干した。盛られた酒は飲まねばならぬとばかり、教授は大きな声で言い放った。

「信州の水は、ほんまにうまいなー！」

教室中は笑いの渦に変わった。「信州の水」は、その水差しに三合ほど入っていたが、授業半ばで空になった。

暑さも吹き飛ぶ愉快な授業だった。

中島は、大学入学後、将来の機関士志望に向け「汽車に酔わない体への改造」をめざして一大決心をした。時間を見つけては汽車に乗り、体を慣らそうとした。とくに夏休みになると、時刻表を片手に全国一人旅に出かけた。小学校の名古屋修学旅行、中学校での関西修学旅行も、体質が理由で参加できなかったのだから、大学生になっての「一人旅修行」は、並々ならぬ決意ではじめたものだった。まず大学1年の夏、伊豆半島を各駅列車でまわった。吐きそうになると下車し、おさまってから乗りついだ。そうこうするうちに、なんとか我慢が出来るようになった。2年の夏は関西をまわった。3年の夏休みは九州を隈なく巡った。福岡から長崎に行き、船で天草に渡った。天草から熊本を経て阿蘇へ、高森線のSLに乗り、高千穂経由で宮崎へ出た。鹿児島入りし、薩摩富士と呼ばれる、東シナ海に突き出し海に浮んだような秀峰、開聞岳（かいもんだけ）に登った。この長旅を通して、吐き気はなくならないが我慢が出来るほどに訓練が出来た。

卒論は、人があまり手をつけない分野「ロックアウトの法理」に決めた。

来年はいよいよ卒業という年の秋、進路を鉄道関係に定めて上京し、京王電鉄株式会社と日本国有鉄道（現ＪＲ）を受験した。

第一志望の国鉄に合格した。「鉄路が長い」「蒸気機関車が走っている」国鉄への期待はふくらんだ。

１９６７年（昭和42年）入社。中島嘉尚が在職した１９６７年から１９７１年までは、期せずして、世界ではベトナム戦争、国鉄はマル生運動と組合の抵抗運動の二つの嵐が吹き荒れた時期と、ぴったりと重なっていく。

中島は、１９６７年４月、当時大宮にあった国鉄の養成研修機関である関東鉄道学園に入った。研修期間は６カ月である。電運科、営業科、技術科、事務科に分かれて、座学と実務研修がはじまった。

憧れの蒸気機関車は、残念なことに、入社の前年度いっぱいで廃止になっていた。これにはかなり落胆した。

昭和42年秋、新人研修を終えて、10月１日付で中央線国分寺駅に配属になった。最初の配属先は自分の出身地につながる鉄路のあるところという慣例があり、たとえ離れていても松本につながる中央線上のこの駅に行くことになった。

改札口にも立った。出札窓口で切符も売った。ホームで笛も吹き小旗も振った。改札、出札、運行駅務、それに現在の宅急便にあたる小荷物貨物の受け付けもこなした。国分寺駅は府中競馬場へ向かう下河原線（東京競馬場線）への乗りかえ駅でもあった。中央線が延着するとめざす支線への乗りかえがかなわず、乗客とのトラブルもしばしば起こった。出札口のある部屋は助役室もかねていたが、怒った乗客がその部屋へ押しかけてきた。当時は自動券売ではなく、現金と手渡しで切符を売っていたので、そこには、売上金がむき出しでおかれていた。乗客が押しかけてくると、中島ら駅員は、現金を胸や手で覆った。銀行員が1日に1回集金にやってきた時代である。

中島はここで間もなく、国鉄労働組合に加入した。国労国分寺支部の一員になった。寮は東中野の国鉄独身寮に入り、国分寺駅へは一直線で通勤した。冬までには、駅務も組合もおおかた様子がわかってきた。中島は、この駅で現場を知りつくして、いずれは機関士になりたいという希望を出し続けていた。だから大所帯の仲間がいるうちは出来るだけ人と交わり、人知れず役立とうと考えていた。とくに困った人がいたら手を貸そうと思った。

すぐ身近に年輩の出札係がいた。長い間の国労組合員で、職場の評判はさまざまだった。「だらしない」とか「生活が崩れていて酒ぐせがよくない」などと評されていた。お酒を飲むと道端でしょんべんをする姿をみんなは指弾した。ある日中島は飲み屋で彼を見かけ、メロメロになった彼に肩を貸した。よし、送っていこうと彼の手を取って歩き出した。あやしげな呂律(ろれつ)で案内する声に従って、彼の自宅まで送っていった。彼は、同僚たちがよく言う鉄ビン長屋の住人だった。国鉄の、歴(れっき)とした社宅である。くたくたになった彼を支えて、共に揺れながら社宅の土間に足を踏み入れた時、中島は胸を衝(つ)かれた。――長い土の土間があった。その片側の壁の手前に共同炊事の流しとガス台が並んでいた。その奥に共同便所が並んでいた。炊事場と便所の反対側に土間からいきなり上がる居室が並んでいるハモニカ長屋である。土間には裸電球がほの暗くぶら下がっている。

その一室の戸を、彼に代わってノックすると、妻が顔を出した。普通このような場面でサラリーマンの奥さんが口にするセリフは、「あら、送ってくださってすみません」という挨拶だろう。しかし彼が喉の奥で言葉にならない呻(うめ)きをもらしながら自室に上がったとたん、妻は一言もなくその扉をピシャッと閉めて返した。――中島は、目に映じた情景の哀れさで、胸が一杯になった。定年に近い年齢でうだつが上らず、国労の組合員になり、組合運動などやっているとこういうことになると、当局が見せしめにしているように思われた。中島の独身寮は近代的な建物だった。同じ国鉄職員でこんなに社宅に差があってよいものかと思った。さっき出くわした情景――彼も奥さんも、先の見えない望みの薄い生活を続けていくうちに、心が荒(すさ)んできたのだと思われた。図らずものぞいてしまった中島の胸中に、この日の情景は長く尾を曳(ひ)いて沈んだ。

中島は、1年半国鉄生活を送って、「自分の進路をどうするか」決めかね、迷っていた。――機関士になる夢は断ちがたい。小学生の頃から追ってきた夢は、あきらめられない。――しかし、国鉄に入ったものの、自分にはその道はもう断たれているのではないか。このままだと、レールから離れ、国鉄という身分社会の軛(くびき)を負って生きていくことになる――それはイヤだ――。

国鉄に同期で入った同僚とも、このカオス的状況から脱却するすべを、幾晩も語り合った。やがて、法律を決定的に勉強してみようという気持ちになっていた。

その頃、国鉄には〝委託研究員制度〟というものがあった。試験により年に数名が東京大学に委託され、1年間職場を離れて研究に集中し、その成果を論文にまとめて提出するという内容に、中島は注目した。

中島は、大学在学中の労働法研究のベースの上に、2年近く見てきた国鉄の労使関係の現状をおいて、「よりよい労使関係の形成」をテーマに設定し、研究員試験に合格した。

合格後、中島の所属は本社直轄の中央鉄道学園となった。

その頃、大学は大学紛争の真っ只中であった。とくに首都圏の大学は、学生が大学を自主管理中であった。中島が研究員として赴（おもむ）くはずの東大は、1969年1月18日、安田講堂に籠城した学生を排除すべく、警視庁機動隊8500名が出動し、学生374名が逮捕されたと記録されている。まだ学生であった歌人・道浦母都子が「明日あると信じてきたる時計台、わが青春の落日を知る」と詠んでいる。

その余波を受けて、例年東大であった委託研究先は、一橋大学法学部に変更された。国鉄と大学との取り決めにより、中島は、労働法学者蓼沼（たでぬま）謙一教授のもとで研鑽（けんさん）を積むことになった。1年間、どの講義に出ても出なくてもよい、しかし年度末には研究結果を論文にして出せという自由な研究体制であった。国鉄のマル生運動（生産性向上運動）と組合労働者の抵抗――そしてその結果としての職場状況は、入社後2年間見てきた。この研究によって、自分が背負ってこの悪しき労使関係を改善するのだなどという気負いはなかった。むしろ、身分社会を少し離れて、たとえ1年でも専門の勉強が出来る喜びのほうが大きかったと、中島は当時を振り返った。出席は自由であったが、この知る喜びの詰まった講義には、熱心に通った。

中島嘉尚が委託研究員であった1969年4月から1970年3月は、国鉄のマル生運動がピークにあった頃だった。中島の研究テーマにも直結することなので、その概要を調べてみた。当時の朝日ジャーナル、3大紙縮刷版、それに労働法律旬報で、その跡をたどってみよう。

中島が国鉄に入社する直前の3月、国鉄当局は、5650億円の累積赤字を解消するために、職員5万人の人員整理合理化案を傘下の組合に提示した。EL（電気機関車）DL（ディーゼル機関車）には、それまで機関士と機関助士の2名が乗務していたが、助士乗務を廃止し、一人乗務にするのだという。と同時にこの合理化を貫徹する労務対策の常務理事兼職員局長に真鍋洋が就任した。1年後に中島が因縁の酷評を浴びることになる職員局長である。国鉄当局は、1年をかけてさらに細かな合理化案を策定し、運輸省に提出した。その国鉄財政再建基本計画によると、

①全国5200駅の4割にあたる2000駅を無人化または、廃止する

②46万5000人の国鉄職員を6万人減員する

③EL、DL助士の乗務を完全廃止する

さらに日経連が提唱した生産性向上運動の導入を決定し、加えて日本生産性本部に職員の教育委託を決定、委託費を70年1830万、71年は3208万と予算計上した。

マル生運動の実行組織として、本社職員局に能力開発課を新設し、課長に大野光基を抜擢した。さらに10月には、マル生運動実行組織としての能力開発課を、各地方局単位で新設することが決められた。反合理化闘争を闘う組合と、対立したこの能力開発課は、のちに死闘をくり広げることになる。

当時、国鉄には大別すると、三つの組合があった。中島が加入していた「国労」、機関士中心の「動

労」、その他の「鉄労」である。国労、動労は、日本の労働組合のセンターであった総評の核となり、日本の労働運動の中心的役割を担っていた。一方、鉄労は、当局側の立場に立ち、労使協調路線をとっていた。

国労、動労は、当然、合理化計画に反対の闘いを組んでいた。公労法で国鉄職員にストライキ権がなかったので、その戦術は、ちょっと説明が必要な〝順法闘争〟であった。これに対し当局は、首切り、賃金カットなどの処分を繰り返していた。

中島の研究論文の標題は「公労法下における判例の変遷について」にしぼられていった。

この研究を理解するために、「公労法」に定めてあることは何かと、公労法下の反合理化闘争の結果が、どんな対立を生み出しているかを見ておこう。

公労法は、公共企業体等労働関係法の略称である。公共企業体とは、日本国有鉄道、日本専売公社、日本電信電話公社の3公社と、郵便・林野・印刷・造幣・アルコール専売の5現業である。戦後その公共性に鑑み、3公社5現業には職員の団結権と交渉権はほぼ与えたが、その争議行為は禁止し、一般の労働者には認められているストライキ権を与えなかった。国労と動労は、首切りを含む当局の合理化攻勢に対して順法闘争という戦術を編み出して闘いを続けた。国鉄全線に取り付けられていた列車自動停止装置（＝ＡＴＳ）に従って運転をすると、必ず遅れを生じてしまうことに着目した。ダイヤ通りの運転をするためには、日常、手動に切り換えて信号の変化と同時に発進することが必要であった。もしマニュアルに示された通りの停止——確認——発進をくり返せば必ず遅れを引きおこした。したがって平時は、ＡＴＳ装置を切って手動運転することでダイヤが保たれていることを逆手にとり、このような違法運転ではなく、マニュアル通りの合法運転＝順法運転によって、結果、遅れを生じさせるという闘争戦術を編み出した。

これに対し、「組合の順法闘争はサボタージュ闘争である」と、当局は次々に大量の処分を繰り返し、労使関係は、抜き差しならぬ泥沼状況を呈していた。各職場での労使対立も次第にエスカレートしていった。当局に抵抗する国労・動労の組合員への差別的取り扱い、労使協調路線をとる鉄労への優遇昇進がくり返された。当局が鉄労組合員を優遇したばかりか、国労・動労組合員の切り崩しにつながる監視、密告の役割をも負わせ、一時、国鉄当局労担の手足となる事例も報告された。目には目を、歯には歯をという激しい対立となり、強硬な助役や駅長のいる職場では、吊し上げの横行する日常が続いた。

昇格試験での合格率の差別、これは賃金差別に直結した。また福利厚生面、たとえばどの社宅に入るかにあたって、次第に差別的運用が明らかになっていく。これらを見せしめとして、国労・動労組合員の切り崩しも行なわれた。

反合理化の順法闘争の度に大量の処分が発表された。国労・動労の27万組合員の85％が処分されていた。賃金カット、昇給延期、果ては首切りと続いた。国労・動労と鉄労の入り混じる職場においては、食事も別々、お茶も別々といった具合に、マル生運動が進めば進むほどに、人間関係もろとも荒廃していった。数限りない、国鉄当局を訴える組合員の訴訟が続いた。

4月から、本社にマル生運動の実行組織＝能力開発課が特設されることになっていた数日前、中島たち委託研究生の研究発表会が開かれた。この会は、例年儀式的なものだと言われていたので、中島も通り一遍の通過儀礼のような気持ちで臨んだ。発表会場には、山田副総裁、真鍋職員局長ほか各理事、それに各研究者の上司にあたる人間が座っていた。例年なら総裁が来るのだが、この年は別件の用向きがあり姿を現わさなかった。

各研究者、30分ほどずつの発表がはじまった。中島嘉尚は、公労法の判例のいくつかを分析したあと、次のような要旨の結びの言葉を発表した。

「よりよき労使関係をつくるには、まず国鉄の使用者側が合法的でなければならない」

この言葉を淡々と言い終えた時、聴衆席の前方にいた真鍋職員局長が声を荒らげて叫んだ。

「国鉄に、そんなのいらない。そんなこと言う奴は、裁判官か弁護士にでもなればよい！」

呆気(あっけ)にとられている会場に、頂点に達した興奮の声が響きわたった。

中島は、国鉄の情勢からみて何かチクリと批判を受けるかもしれないと、その程度にしか考えていなかった。研究指導教官、一橋大学の蓼沼謙一教授からの「言うべきことは理路整然と、言うべき場所で言う必要がある」という教えにも後押しされていたのである。しかし中島が研究生活を送っている間に、当局は組合憎しの階段をパンパンに昇りつめていたのである。

研究内容の批判を通り越しての頭ごなしの断罪――有無を言わせぬ強権。

「そんなことを言う奴は、裁判官か弁護士になればよい！」が、幾度も残響し、中島嘉尚にとって、運命的転換点となった。

まもなく、司法試験を受けて弁護士をめざそうと道を決めた。

研究発表直後の4月、有楽町駅へ転勤となった。

中島は、有楽町駅勤務を命ぜられてからずっと、その辞令にかくされたサインを読みとろうとしていた。委託研究を終えた者は、普通、駅には配属にならないのが慣例であった。それが東京のど真ん中の有楽町駅――〝もうお前は失格だ〟〝勝手にしやがれ〟そんなシグナルが秘められているのではないか――研究発表後、直接の言葉はないが、そう思えてきたと中島は当時を振り返る。

有楽町駅の改札・出札・細々(こまごま)とした駅務をこなしながら、帰宅後、司法試験の受験勉強に専心した。国鉄のなかに、もはや我が進む道なしと思うと、法律がざわざわと染み入ってきた。

翌46年4月、東京駅にある〝東京旅行センター〟に転勤となった。個人旅行プランの作成、時刻表の作成業務など、夜遅くまで忙しくこなした。

首尾よく司法2次試験の短答式と論文式は合格したが、口述試験は必ずしも受かるとは限らない。転職に向けてさらに態勢を固めようと考えはじめた。

秋、司法試験の2次である口述試験を受験する日が近づいた。上司に1週間の年休を申請した。上司は「なぜそんなに休まなければならないのか」と聞いてきた。中島は1日や2日ではないので、わけを打ち明けた。

「1週間かけて、口述テストがあるんです」

上司は、「それだったら国鉄をやめてから受験しろよ」と言ったあと、しばしの沈黙が続いた。

「わかった。それでは休む前の日までに秋のダイヤ改正時刻表をつくり上げてから休め」と、善後策を出してきた。

ほっとした中島は、連日夜を徹して、ダイヤグラムを見ながら時刻表作成に打ちこんだ。我々が書店や駅で手にする部厚い時刻表の原案にあたるものだ。心おきなく休みをとるための作業は、かなり難業だったが一日一日こなした。なんとか受験前日の夜、完結した。しかし中島は連日の残業ですっかり体が参っていた。翌日、口述試験会場にたどりついたが、もはや1週間の口述に耐える体力は残っていなかった。不合格であった。受験番号の近い受験生に介抱されながら試験に臨んだが、力を発揮することは出来なかった。二兎を追うものは一兎をも得ずと考え、中島は思い切って、来年一杯準備に集中するため年末で国鉄を退職する決意を固めた。弁護士への道へ完全に切り替えていった。親しい同僚たちは、「マル生運動も、当局の敗北で幕が引かれようとしているから、国鉄に残れよ」と、本気で引きとめた。


この「幕引き」の言葉の真偽をたしかめようと、私は当時の記録を手に取ってみた。そこでわかったことは、以下のドラマティックな顚末（てんまつ）である。

1970年から71年にかけて、マル生運動の中心は組合対策にありと言わんばかりに、国労・動労組合員への労組脱退勧奨と鉄労への勧誘が、各職場で大っぴらに行なわれた。それは、まるで砂漠の嵐だった。

静岡鉄道管理局管内では、管理職が国労や動労組合員に、「色を変えろ」と迫った。

水戸鉄道管理局では、管理職会議で、「不当労働行為はうまくやれ」と助役が訓示し、摘発された。

昇進試験の合格率が、国労動労組合員1に対して、鉄労5と、その差別は歴然とし、それは、そのまま明らかな賃金格差を生み続けた。

社宅や寮などの入居も、どの組合の組合員かという色の違いで選別され、明らかな差別が横行した。各職場、現場での組合員の奪い合い、ののしり合いのなかで、自殺者が全国で6名出た。これら職制の不当労働行為の触手の元締めには、各地に新設された能力開発課があり、その頂点には職員局長が君臨していた。これらのすさまじい不当労働行為は、単に国鉄労使間の問題にとどまらず、社会問題化していたのである。当時の新聞も、週刊誌も月刊誌も、各職場の実態を写真と記事で伝えている。

1971年9月、総評は、国鉄実態調査団を結成し、国鉄不当労働行為の実態調査を行なうに至った。労働法を専門とする立命館大学の浅井教授、大阪市立大学の本多教授、西谷教授、法政大学の野村教授が手わけして、各職場を巡った。前述の不当労働行為の具体例は、その調査によって詳細が明かされたものである。

公共企業体等労働委員会（略して公労委）に救済を訴え出た者や、民事裁判を起こした者が多数にのぼった。10月11日、行政機関である公労委は、不当労働行為を認定し、国鉄当局に救済命令を出した。22日、公労委は、東京国鉄3局の不当昇給延期事件に対して「昇給延期をやめよ」という裁定を下した。

もはや国鉄当局の不当行為は、明らかだ。

中島嘉尚が、国鉄副総裁、職員局長の前で発したあの言葉

「よりよき労使関係をつくるには、まず国鉄当局が合法的でなければならない」

が一笑に付されてから19カ月が経っていた。

まもなく労働委員会の救済命令が出た。国鉄総裁の磯崎新は受諾し、組合に陳謝した。さらに10月23日、不当労働行為の実行者18人の処分を発表した。朝日、毎日、読売新聞の夕刊は、そろってそれをトップで伝えた。

〝真鍋職員局長を更迭〟

と3紙とも大活字を並べた。マル生運動の実質的指揮者真鍋洋常任理事＝職員局長は、写真入りで報道された。

ここまで読んでくると、――ハモニカ長屋で、貧しく呻吟（しんぎん）する人々に寄り添い、正しいことを言い切った中島の先見の明と、ひそやかな勇気が鮮明となってくる。

国鉄の内部が激変していった。が、中島の転職の決意は変わらず、１９７１年12月末、職場を去る。司法口述試験対策に集中し、体調はまだ十分に回復してはいなかったが、受験生仲間に励まされて、10月、晴れて合格した。大学を卒えて6年のまわり道であった。このまわり道がやがて生きてくる。

司法修習は2年である。初年度の4月から7月までと最後の12月から3月までは総合の座学であるが、その中間の1年4カ月は、希望の裁判所所在地で実習を受けることになっていた。

中島は、第一希望〝大津〟、第二希望〝京都〟、第三希望〝奈良〟を申請し、第一希望が受け入れられた。大津には行ったことがなかったが、古代以来の日本史の華やかな舞台となった地に、一度住んでみたいという思いがあった。

１９７３年4月、大津裁判所へ中島が挨拶に行くと、「オーオー来たか、待ってたゾ、首を長くして待ってたゾ！　岩垂から長い長い手紙が来てナ」と満面の笑みで抱き寄せんばかりに迎えられた。思いがけなく、信州の水はうまいと一気に飲み干したあの信州大学の特別講座の主、瀧川晴雄が待っていた。信州大学の岩垂肇教授は、友人である瀧川晴雄が、大阪大学から大津裁判所の判事になったことを知っていたので、中島には内緒でこっそりと、「教え子中島嘉尚をよろしく頼む」という長文の手紙を出していたのだった。

司法試験に合格した者は、2年間、国から給料をもらいながら、各研修機関をまわって歩くことになっている。

中島は、１９７３年4月から7月の4カ月と、１９７4年12月から１９７5年3月までの4カ月間、他の合格者と共に東京の司法研修所で総合修習を受けた。希望地の大津へは１９７3年8月から74年11月までの1年4カ月間移り住んだ。大津修習は、まず弁護士修習、次が裁判所修習、検察修習の3部門をまわって歩いた。その年大津を修習地に選んだのは、今も弁護士として活躍している中川幸雄、宮川清、森正博、それに中島嘉尚の4名である。弁護士修習は、浜田博・渡辺信男事務所に詰め、4カ月、弁護士と行動を共にした。それが終わると裁判所修習に移る。大津地方裁判所刑事部では4カ月を瀧川晴雄、次の4カ月は民事部の潮久郎の指導を受けた。さらに最後の4カ月は大津地方検察庁での修習を受けた。これら弁護、裁判、検察をまわりながら、各々の修習生は、「自分は、裁判官となるか、検察官になるのか、弁護士の道に進むか」の腹を固めることになる。

4人の大津修習生のうち、中島を除く二人は滋賀県出身者、もう一人は関西方面出身者であった。同期修習生の中川によれば、出身地でないのに「大津修習を希望する人は、奇特な人」だそうだ。彼は中島のことを「ユニークな人、反骨精神の強い人」と評した。当の中島に向けて私は「司法権の独立を守った大津事件の地であるから、大津を修習地に選んだのですか」と問いかけてみたが、「いやいや、そんな高尚なものじゃないのよ。もっと不純な理由――歴史絵巻の地を巡りたかったからよ」という返事が返ってきた。

1973年8月から1年4カ月間、中島は大津の人になった。日本一の水甕（みずがめ）である琵琶湖の風に吹かれながら、司法界への揺籃（ようらん）期を、師に恵まれて、伸び伸びと過ごした。

司法修習の拠点となった大津裁判所は、大津駅から琵琶湖に伸びる大通りを5分ほど下った右手に立っている。その大通りを旧東海道が横切っている。幅3mほどの道だ。その街道を石山寺の方向に10分ほど歩いたところに、中島は部屋を借りた。江戸時代から続いた質屋の蔵である。中島が滞在した頃は、すでに質屋をやめて、母屋（おもや）以外の蔵3棟が昔のまま残っており、何人かの間借人が住んでいた。

太田質屋の、旅人の歴史を宿していた一番奥の蔵が、中島は気に入った。はるかかなたに琵琶湖の湖面がキラキラ光っていた。白い蔵の窓を開いて、湖面を吹き渡ってくる風に吹かれながら、気が向くと笛を吹いた。

裁判所では、法廷や合議の場の脇に椅子があり、そこに4人の修習生が座して、現役判事のやり取りをメモしながら聞き収める日が続いた。今、中島は、その時代を振り返っても、その時実務面で何を習ったか、覚えがない。

あざやかに浮かび上るのは、番外の酒盛りの場面である。大津裁判所判事・瀧川晴雄は3日に上げず、酒ビンをかかえて中島の土蔵の下宿を訪れた。やって来るとまず「よーっ！」と一声、ドンッと酒ビンを置いた。

瀧川は、父が京大を追われた昭和8年は、14歳という多感な年代であった。その後、京大ではなく同志社大学に進み卒業後、同志社大学助手、助教授と進み、ドイツに留学後、大阪大学教授を経て、つい最近、この大津裁判所の刑事部長に就任していた。父瀧川幸辰とはやや異なる経歴をたどったとはいえ、司法界の注目される存在であった。しかし、そんなことはおくびにも出さない、豪放磊落(ごうほうらいらく)な兄貴のような人であった。

酔いがまわってくると、信州大学の授業の教卓にあった「水」の話に落着した。

「信州の水はうまいなあ！」

と、手酌で酒を飲み干した日のことが再現された。蔵のなかは、他の下宿人も一緒になった談笑が続いた。

「あの日の愉快犯は、何人いたんだ！」

と、突(つつ)きあい、笑いは渦になった。

中島は、息子が見てきたであろう瀧川事件の実相を晴雄が語るのを、一度も聞いていない。しかし、「さすが幸辰先生の息子だナ」と感じさせるものを、この蔵の時間に感じ取っていた。――君ら法律家である前に、一人の人間たれ――言葉ではない、酒盛りのなかの分け隔てない交流の眼差しや仕草が語っていた。

瀧川晴雄には、父幸辰のＤＮＡがたしかに受け継がれており、弁護士・中島嘉尚の大津の日の忘れがたい一日一日に、赤い顔をして、豪快に登場した。


中島嘉尚は、１９７５年3月、司法修習を終え、4月から長野県弁護士会に登録する弁護士として、松本の地でスタートを切った。

１９００年代末までは、小笠原稔弁護士と共同で小笠原・中島法律事務所を開設していたが、２０００年からは、共同を解消して単独の事務所経営となった。窓を開ければ松本城が眼前にそびえるビルの2階に事務所があり、その名を「あるぷすの風法律事務所」といった。名づけたのは、中島である。


アルプスの風に吹かれて育った中島嘉尚には、アルプスの風を、育った時のままに吹かせること——それが、生きとし生ける者への人間の義務だという思潮が、波うっている。

中島の弁護活動歴のなかでも、異彩を放つのは、この五竜遠見雪崩訴訟の弁護活動（１９９０年3月〜１９９５年11月）で切り拓いた山岳研修事故の原因糾明と、主催団体に対する国家賠償法による責任追及という分野であった。——中島のこの分野の弁護活動の特長を挙げるならば、次のようになる。
①原告の訴えに徹底して寄りそう。②事故の事実の徹底した検証——自らが現場に足を運ぶばかりか、法廷で判断を下す裁判官を現場に連れ出し、雪山の現場に立って、体感させる現場主義を貫いた。

③山の専門家のなかからキャリアの長さではなく、日々新しい道を拓こうとしている研究者・実践家を探し出し、まず自らが学習し、法廷での証人として組織する。④法廷闘争50％、法廷外闘争50％の信念のもとに、法廷外闘争（署名活動などの支援活動）の組織者であること。――これらの活動が、山岳についてはまったくの素人である中島弁護士に新しい分野を開拓させた眼目である。

長野県主催・高校生冬の野外研修会、五竜遠見雪崩事故への国家賠償請求の結果は、１９９７年２月１日号〝判例時報〟に掲載された。その後の山岳講習会事故の原因解明、責任追及の判例となって注目され続けている。

五竜遠見雪崩事故から11年後（２０００年）の3月、富山県北アルプス劔岳の西に位置する大日岳山頂近くで雪庇（せっぴ）が崩落し、現役の大学生２名が死亡した。文部科学省登山研修所主催の大学山岳部リーダー冬山研修会での事故であった。雪庇の崩落は予見不可能な自然現象として、文科省がこの事故の幕引きをはかろうとした時、死亡大学生の両親（内藤三恭司の父母――内藤悟・万佐代。溝上国秀の父母――溝上不二男・洋子）が、文科省の対応に失望し、事故の真実と原因解明を求めて、遠く離れた長野松本にいる中島嘉尚弁護士を探し出した。

富山地裁で提訴し、「崩落は予見可能――講師の注意義務違反」認定で勝訴した。敗訴した文科省は控訴した。２００７年夏、名古屋高裁金沢支部で控訴審が行なわれ、地裁判決を上まわる条件での和解を成立させた。和解条件として加えられたのは、安全検討委員会（公開）の設置であった。

１９９５年は県と、２００７年には国と対峙し、山岳事故の責任追及という新しい分野を切り拓くことになったのである。

第11章　雪山専門家証言

90年11月22日に雪崩事故が提訴され、93年11月までの丸３年間で、被告側３人、原告側２人の証人尋問が行なわれた。計５人の証人の内訳は、研修会講師２名、研修会受講生（いずれも教員）が３名であった。すべて５人とも研修会に参加したメンバーであり、事故の日の記憶をたぐって、それぞれの体験を証言したのである。

94年に入り、法廷は専門家証言に移った。あらかじめ、双方の推薦する専門家が陳述書を裁判所に提出し、裁判官側が選定するという手順が踏まれた。その結果、原告側から雪崩専門家の中山建生、被告側から文部省登山研修所の柳澤昭夫が選定された。

この専門家二人が、この雪崩事故をあとで知り、検証してみてどういう事故であったと理解したかが述べられることになったのである。2月と4月が中山建生、6月に柳澤昭夫という日程に決まった。目標10万名でスタートした県知事と裁判所への要請署名は、94年1月、5万2000名となった。

1994年2月8日、凍てつく寒気のなか、松本城の裏にある長野地方裁判所松本支部に原告側傍聴人60名が集まった。今日は、中山建生の証言日である。中山は、事故のあと91年に、原告酒井三重の友人、小林浴子に見つけ出され、その後の現地視察会や、裁判官の現場検証で、講師や説明役を引き受けてきた人物である。

中山は横浜からやってきて、証言台に立った。

原告代理人中島弁護士の主尋問に答えて明らかにされた中山の経歴をまとめると次のようであった。

中山は日本大学法学部在学中、山に親しみ、自然保護の運動を続けていた。そんな動機で、勤労者山岳連盟に入り、活動するようになった。1984年末から85年の正月にかけて、中山が所属する神奈川県の勤労者山岳連盟傘下の山の会が、鹿島槍、続いて穂高で雪崩遭難事故を起こした。この時中山は15日間、鹿島槍に捜索活動に入り、その体験を出発点に雪崩事故防止の活動に取り組むようになった。それは神奈川の二つの事故の原因を調べるなかで、登山者がほとんど雪崩についての正しい知識を持っていなかったということを知り、雪崩教育の必要性を痛感したからである。事故の検証・教訓化を通して、全国規模での講習会を主催するようになった。日本雪氷学会の雪崩分科会長で、スイス雪崩研究所で2年間研究員となった、雪の観察経験豊かな新田隆三を主任講師に迎えて、1987

年3月を皮切りに講習会を毎年開いてきた。中央アルプスか北アルプスで、年に１００名前後の社会人受講生を集め、雪崩を防ぐ講習会を開いてきた。第1回はこの事故のあった北アルプス五竜遠見尾根で開催し、のちに中央アルプス宝剣岳ですでに7年の講習実績を持っていた。

この間、１９９３年、アラスカ山岳安全センターの主催する雪崩学校に参加し、実地研修を積んだ。ここには雪崩予報官、マッキンリーのガイドやレスキューの専門家が講師となっており、アメリカで最も進んだ研修会であった。①雪の科学、②雪崩の原因、③事前予知法など、先進的雪崩研究成果を学び、同時に雪上での現場研修で体得した。

93年2月までは、法律事務所に勤務しながら、雪崩調査や教育を続けてきたが、93年3月、職を辞して、雪崩教育に専念しはじめていたのである。

こうした活動を通じて、中山は、「雪崩事故は自然現象のように思われてきたが、実はその8割から9割が人災である」という事実に衝撃を受けていた。

雪氷学会の雪崩部会長である新田隆三のそれまでの、20年にわたる研究成果を吸収し、また中山が登山中に出くわす山の現実を報知して、相互に研究は深まっていった。

62年3月に第1回を立ち上げた雪崩講習会は、新田隆三を主任講師とし、中山建生が主催責任者となって、毎年開かれた。テーマは「雪崩事故を未然に防止するために」である。座学と実地訓練で構成され、中央アルプス千畳敷か、北アルプス五竜遠見支尾根を会場に、毎年１００名の受講生を集め、同時に、講師クラスの人材を育成輩出していた。

雪崩の予知をするには、雪崩のメカニズムを知らねばならぬ。雪崩は積雪層の内部にある弱層が、登山者のラッセルやトラバース（斜面を横切る）などの刺激により壊されて発生する。したがって、その積雪内の弱層（たとえばシモザラメ層）の有無、結合の強弱を、弱層テストによって判定する。これらを中央アルプスや北アルプスの吹雪く斜面で、班ごとに実習した。

雪崩の危険を予知した時、どういう防御の行動をとるか。

もし、仮に雪崩を起こしてしまった時、どういう救助の体制をとるか。

ビーコン（電波受発信器）を使った埋没地点の捜索法、訓練犬による捜索法、スカッフ&コール（雪を掻き分ける&雪面に呼びかける）など人力による捜索法の実習など、雪面に10人1グループになって散り、極めて実践的な講習を続けてきた。

寒風、時には吹雪のなかで、受講生は何度も手で雪を丸く掻き、掻き残った雪の円柱を自分の体のほうに引き寄せ、その剝がれる程度を体感した。「弱層があるか？」「ここは自分たちの歩行に耐えられるか？」を、その体感によって判断する訓練を繰り返した。

雪崩が疑われる時のコースのとり方を現場で討論した。雪の結合がしっかりしていると見てとった時でも、決して多人数で一度にその斜面に入りこまぬこと、人と人との間を20m以上空けること、トラバースなど、決して雪を切らないようなコース取りをすること。参加者は、一人ひとり、全身を使って体感・体得した。

もし、予知かなわずに雪崩に遭った時はと、疑似埋没体験も行なった。深さ70cmの穴を掘り、そこに受講生の一人が鼻と口に手をあてて息道を確保し、上から他のメンバーが雪をかける。受講生は、その体験で雪に埋まった時、身動きの自由がまったく奪われることを知るのである。50㎝の雪をへだて、他のメンバーが呼びかける声がはるか遠くに聞こえ、救出を待つ間に意識が薄れていくことを体験した。その上で、雪崩の走った斜面の末端を、捜索のメンバーはスカッフとコールで探す訓練を行なった。

３日間、座学５分の１、雪面実習５分の４で構成され、体験実習と同時に、雪崩のメカニズムについては、講義のあとペーパーテストも行なわれ、後日採点されて、課題やコメントつきで送り返されてくるといった、極めて実践的で丁寧な指導である。

したがって、この講習会を３日間受けた者は、雪山に入山したら雪の状況を認知することが一番の課題として、身につけていった。

このような雪崩に対する教育を7年で延べ７００人に行なってきた中山建生にとって、松本の雪崩裁判を支える会の小林溶子から電話が入った時、「これは雪崩のことを知らない人が指導したナ」と直観した。

その時から3年間、中山は事故研修会に参加した人々と一緒に、五竜遠見の現場を歩き、植生を含めて無雪期、有雪期の検証を繰り返してきた。

提訴後に招請された中山建生であったが、酒井耕の命を奪った雪崩の発生原因と結果を、くっきりとイメージできるようになっていた。

その日、法廷の証言台で、核心に迫っていく。中島弁護士は、中山建生に問いかけた。

「本件雪崩の発生の形態なんですが、証人がこの雪崩を〝面発生乾雪表層雪崩〟というふうに推定した根拠はなんですか。まず面発生から」

「これは関係者の証言で、上部に破断面を見ていること、ピシッという切れる音を聞いていること。また、私がのちに3月入山し、上部の吹きだまりを目にした時、面発生雪崩が発生しやすい地形だと確認しました」

「表層雪崩という点は、どうなんでしょうか」

「破断面を見ていることと、それから雪崩れる時、同時に全員が足をすくわれたような状態という証言がありました。面発生の時は点発生と違って、面全体がほぼ同時に崩れていく感じで起きるので、表層雪崩だと思います」

事前に提出してあった甲51号証（中山が撮影した現地斜面）を、中島は自分のファイルのなかから見つけ出し、中山証人の証言台の上に開いておいた。

「これは証人が撮影したものですネ」

と念を押した上で、

「本件斜面の地形的条件は？」

と中島は問うた。中山は、次のように答えている。

「ダケカンバ、ブナの木が左右にあって上部に行くにしたがって広がった扇状の地形です。上部には木がなく、部分的にガレ地になり、えぐれています。これは雪が落ちた時に土石流となり流された。斜度は下から32度、40度、一部70度です。無雪期に、この斜面の植生を調べました。笹、タニウツギ、シダという多湿植物が、ガレ地に生えていました。雪をおそくまで蓄えていた斜面ということになります。――甲48号証に、雪崩が発生しやすい地形的な五つの条件を書いておきました。

①谷筋、凹状（カール）斜面

②雪崩頻度の高いのは30～50度

③樹林の密度。樹林が存在しないか、樹林が粗くまたは細い

④笹、茅、草、平たんなガレ場

⑤東南・東向き斜面（ふきだまりの斜面）

無雪期に観察できるこの斜面は、これらの雪崩発生条件を満たしていますから、雪崩が発生することを予想しなければならない斜面であると言えます」

中島弁護士は次に、気象台の出した温度変化表、降雪、風の状況をまとめて出してあった甲20号証を、中山の前に広げた。左に座した一番若い裁判官が、部厚いファイルを手ばやくめくって第20号証を見つけ出し、裁判長の横に広げた。中島は、淡々と核心への質問に移っていった。

「この温度変化、降雪状況表から読みとれる弱層の形成について、どんなことが言えるんでしょうか」

中山は、差し出された表を手で押さえ、そこに視線を落しながら、口を開いた。

「3月11日から15日ぐらいまで比較的温度が高い状態で、この間、降雪ナシですから、雪は沈みます。その後、15日に降りはじめた雪は、夜間の温度下降で放射冷却があって、ざらめに変わります。つまり表面近くに弱層が出来たというように、推定できます」

中島は、弱層形成の答えを引き出した上で、その日の雪崩に質問を移した。

「証人の推定では、本件の雪崩は、どの部分が〝落ちた〟というふうに言えるわけでしょうか」

弱層推定図に目を落としながら「②の弱層か、あるいは③の弱層か断定できませんが、いずれにしても、この弱層部分から上の雪が落ちたというふうに考えられます」

受講生であった赤羽は傍聴席で、このやりとりを聞いていて、〝あの日、自分を埋めこんだ雪崩が、15日の夜には、その滑り面を作っていたのだ〟と思った。事故は18日午後のことである。現場をあとで知った中山建生が次々に解明していく、崩れた雪の原因は明快だった。「2日前には原因は出来ていたのか」と考えていた赤羽の耳に、その時、くっきりと聞こえてきたのは、中山証人の声であった。

「その時、研修会の講師が、雪崩発生のメカニズムを知っていて、弱層テストをすれば、容易にその弱層の存在が確認できたと思います」

さらに中山は続けた。

「弱層テストは雪の円柱を作って、それを手前に引く。すると、積雪内部に弱層があるかないかということと、それから、弱い力で引いて剝がれた場合には、層と層の結合力が弱いと判定できるのです」

「事前の調査を含め、本件現場での講師の判断を、証人はどう思われますか」

という中島の問いに対して、中山は明瞭に、しかし、淡々と答えた。要約すると次のようになる。

①無雪期になんの調査もしていない。

②雪崩の原因である弱層が出来る過程、1週間から10日ぐらいの気象条件の変化を見ていない。

③現場で弱層があるかないかのテストをしていない。

の3点をあげて、当日の講師には雪崩判断の基礎がなかったことを指摘した。

「3日間の天気図作成、雪を握ってみる、掘ってみるなど、当日の講師のやったことは、どれも断片的で、雪崩を予知する行動とはなりえないと思います」

と、締めくくった。

信州にも、一足遅い花の季節がやってきた。やっと蕾のほころんだ桜が、風に揺れている。

4月中旬、中山に対する2回目の証人尋問が開かれた。中島弁護士の主尋問の続きがはじまった。

事前に提出されていた甲20号証を、中島は中山の証言台の上においた。中島は、

「あなたは、雪崩を誘発する行為、誘因する引き金行為について、三つ書いていますね」

と前おきして、読み上げはじめた。

①同一斜面に多人数を一時に進入させる行為

②ワカンジキによって広範囲に刺激を与える行為

③多人数でワカン歩行をして、ピッケル等により雪の掻き落とし行為をし、雪の斜面を分断するに等しい行為

「あなたが書いたこの三つの行為が、なぜ雪崩の引き金になるのか説明してほしいんですが……」

と中島は甲53号証の図面を広げて、

「この図面で説明してください」

と呼びかけた。中山は、淡々と答えた。

「登行者が6人横一列になり、積雪斜面に入り込んでワカン歩行し、支え合っている雪のバランスを

崩したわけです。それも単なる歩行ではなく、もがくように、ピッケルや手で雪を掻き落とし、積雪内部の弱層を破壊した。その力は、上部のストレスの強い（上下に引っ張られる力が働く）ところまで伝播していった。そして破断部から下の雪面が、崩落、滑り面を境にして表層の雪をずり落とす〟面発生表層雪崩〟となったわけです。――このような行動の指示を行なった講師は、雪崩を誘発させたという点で、大きな落ち度があったというように判断しました」

「ワカンにより広範囲な刺激を与えることが、雪崩の誘因行為になる」ということは文部省のテキストにも記載され戒（いまし）められている、と念をおした。

中島は、46・47号証を示した。それは、中山が数年かけて作成した雪崩発生地点地図であった。中島の問いに答えて、中山がこの地図の作成動機とそのプロセスを語りはじめた。それは、次のような内容だった。

85年、中山の所属する神奈川の勤労者山岳連盟の所属の会が、穂高と鹿島槍で雪崩事故を起こし、その原因分析の過程で、実際、過去にどこで雪崩が発生しているかの調査に着手した。３５０件の事故のなかで50件余の関係者に面接してその概要の聞き取り調査を続け、分析を加えた。

①雪崩が頻発している地点は、かなり限定されており、過去に何度も起きている。

②冬山10年、あるいは海外登山経験を重ねた人たちも、雪崩のメカニズムをほとんど知らず、無知に近かった。その人々は、雪崩の勉強の必要性を感じていた。

③雪崩事故の原因は、自然現象ではなく、その9割近くが、登山者の側になんらかの落ち度がある

と推定できた。

中山は、以上のような経験を一気に語り、ふっと深呼吸して、コップの水を飲んだ。

被告側からの反対尋問に移った。竹内弁護士は、中山に向かって三つのことをぶつけた。

「ちょっと話は変わりますが、失礼かもしれませんが、今、ボランティアだということは無給ですか。給料はどこからか出ないんですか」

「今年の1月のアラスカ山岳安全センターの研修は、3日間だけですね」

「中山さんの出身学校は、日大法学部ということですが、大学などの研究機関で、雪と氷について研究されたというご経歴はあるんですか」

そのどれも、言外に〝あなたの専門性には権威がない〟という印象をつくるものであった。その上で、

「日本では最近、雪の円柱での弱層テストによる判断というのは非常にむずかしい、もっと端的に言えばあまり役に立たない」

「神戸みなと勤労者山岳会の八ヶ岳中岳沢事故の際は、弱層テストをして弱層があると見た上で、引き返さないで進んでいますね」と、聞くというより〝弱層テストの結果をあまり重んじないのが、実は山岳界だ〟という印象を与えるための発言を続けているように見える。

中山は、それらに対して激することなく答えている。〝雪崩発生のメカニズムとか、弱層テストの本来の意味がよく理解されていない結果、役に立たないなどと短絡してしまうのだ。提唱者の新田先生

も、もっと雪崩発生のメカニズムや危険を総合的に点検分析する力をつけようと指導している〟と結んだ。

竹内弁護士は、研修会講師への中山による批判の核心へ反論するということもなく、反対尋問を終わった。

ここで原告側弁護人が竹内弁護士に反対尋問で踏み荒された弱層テスト問題の整理にかかった。

「弱層テストを行なう場合には、まず弱層を観察することが目的ですね」

「弱層を正確に見るには、この時の講師のように、雪洞をスコップで掘ってみるということで出来るんでしょうか」

と問い、

「非常にむずかしいという風に判断しております」

という中山の答えを引き出した。中島はさらに問いかけ、中山の答えが続いた。

「さっきの反対尋問での答えがはっきりしなかったんですが、弱層テストによって判定できないということではないですね」

「習熟すれば判定できるということです」

「先ほど、被告代理人のほうから、弱層テストというのは、もう時代遅れだというようなニュアンスの質問がありましたが、そうなんですか？」

「いいえ、違います。これはアメリカでもヨーロッパでも、スキーヤーに対しても、登山者に対しても、極めて一所懸命に、弱層や雪の安定度を知るテスト方法として教えられています」

さっきからメモをとりながら聞いていた裁判長が、身を乗り出して聞いた。

「本件のような講習を行なう場合に、主催者は普通無雪期にも、どんな山の状態かを調査するんですか」

中山はきっぱりと答えた。

「私どもは研修でいろんな山を使いますが、必ず、無雪期の状態を調査します」

さらに裁判長から踏み込んだ問いが発せられた。

「弱層のあるところは多いでしょうけど、結合の度合いによって、これならば大丈夫とか、あるいは危険だとか、そういう判断の違いはあるんですか」

答えはさらに専門性を増した。

「結合の評価は、国際的には5段階、私どもは3段階でしています。その度合いの判断がつけば、ルート変更しながら、雪崩を誘発しないよう、指導しています。雪崩の危険があるというだけで段階の判断がつかなければ、登山行為を中止するよう指導します」

裁判長は、中山にむかって念を押した。

「結合の度合いは、すぐ引っ張れるか、それとも簡単には引っ張れないとか、そういうことで決めるわけですね」

「そうです。力の入れ具合によって、雪の層の剝離（はくり）の程度が変わります。慣れてくると常に一定の力で引くようになります。その力で剝がれなければ、ある程度安定しているとか、あるいは結合が弱いとか、その区別がつくようになるのです」

中山が言い終えると、裁判長は、納得の表情を見せた。

中山証言を前にして、支える会で打合せをした時、中島弁護士は重要なポイントを提出していた。「あまり専門的な方向に走ってしまうと、雪崩の学問的分野が確立されていないことを被告側は膨らませて、〝やっぱり雪崩は不可抗力〟という結論に持ちこまれることを警戒しなきゃあいけない」

「大学院生の教科書ではなく、高校生程度の教科書で勝負だな。研修会の主催者側は、ごく一般的な冬山の常識すら守らずに雪崩を誘発したというところを裁判官に一番理解させなきゃあね」

このような申し合わせにもかかわらず話が微妙に専門化したのは、裁判官が、雪崩の予知は可能かに照準を合わせて踏み込んだからであった。素人でも「聞いてみたくなる」問いではあった。中山証人の2回にわたる尋問は、このようにして閉じられた。

雪崩裁判は、終盤に差しかかった。梅雨入りも近い松本城を通り抜けて、裁判所に多くの人々が集まってきた。原告側傍聴人は56名、被告側は4、5名である。6月7日は被告側選定の証人・柳澤昭夫への尋問法廷である。柳澤は、文部省登山研修所専門職員で、通常は富山県にある文部省登山研修所に詰めている。もともとは、長野県の池田町の出身で、長野県本郷高等学校教諭であった。文登研に移ってからも、長野県山岳協会の役員をしており、宮本講師とは同じ役員同士で、旧知の仲であった。

前もって裁判所に提出されていた意見書の記述と、竹内弁護士による主尋問で明らかになった柳澤の登山歴は、次のように要約できる。

柳澤昭夫は昭和33年信州大学入学時（18歳）から、五竜岳へ入山してきた。学生時代は4年間、冬は約20日間、旧遠見小屋で、夏は20日間、五竜小屋でアルバイトをしてきた。したがって、その時以来、五竜岳へは、積雪期に20回以上登頂しており、事故現場の状況については熟知していることが披瀝された。

文部省（現文部科学省）登山研修所の専門職員となったのは１９７３年１月である。この研修所は富山県中新川郡立山町芦峅寺（あしくらじ）に事務所があり、４月末から10月初旬にかけて、北アルプス劔沢小屋の隣の夏山前進基地に詰めていた。

文部省（現文部科学省）登山研修所は、通常「文登研（ぶんとけん）」と略して呼び習わされている。その文登研は、登山の指導者の養成を目的に昭和42年に設置された。そのなかで柳澤昭夫は、登山研修会、講習会の企画、運営、指導を担当し、それに加えて登山に関する調査・研究をやってきた。最近は、登山に関する運動生理学的調査・研究に踏みこんでいた。主催する研修会、講習会は、次の四つに対象を分けていた。

①大学山岳部のリーダー
②一般社会人山岳会のリーダー
③高校、専門学校の山岳部顧問の先生
④遭難救助にあたる組織の指導者

これ等を対象として、

①岩登り技術・夏山技術
②雪上技術・冬山登山の技術
③遭難救助の技術
を講習し、冬山登山のなかでは、雪崩対策を講じてきた。しかし、文登研には雪崩の専門家はおらず、雪氷学の研究者である新田隆三（当時農林省防災研究所）と、川田邦夫（富山大）へ応援を求めていたことが明らかとなった。


法廷は満席の傍聴人の耳目を集めて、どんな証言が出てくるのかと息をこらしていた。被告側弁護人竹内は、2カ月前に行なわれた〝中山証言の雪崩メカニズムは正当なのか〟を柳澤証人に向かってたしかめるところからはじめた。具体的には、「雪崩は積雪内部に出来た弱層が原因となり、表層雪崩が起こる」と言われているが、その証言は正しいかと尋ねた。柳澤は、正否については正面からは答えずに、中山証言とほぼ同然のことを、次のように繰り返した。

「私は、やっぱり、雪と雪との結合力の弱い層を、一般的に登山者の間で弱層と言っているんですが、その形成された弱層から上の雪が崩れ落ちる、これが表層雪崩と考えてもいいんじゃないかと思っております」

次に竹内は、雪崩の危険予知法について尋ねた。

「雪崩発生の危険性を判断するには、具体的にどういう方法を取るのでしょうか」

この問いにも柳澤は、延々と陳述している。

「やっぱり、登山というスポーツは、結構経験がモノを言いまして、科学的に解明されていないならば、大事なのは、経験と言われるもののなかにある感覚的要素なんですね。――その人が経験したこんな時はあぶないなという経験の積み重ねによって蓄積した感覚的要素というものを、雪崩判断の大事にしたい要因だと思っています。理屈だけでは解明されないところがありますから……」

と口火を切り、〝雪に触れてみたり、握ってみたり、積もった雪の観察〟など、講師たちの事故当日の行動に照らして解読した。

柳澤は「どちらかというと、弱層テストは、決め手にはならない」という主張を固守した。

「弱層のない層はない」

「弱層を見つけることとは、雪崩の危険性を判断する条件にはなっても、決め手にはならない」

「弱層テストをやって、登山者のなかでどのくらいの人がこの斜面は雪崩が発生するかしないかの予測を立てられるかと言えば、私は疑問に思います」

「弱層があるから、ないところよりは、雪崩が発生しやすいですネ。その程度しか言えないですネ」

傍聴席を埋めていた文部省テキストの読者は、次々に繰り出される弱層テストへの低い評価に、「オットトト！」と声を出しかけた。文部省が執筆公開しているテキストの記述まで反故にしかねない発言である。

その上で、宮本講師らが行なった当日の雪の調査法である「雪上を歩く、踏みつける、手で雪を握る」を、妥当だと言い切った。

竹内は、さらに柳澤に向かって聞いた。

「ワカン訓練のやり方ですが、横一列で登らせたこと、それから多人数を同時に入れたこと。これは研修の方法としてまずいんだと言われていますが……どうでしょう？」

「ワカンの訓練という時には、横一列に並んで、上へ上がっていく訓練法が普通です。雪崩の危険性があると危惧しないところだったら、横一列に並んでやると思います」

柳澤の証言をまとめると、講師は〝雪を踏みつける、手で握るなどの調査法で、その雪面は雪崩の危険ナシと判断した〟のだから、横並び登攀は正しかったと、明言したことになった。

「そう言い切るのならば、この雪崩の原因はなんだったと言うのか？」

「当日の雪崩は、予期できない不可抗力の雪崩と判定するのか？」

「当日の雪崩は、人的刺激に関係のない、自然現象なのか？」

という、いくつもの疑問が湧いて出た。

それらの疑問をひとまとめにして、原告代理人中島が立ちあがった。中島は、事前に提出されていた柳澤の意見書をかざしながら質問した。

「この意見書の、証人の肩書きに、〝文部省登山研修所・専門職員〟というふうに書いてありますが、この意見書を、文部省登山研修所専門職員の立場として書かれたんですか、それとも個人的な立場として？」

柳澤は、ポツリと答えた。

「個人的な登山者としての立場で……」

証人の岳人としての公的権威は取り下げられてしまった。

さらに問い質した。

「証人が、今まで書いて発表したものは、山スキー、登攀技術、ルートファインディングというもので、雪崩に関しての専門研究文献の発表はないわけですネ」

という質問に、柳澤は、

「ハイ」

と答えた。

「文登研での雪崩に関する専門的研究というものは、外部講師によって行なわれているということで、よろしいんですネ」

「はい」

このやり取りで、雪崩の研究は民間が先行していること、「文登研」は雪崩の専門家が不在であることが、結果として、被告側証人によって裏付けられた。

中島は、測量士に測ってもらった事故現場の測量図を広げた。

「甲第50号証の1の測量図によりますと、下のほうが斜度30度、上のほうは42度、さらにその上が49度です」

柳澤証人はうなずいた。

「あなた方文登研が作成された〝高みへのステップ〟のなかに、〝雪崩の出やすい傾斜はおよそ35度から50度ぐらいである。30度ぐらいの場合もありうる〟と書いてありますネ」

と問いかけ、柳澤の

「はい」

を3度引き出した。

「数日間の天候の変化、その地の斜度、当日の雪の具合など、総合的に判断して雪崩が発生するかどうか考えるわけでしょう」

と、中島は続け、柳澤をまたうなずかせた。しかし、柳澤はその後すぐに反論をはじめている。

「そういうことを言われるとむずかしいんですが、合理的に、たとえば知識とか理論で、雪崩の発生が説明できないところがあるんですね。それをわかっていただきたいんですが――私の場合だったら、傾斜がどうか、総合的に判断してるというんじゃなくて、むしろ経験とか山勘とかという形で言われるかもしれませんが、それに頼る部分も非常に多いということは、正直言ってあります」

中島は、ここが柳澤証人の最大の背理（はいり）だとばかりに、珍しく声を大にした。

「しかし〝高みへのステップ〟では、そういうことを調べて、総合的に判断しなさいと言ってるんじゃないですか。そうじゃなかったら、経験と勘だけで結構だと書けばいいわけで、そういうことを調べて――それは最後、経験と勘はありますよ。私も経験と勘を否定しているわけじゃありませんよ。しかし、経験と勘だけがすべてじゃないでしょう」

柳澤の答えは、また

「はい」

に変わった。

柳澤が、文登研の一員として公表してきた弱層テストや他の指針まで否定して、宮本をかばい続けるのはなぜだろうと、傍聴人たちは訝っていた。

中島弁護士は測量図を広げ、やや調子を変え、別の角度から問い詰めた。測量図の上部を指さして質問した。

「この部分には、しゃもじ型に土がえぐれて木がないんです。ここに西から風が吹いてきて雪が吹きだまるような状況――やはりあぶないということを疑うべきじゃなかったんですか」

この問いかけに対して、調書によると、

「……」

と表記されている。柳澤の沈黙がはじまっている。

「どうでしょう。――木がないし、上のほうは、49度から50度ある。まんなかも40度。それから、西から風が吹いてきて雪が吹きだまる。前の日は西風です。やはり疑うべき条件じゃなかったんですか。あなたは、99％なくても1％疑いがあれば避けるとおっしゃったんですが、1％以上の疑いがあったんじゃないでしょうか。どうでしょうか？」

「長くこの付近を通ったり登山したりしている限り、この部分で雪崩の可能性があるとは、あまり思わないですね」

と、柳澤は突っぱねた。〝えっ〟という声で、中島が、

「思わない？」「思わないですか」

と重ねた。それに柳澤が答えた。

「はい、見たこともないし、あまり心配しないと思います」

なぜ雪崩の可能性を疑わないのかの追及に対して、押し問答が続いた。

「現場をその時見てないので、なんとも言えない」

と、柳澤は言った。

「なんとも言えないと、あなたがおっしゃるなら、雷崩をまったく疑うべき状態でなかったとは断定できないでしょう」

と、問い詰めた。それに対し、柳澤は、

「みんな心のなかで疑ってるんですよね。疑ってます！」

と口走った。

「そうすると、心のなかで疑っていると言うならば、やはり先ほどおっしゃったように、弱層テストをする必要があったんじゃないですか」

また、沈黙になった。中島がそれを埋めた。

「弱層テストは有効な方法でしょう。雪崩の条件になる弱層を見る判断として有効なんでしょう？おっしゃいましたね？」「弱層テストをやったらよかったんじゃないですか？」

「はい」

遂に
「いいでしょうね」

と認めた。――中島は、ゆっくりと自分の席にもどり、裁判官のほうに、「こういう次第です」というような顔を向けた。その上で、次の質問に移った。

「この斜面を、大勢で登ったということに関してですが、横一列に並んで登っていったわけですよね」

「はい」

「登っていくと、どんどん上から崩れてくるという状態で、次から次へ雪がくるのをもがくようにして登っていったと。それからピッケルで雪をはぎとるようにして登っていったと。こういう証言が出ておるんですけれども、これはお読みになりましたか」

「はい」

「こういう登り方は、こういう斜面においては、やはり、雪崩を誘発する危険性があったんではないでしょうか。慎重にすべきだったたんじゃないでしょうか」

柳澤の証言、それに続く中島の問いが、以下のように続いた。

「通常私たち、冬山へ行ってラッセルする時は、今言ったように崩れてくる雪をピッケルで掻き落として、踏み固めて、そういう登り方をして山へ登っていくわけです。研修会の時は、横に並んでラッセル訓練することもいっぱいあります」

「上にも木のない斜面、40数度の斜面である。その下で、そういう行為をするということについては、やはりちょっと慎重さが欠けていたと、雪崩の誘発原因になったという評価は出来ませんか」

こう言いながら中島は再び立ちあがり、近づいてきて、柳澤証人の机上に測量図を置き、上部を指さした。

「ここがシャモジの首地形。上には大きな木は生えていない。しかも40数度の斜面」「そういう状態では、やはり誘発原因、雪崩の引き金を与えたということも考えられるんじゃないでしょうか。どうでしょうか」

「それはわかりません。普通ラッセルというと、大体そういう状態で登るのを、ラッセル訓練というんです」

と、柳澤は応酬した。中島は、平然と問いかけ続けた。

「文部省の文登研が出しているテキストに、一度に大勢登るなと、雪面に刺激を与えるなと、そういうことを言っているわけでしょう。本件研修会での横一列のもがきながらの登り方は、文部省がやってはいけないと言っていることに該当するんじゃないでしょうか」

柳澤は、事情が違うと言った。

「それは、雪崩の発生を危惧するところでは絶対やっちゃあいけないことだと思いますよ。でも発生を危惧してなければ、通常やる訓練だと思います」

中島は、次のように詰めた。

「まったく平らなところでやるんならいいですよ。だけど、上に急な、木のない斜面があって、その下で、そういう行為をすることは、雪崩を呼び起こす行為。やるべきじゃなかったんじゃないですか」

驚くべきことに、柳澤の答えは、

「私は、その場に居合わせないので、わからないですね」

だった。証言として破綻してしまった。

こうして、柳澤証言は、被告側ではなく原告側の主張を補強する言葉となった。

そこで原告代理人上條弁護士が代わって立った。プライベートな登山と講習会での安全への配慮の違いなどが聞かれた。

再び中島弁護士が立った。乙第30号証（柳澤の意見書）を手に持って、口を開いた。

「あなたの意見書の6ページに、〝講師の判断方法に誤りはありますか〟という問いに答えて、〝雪崩が発生しているのであるから、判断の結果は誤ったというほかないが、判断の方法や基準を誤ったとは言えない〟と書いてあるのはどういうことなんですか——見方が甘かったんでしょう。結論から言えば……」

と、たたみ込まれて

「そうでしょうネ。その日はネ」

と、柳澤はつぶやいた。

じっと両者のやりとりを聞いていた裁判官が、その時、風向きとか現地に立った時に感じた斜度とかを問いはじめた。

「あなたの意見書のなかに、新雪と旧雪のなじみ具合が重要だから、雪の上を歩くなどの方法で、どのぐらいなじんでいるか判断するんだというふうに書いておられるんですけれども、——いろんな場合があるでしょうから、歩いただけではなじみ具合がわかる時もあるでしょうが、わからない場合もあるわけでしょう」

「あります」

「ですから、その場合には、ただ歩くだけではわからないということは言えるんじゃないですか。もう少し他の方法をとるんじゃないですか」

「そうですネ。そういうこともあり得ると思います」

「あり得るというか、弱層テストなど、するんじゃないですか」

裁判長の追加質問に柳澤は浮き足立った。

「しますよ。僕らもしますけど、四六時中できるんじゃなくて、あぶないと思うところではします」

答えは、揺れ動いて、ところどころ、原告の主張に同意を与えることになった。


その後、県側は、宮本講師を弁護する証人の追加申請を行なった。証人は、日本山岳界の陰の大物と称されている愛知学院大学法学部教授の湯浅道男である。

しかし長野地方裁判所松本支部は、これを却下した。

私は湯浅道男の意見書を入手した。

「宮本リーダーの判断も決して安全配慮義務を欠いた行動とは言えない」

と前置きした上で、次のように論述している。

「真摯なリーダーであればあるほど、〝はじめに国家賠償法ありき〟的思考でリーダーの過失責任または安全配慮義務違反を問うべきではない、と考えた次第である。とりわけ、宮本班はすべて判断能力をもった成人だからであり、〝学校事故型〟法理ではなく〝危険引受型〟法理に立って、正面からその責任の所在を明確に論ずべきだと思われるからである」

この意見書での湯浅は、証人ではなく裁判官になってしまった。証人の領分を越えてしまったのである。原告側の人々は、この意見書を見て、

「湯浅道男は、これでは証人に採用されないに違いない」

と、囁きあっていたという。


「山の事故は自己責任」は、被告側の主張の根幹にあるようだ。

私が取材をはじめた早い時期に、研修会企画責任者で、当日講師を務めた藤松太一に長時間、話を聞いた。五竜遠見尾根雪崩の起こった1班のとなりのコースを登行中、藤松は、「ピシッ」という、雪崩のはじまりの音を聞いていた。すぐにデブリにかけつけ、救出作業を展開した全容を話してくれた。救出作業は、裁判で包みかくさず述べたし、報告書に書いたと、率直に語ってくれた。その後に起きた多くの雪崩事故報告書では、ややもするとかすみがちな「登行の状況」は、明朗に書かれており、この登行図が、この事故の後々の検証の基になったことを述べておこう。

その上で藤松は「山は自己責任で登るだ」「成人になったものは、事故の結果を引き受ける責任あり」とつぶやいた。私が「この場合、講習会だから、それは成り立たないんじゃないですか」と疑問をはさんだ。すると、「この頃は、事故の結果もすぐ裁判に訴えるから、いつまでたっても強くならない！」と少し声を大きくした。

湯浅道男の意見書と同じ立場である。「自己責任」ということで雪崩発生原因が追及されずにきた長い歴史の線上に立っている岳人に、この裁判は、疑問を投げかけたと言えよう。

裁判は、被告である県側証人の主な審問が終わり、原告側証人が法廷に立つ頃となると、「どんな反証が繰り広げられるか」と一般の人々の法廷への耳目も集まっていった。同時に法廷と法廷外闘争の山場を迎えるのである。

第12章　18万筆の署名

1993年からスタートした署名活動は、はじめは雨垂れの一滴であったが、やがて、大河のような奔流をつくっていき、長野県庁へ、裁判所へと注がれることになっていく。

1993年3月、21名の参加で、支援する会としてはじめての現地視察会を行なった。ひと月後の4月28日、松本勤労福祉センターで、支援する会役員会が開かれた。集まったのは、芦沢、草間、西牧、赤羽、小林、島崎、酒井三重、慶、その妻裕子、三重の兄の松田。

ひと月前、雪上に立った興奮を思い起こして、切り立った雪崩斜面に圧倒されたことなどを、誰言うともなく口々に話していた。

夕方6時半をまわった頃、中島弁護士が入ってきた。「足が二日あとにパンパンになって痛くなったサ」と太腿（ふともも）をたたいてみせた。

間もなく草間事務局長の司会で、会は、はじめられた。中島はあらたまって口を開いた。

「ちょっと、ここらで、今までを振り返ってみようか。――私はネ、現地に立つのはこの前で6回目なんだ。行く度に発見が、新しい発見があるんだネ。2回目に行った時の、その発見をみんなのものにするために、この現場を、客観的データにする必要があると思った――それが我々の作った測量図だネ。それを武器にして、裁判官を、雪の現地に立たせた。新しいメンバーを結集した支援する会も、先月21名で現地に立ち、それぞれが身をもって、酒井先生の登行を追体験した。参加者の胸に〝こんな危険な場所、方法でなぜ行なわれたのか〟という感想が湧き上がってきた。――そして今、我々は第2段階を迎えていると思うんだ。この裁判を勝ち抜くには、現場の真実を明らかにすることがまず第1ネ。もう一つ大事なことは、この裁判をおざなりに結論させないために、裁判の傍聴人を増やさなければならないんだよ」

その時、いつも裁判所で受付を担当している小林が声を発した。

「だって先生、傍聴人は、最大で54名でしょう」

「たしかに、裁判の法廷はそういう制限がある。でもネ、これからは第2の傍聴人をどれだけ増やせるかに、かかっているんだヨ」

再び声が挙がった。

「第2の傍聴人って？」

「署名をしてくれた人は、第2の傍聴人だヨ。多くの個人の、公正な裁判をしてほしいという声を集めることだ。被告である長野県知事に、再発防止策をとれという声を集めることだ。この署名が、万単位で集まれば、必ず力になる。まずは10万の署名をめざそうじゃないか」

「そうだ、署名をしてくれる個人と組織を、みんなで洗い出そう」

集まったメンバーの瞳が、凜々しくなってきた。が一方で、1、2名を除いて署名活動をした経験はなかったので、「10万とは、目くらむほどの数字だ」と、それぞれの胸中で思い描いた。まず手はじめに、署名用紙を2000部作成した。

5月18日、長野県高教組に、中島、赤羽、西牧、三重に、耕の父の友人を加えて訪問することになった。裁判所と県への2000枚の署名用紙を1000枚ずつに分けて、赤羽は背負子にくくりつけ、三重はザックに詰めて背負った。

長野市の高教組に正式に申し入れるのだから、「何を着ていったらよいか」と、あらためて考え、三重は、ややフォーマルなスーツを買った。しかし1000枚の紙の重量がズッシリと肩にくいこみ、列車に乗りながら泣き笑いの顔になった。

「人が見たら、きっと、スーツに重いザックの取り合わせ、吹き出すだろうナ」

と頭をかすめた。

高教組では、林書記次長が「はい、わかりました」と受け取り、緊張したわりにはあっけなく終わった。

ひと月後の6月24日、高教組に署名の進行状況を訊ねる電話を入れたが、結果は要領を得なかった。

7月1日の支援する会役員会で署名の一時集約を行なったが、ほとんど個人で集めた署名で、一人が知人から20～30という程度であった。集まったメンバーは、それを見て「組織への依頼」を強調した

「国民救援会」「高教組」「県教組」「民商」「借地借家組合」

次々に名があがり、担当が決まった時、中島弁護士が口を開いた。

「大所帯の組織は魅力的だよネ。でもネ、意外と大所帯のかかえた人数ほどには期待できないものだよ。組織のなかの個人に、この裁判の魂をわかってもらい、火を燃やしてもらうことが、実は一番大事なんだね」

92年12月に支援する会の会長となった芦沢直人は、93年に入ってからもそれまでと同様に裁判を傍聴し、五竜遠見の雪崩現場に、会メンバーと共に足を運んでは、支える活動に明け暮れていた。そして、用紙を作成し、各所に配って署名活動をスタートさせたのは93年4月であった。

裁判所と県知事あての署名をよびかけるチラシには、支援する会会長、芦沢直人名で次のような呼びかけが載り、各地に配られていった。

> 故酒井先生は本当にお母さん思いで、やっとひとり立ちし、これからお母さんの面倒をみると張り切っていた矢先だけに、冷たい雪のなかで助けを呼んでいたと思うとなんともやりきれない気持ちです。

再び悲惨な雪崩事故を起こさないために一人でも多くの署名をお願いします。
雪崩裁判を支援する会
会長　芦沢直人

この署名用紙が県内各所に下りていったと思われる頃、東京電力株式会社の下請会社である東栄工業株式会社の社長である芦沢直人のもとに、かつての上司から2度ほど電話が入った。

「東電は県に世話になっている。その県を訴える裁判の先頭に、君に立たれると困るんだ。会長を降りてくれないかネ！　僕らはそう願っているけどネ。それは、君の意志だから――でも、よく考えてみて――」

芦沢は、「やっぱり来たか」と思った。

その夜、妻と話し合った。

「酒井延俟とは、ほんとうに親しい同僚だった。その息子の耕の成長を、小さい時から僕は見守ってきたんだ。同じ息子を持つ親として見捨てるわけにはいかない」

と、かつての上司からの申し入れを、返上した。

93年夏、本格的な日射しが照りつけはじめた頃、東栄工業の社長室に、突然、男が訪ねてきて、名刺を差し出した。

〝長野県教育委員会　体育課長　　小林公喜〞

と書かれていた。

「芦沢直人さんですネ」「木曽まで来たんで、ちょっと、ご挨拶に寄らせてもらいました」に続いて、今年の夏の暑さのたわいもない世間話の間に間に、「酒井さんとはどういう関係か」とか、「酒井耕さんには会ったことがあったのか」とか、その類（たぐい）のことをさしはさんで尋ねてきた。芦沢が支える会の会長であることを知り、様子を探り探りプレッシャーをかけにやってきたらしい。

直人の心は、揺れなかった。

「私は、この3月、雪の現地へ行きました。こんなきつい傾斜のところでなぜ訓練したかという怒りが湧き上がってきましたヨ。あなたも一度、五竜遠見に行ってみられるといい！」

小林は、15分で退散した。

芦沢直人は、57歳で東電多摩支店の課長を最後に定年となり、１００％東電が出資している会社の社長になり、順調な経営を続けていた。東栄工業は松本空港に近い松本市今井にあった。仕事の３分の2は東電の委託業務である。あとの３分の１は、請負工事であった。これは、東電が指名した関連会社、協力会社、民間会社が見積を出し、入札競合して工事を取ってくるのである。この請負工事は、年により多少の出入りはあったものの、まず３分の１には達していた。ところが、気がつくと、夏頃からこの３分の１を占める請負工事に、声がかからなくなっていた。それでも暑いうちは、入札準備が遅れているのかと思っていたが、秋になり晩秋になっても音沙汰がなかった。これは死活問題であった。

委託業務は年間で受けているので、これには変化はなかった。委託業務は長野県下の水力発電所の守備で、梓川水系の梓川制御所、高瀬川水系の高瀬川制御所、犀（さい）川水系の犀川制御所の水力発電の保守、守備と、新信濃変電所の機器管理、運転管理をまかされていた。しかし委託業務は全業務の3分の2で、これだけでは総勢45名の従業員は食っていけない。社長である芦沢には、給料を社員に遅滞（ちたい）なく支給する責任がある。次第に資金繰りが苦しくなってきた。秋深くなった頃から、今まで下請けに出していた年間の発電所機器管理を、すべて自社で行なうよう引きあげて切り抜ける策を講じた。

その策を講じはじめた頃、それを見透かすように、先輩である東電の使者が二人、芦沢のもとにやってきた。一人が

「会長やめたらどうか」

と口を開いた。芦沢は

「県が何か言ってきたのか」

と問い返した。

「いや、東電として知らん顔をしとっちゃあいかんということで」

と、使者は、会社の自主的判断をにおわせた。

「君の意志で選ぶべきだ」

あとの一人は

「やめたほうがいいじゃん！」

と言葉をかけ、そのあと、3人は息詰まる沈黙を続けた。

帰宅した直人は、妻に話した。

「裁判続けていくには、会社やめてもいいナ」

と、つぶやいた。ややあって、直人は自問自答しながら続けた。

「途中で会長が変わると、裁判所に弱腰と見られ、影響が出るナ」「まじめに委託業務やってれば、これ以上迫らないだろう」

「裁判が松本にいる間は、やり切ろう」と逡巡を切り上げた。

被告側証人の中心人物、宮本義彦（研修会主任講師）の反対尋問の法廷でのことである。「雪崩は、不可抗力な自然現象」と言い続ける宮本の声を聞きながら、「死んだのが自分の息子だということもあり得たのだ」という思いがあふれて、涙が出てきたという。あれこれ言う宮本の声が続いた時、芦沢直人はとうとう怒鳴ってしまう。

「正直に答えろ！」

裁判長が

「静粛に願います」

と口を開いたと同時だった。妻玲子の手が伸び、夫の腰をつねった。玲子は夫が、親会社から仕事を半分干されてもなお正義に燃えて真剣勝負している高揚を、今までじっと受けとめていた。その一つねりは、「お父さん、冷静に難局を乗り切りましょう」のサインだった。

玲子は、「この裁判は、松本にあるうちに勝たなくっちゃ」とつぶやいた。そのために、署名の自分の目標を1万と決めた。玲子自身の出身校である蟻ケ崎高校の卒業生名簿に着目し、その高校の先生が、生徒と共に出かけた研修会で雪崩に遭い死んだ事実を語りかける手紙を書いた。これを手はじめに、子どもたちの小・中・高校の同級生にも及んだ。親類、友人と次第に広げていったが、それでも3000人を集めるのに、一汗も二汗もかいた。考えられる限りの知人・縁者を数えてみたが、それも種が尽きてきた。玲子は、「知らない人に声を掛けて知ってもらわなければ、この裁判は勝てない！」と意を決した。自宅に近い塩尻の商店街、面識のない住宅街を1軒1軒まわりはじめた。

「奥さん、4年前に松本蟻ヶ崎高校の先生が、雪山講習会で雪崩に遭って亡くなったの、憶えていらっしゃいます？」

と語りかけ、

「雪崩って、自然に雪が融けて落ちてきたから、運が悪かったんだと思っていたけど、よく裁判でのやり取りを聞いていると、訓練方法が悪くて雪崩を起こしてしまったということがわかってきて、――私、裁判官に公正な判決下していただこうと、署名をお願いしてまわっているんです」

一人ひとりに対面し、語りかけた。迷う人の前からは、サッと引いた。県関係の仕事をしている人は渋った。腰が引けるのである。長野県政がつくってきた長年の〝つるみの構造〟を覗いた気がした。県政に組み込まれた人々は、個性を眠り込ませるように習慣化されていることが感じとれた。

学校関係の人は、二手に分かれた。

「それは、僕らの明日の問題ですネ」と5枚、10枚、預かってくれる人がいる一方、

「それはむずかしい裁判で……うちの主人は今度、教頭試験受けるで、名が出るとまずいでネ」「娘婿が県の職員だで、名は出されん！」

という人たちも多かった。玲子は、そういう家では粘らずに、気持ちを切り換えながら外へ出た。落ち込みながらも、このまま終らせるわけにいかないと、次の家に入り、訴えた。すると、

「うちの息子や娘が巻き込まれることだってあり得るわネ。そのお母さんは、何人お子さんがあるの？」

と問いかけられ、酒井三重が、二人の息子が中学生の頃から女手一つで育てあげた直後の事故だったことに話が及んだ。その後、

「奥さん、どれだけ出来るかわからないけど、私には関心を持ってくれそうな知り合いがいるから、5枚でも預っておきましょうか」

玲子は涙が出るほどうれしかったという。

玲子の友人の場合は、次第に「苦労して育てた息子さん――雪崩事故で命落す――その責任を問いたい」という呼びかけが広がって、次々に協力者が現われた。そのなかの一人、山口滋美は、裁判を傍聴した。「善意の署名の果たす役割を見届けたい」という気持ちだった。傍聴席で聞いていると、原因を明らかにしようとしている原告の母親に拍手を送りたい気持ちになった。帰宅し、自分の知り合いの人で協力してくれそうな人のリストアップをはじめた。

芦沢玲子の熱意が友に伝わり、友の胸も次第に熱くなって、伝えるべき人へ伝播していった。

芦沢玲子は、ＪＲ塩尻の駅や塩尻市役所の玄関口に立つことを思いついた。チラホラと市役所玄関に現われる人にチラシを配りながら声をかけた。玄関には血圧測定器が置いてある。そこには、前の人が測り終わるのを待って、２、３人は順番を待っている。その時が、絶好のチャンスである。

「お待ちの間に、ちょっとお耳を拝借いたします」

と近づき、２、３人まとめて事情を聞いてもらい、その場で署名をしてもらった。

このような芦沢玲子の着実な日々の努力の積み重ねは、１万１８２２名分の署名を集めることになった。


原告の酒井三重は、93年夏以降、草間事務局長と共に、リストアップした団体を、署名依頼にまわって歩いた。

どうしても動かさねばならぬ団体が二つあった。

酒井耕が所属していた高教組も、長い説得が実り、署名協力の中央委員会決定にこぎつけ、やっと署名用紙が各職場にまわりはじめた。

もう一つの教職員組合である県教祖は、公立の小・中学校の教職員をまとめている組合であった。高教組に何回目かの交渉に行った時、草間と三重は、同じ教育会館のなかに県教祖があるのに気づき、飛び込みで訴えに立ち寄った。対応してくれたのが岩上社対部長であった。その後、岩上の橋渡しで、中島弁護士を加え、伝田委員長と会見した。

署名の提出準備。1994年8月

「この裁判で訴えている相手は県である。研修会現場の講師個人の責任追及ではなく、それを総括すべき責任者である県知事に、国家賠償法による責任を求めている」

と説明し、理解されて組織的支援がスタートした。

一つの組織、団体への署名依頼には何度も足を運んだ。組合のトップとの話し合い、その上で執行委員会での説明、大会、支部総会へのお願いと、多い時は、一組織に5回、足を運んだ。その上ではじめて、署名用紙が職場を巡りはじめた。

94年1月末、署名の集計が行なわれ、6万を超えていることがわかった。

2月4日、長野地方裁判所松本支部へ、第一次分として、6万1945筆を提出した。5名署名した用紙を500枚1束にして表紙をつけてNO（ナンバー）をふった。124束になった。一人が10束ずつかかえて正面玄関から入った。「裁判所を刺激しないように粛々と！」という申し合わせにしたがって、淡々と静かに事務局に渡した。領収書をもらうわけではなかった。参加メンバーの大方が「どうなるんだろう」とつぶやき、外に出ると、「あんなに苦労して集めたのに、呆気ないものだネ」という声が上がった。

95年2月28日、長野県知事あての要求署名を提出する日がやってきた。「こんなにすごい数の署名」と思わせる数をめざした結果、13万9711名分が集まった。

この日を迎えるにあたり、なんとか「県知事に直接手渡しする場をつくろう」という方針を立てて、前年の秋から水面下の交渉が行なわれた。

長野県知事に要求書と13万9711名の署名を提出。1995年2月28日

この裁判の相手側窓口である教育委員会との交渉では、「この問題の窓口は教育委員会で、我々を通して知事に渡すルールになっているので、知事との直接会見は出来ない」と、デッドロックに乗り上げていた。

教育委員会を相手の交渉では無理と判断した〝支援する会〟役員は、新戦法を思いついた。長野県議会議員を通して知事を動かす手である。支援する会代表芦沢直人と、原告酒井三重の名で要請書を送ることになった。自由県政会25名、社会県民連合12名、新県政会8名、県民クラブ5名というように、各会派の県議会議員50名にあてて、次のような要請書が送り出された。その内容は、事故・裁判の経緯に続けて次のように訴えている。

私たちは、この雪崩事故の責任は、雪崩発生の危険性があったのに、ずさんな計画と十分な調査を尽くさなかった長野県に責任があると考えております。

この間「酒井さんの雪崩裁判を支援する会」が結成され、この事故の責任が長野県にあることを訴えてまいりました。友人、知人、親戚、会員、その他大勢の県民の皆さん、また、長野県高等学校教・職員組合、長野県評センター、長野県教・職員組合、長野県労働組合連合会、その他の団体の方々の協力を得て、13万9千余名にのぼる大勢の県民各位が署名してくれました。

つきましては、この13万9千余名の意志を訴えるため、長野県知事に対し、署名簿を提出し、併せて知事のこの問題に対する考えをお聞かせ頂きたく、知事に対して要請を致しますが、13万9千余名という大勢の県民の意志を十分知事に知って頂くためには、知事自ら直接対応することを希望するものです。

従いまして私たちの意のあるところをご理解たまわり、受理にむけて、ご配慮くださるようお願い申しあげます。


この文書が着いた頃、県議会各会派の団長、会長の部屋を、草間敏雄と酒井三重がまわって歩き、口頭でも強く要請した。草間は原告の苦悩を聞き収めながら、かくれた能力を引き出し、支援者の心と実務を束ねていった。

年が明け95年になれば何かの朗報がと期待したが、「知事の直接会見」は実らなかった。しかし、この県議会議員へのキャンペーンによって、いよいよこの裁判はクローズアップされた。

県知事に署名を提出する1週間前に、8名のメンバーが、酒井家の仏間に集まり、玄関の板の間まで使って、署名の整理をした。完記されていないものははねて、完記されているものだけを綴じていった。２８０束が出来上がった。その会員一人ひとりの作業を、酒井耕の遺影が見下ろしている。京都の寺の回廊に座り、「耕さん！」と呼びかけられて、読みさしのパンフレットから眼を放し、「何！」という眼で振りむいた耕の大きなポートレート。仏間の壁にかけてある写真の耕は、５年前のままだった。

95年2月28日早朝、完成した２８０束の署名用紙は、ダンボール箱8箱に詰め、赤羽の車に乗せて、松本を出発した。他に松本からは30名のメンバーが、長野行の高速バスに乗り、長野県庁前に9時半に到着した。10時半提出をめざして各地からメンバーが集まってきた。高教組・中沢委員長、県教組・岩上執行委員、労働会議の人々、国民救援会支部の人々、耕の高校の同僚たち、――県庁玄関を入ってすぐのフロアーに続々と集まってきた。全員で53名である。前年から要請を続けた知事会見は、やはり実らず、本日の会見相手は教育長ということになっていた。

零度を下まわる凍てつく寒さのなか、53名のメンバーは、みなコートの衿を立て、教育委員会の部屋に入るまでの30分間、県庁玄関で横断幕を広げて持ち、アピールした。

長野県知事・吉村午良　要求署名提出
１３９７１１名
酒井さんの雪崩裁判を支援する会

大きな字で黒々と書かれた横断幕が、県庁を訪ねてきた人々の眼に飛び込んできた。

約束の時間が来ると、一人5束ずつの署名の綴りをかかえて入室し、教育次長のテーブルにうずたかく積みあげた。支援する会の芦沢会長が、「それでは！」と大きな声で口を開き、熱く語りはじめた。

「ここに、13万9711名の人の熱い意志が盛り込まれています。必ず知事に渡してください。これだけ多数の人々が知事に何を要求して署名したかをまちがいなく伝えていただくために読ませていただきます」

と言い終えると、知事あての要求書をとり出し、読み上げた。

まず、長野県山岳総合センター主催の「冬の野外生活研修」は、県立高校生と山岳部顧問教諭を対象に、登山目的ではなく、いかに安全な冬の野外活動を行なうかを習得させるための研修会であったことを前置きした。にもかかわらず、雪崩の危険性の予知判断を怠り、その上に、7名が同一斜面の雪を切る結果となる訓練法をとったことにより、表層雪崩を発生させ、5人が雪崩に埋まり、酒井先生を死に至らしめた責任は重いとして、山岳県である長野にふさわしい反省と体制の確立を求め、次の3項目の要求を突きつけた。
一、長野県知事は、山岳総合センター主催「冬の野外生活研修会」で訓練中発生した雪崩事故の責任を認めること。
二、前途有為な青年、酒井先生の賠償に応ずること。
三、再びこのような雪崩事故が発生しないよう、山岳総合センター、関係機関の指導徹底をすると同時に、同センターの研修を充実すべく、適切な職員の配置、研修に対する十分な予算措置を行なうこと。

芦沢会長が読み上げ終わった時、教育長は、「預かります」と小声でつぶやいただけで、ほかに言葉を発しなかった。その答弁に、草間事務局長は、「知事にはいつ渡してくれるんですか。要求書に対する回答はいつくれるんですか」と叫んだ。

教育長も次長も、石のように無言であった。その緊迫した空気を裂いて中沢高教組委員長が、言葉を発した。

「教育長！　この裁判の意義をどうとらえているのか、答えてください」

険悪な雰囲気になってきた時、教育長は「時間ですから」と小声でつぶやき退場した。「答えてから退場しろ！」と、怒声が上がった。残された次長と体育課長は、オロオロと立ちすくみ、なんとか幕を引こうとした。草間事務局長が、具体的要求を出した。

「この14万に及ばんとする署名は、2年間にわたって事故に対する〝肉声〟を集めたものです。ここに来ている一人ひとりの努力の結晶です。ですから倉庫にしまわれたら困るんです。知事には数の単なる報告ではなくて、署名用紙の束の現物で渡してください。その上で、何月何日に渡したか、必ず我々にお手紙を下さい」

体育課長が、草間の要請をオズオズと受け入れた。

酒井三重は、この県への署名提出まで、中心になって活動してきた。県知事に13万余を提出した数日後、あと5万を積み上げたいと思案をはじめた。「組織は意外と集まらないものだ。組織を動かす個人の魂に火を灯すことが大事」という中島弁護士の言葉を思い出し、今後依頼する相手の名を書きつけた。

・耕の小・中・高校の同級生と保護者
・耕の受持生徒の保護者
・三重の高校同級生
・ポーラ時代の友人・知人
・町内

「知人からだけでは、この裁判は勝てない」と勤めから帰宅した足で、自分の居住区を1軒1軒訪ねてまわった。

「ニュースでは注目していたけど、あの亡くなった先生のお母さんがあなたですか」
「県は責任を明らかにせにゃならんにネ」
「うちには勤めに出てる息子が二人おりますから、その同僚にも頼むように言いましょうか。それじゃあ10枚ほど……」

と道が開けはじめると、三重は祈りたくなった。

一方、公務員の人の家は、ガードが堅かった。署名拒否の家がいくつか重なり、しょんぼりしている三重を見て、中島弁護士は言った

「酒井さん、耕君が背後からついててくれるサ。そのうち、耕アリガトウと言える日がくるサ」

耕の受持生徒の母親である北原美紀子から署名入りの大封筒が送られてきた。封を切ると、通信文

のあとに、次の歌が添えられていた。

掌中の珠、かの雪嶺に失へり、うつむくがうったえることかも草を取る　微笑(ほほえ)みて母にやさしや彼岸花

1953年、三重は、20歳になって松本深志高校に入学したのだが、クラスメートは男性が多かった。戦後8年目のその頃は、まだ食糧難さえ脱していなかった。家庭の経済的事情で昼間の高校に行けず、高校に行きたくて行きたくて、やっと志を遂げた同級生たちは、40年近く前の文化祭のチェーホフ劇の主人公アルカージナである三重が、思わぬ不幸に見まわれたことに心を寄せてくれた。「同級生の皆さんへ署名のお願い」という文書を書いて同級生一人ひとりに郵送依頼をしてくれた。とくに青柳浩二、山口尚文は、自分の会社関係や知人に八方手を尽して、1万名に近い署名を集めた。知人の知人や、友人の友人をも引き寄せて、裁判の傍聴に、署名にと、思いがけぬ力が寄せられた。

直接、裁判所に足を運び傍聴した人々の名簿を一覧にしてみた。92年の第1回法廷から95年の11月の判決法廷まで計14回の法廷のほぼすべてを傍聴した人々は29人にのぼった。原告の次男慶とその妻裕子、耕の叔父酒井多三郎、支援する会会長の芦沢直人、玲子夫妻、事務局長の草間敏雄、研修会参加教員の赤羽康定と福島伸一、耕の友人西牧岳哉、原告の友人、知人である小林溶子、島崎重子、池田倫代、佐藤愛子、中村俊子・豊、小松登、松本今朝七、宮入孝雄、笠井政美、松田忠治、降旗貞子、堀栄子、中野加代子、花村志佐子、峯村こうすけ、太田智裕、黒岩忠重……と個人の名が並ぶ。研修

会参加生徒の母親、塩原恵美子は欠かさず傍聴席に座った。前半は、心ある個人によって裁判は支えられた。93年9月、長野高教組が裁判支援を決定したあとは、酒井耕の所属校であった松本蟻ケ崎高校をはじめ、松本深志高校、諏訪清陵高校、富士見高校、穂高商業高校、田川高校、松本工業高校、豊科高校、諏訪二葉高校、美須々ヶ丘高校、大町高校、大町北高校、白馬高校、池田工業高校、穂高商業高校、岡谷東高校、下諏訪向陽高校、明科高校と、県労組、県教組、高教組の役員へと広がっていった。雪崩裁判ニュース第7号には、遅れて支援を決定した高教組の林書記次長の「酒井先生が問いかけたもの、風化させまい」という一文が載るようになった。読者数も120人を超えた。手書きではじまった紙面は、次第にパソコン文字に変わっていった。酒井三重がパソコンを購入し、草間敏雄から猛特訓を受けた成果だった。

裁判所に足を運び、直接裁判を傍聴した人の数は、延べ731名であった。その背後には、第二の傍聴人と呼ばれた18万1745名（最終署名者数）が共感し、力を添えていたのである。

証人尋問の最後を締めくくったのは、原告酒井三重である。

夏の盛りに向かう94年7月19日、59名の傍聴人を集めて、三重は証言台に立った。これまで署名依頼のために、組合の集会など大勢の人の前で訴える席に何回も繰り返し立ってきたとは言え、裁判所の証言台には、重い緊張があった。

「良心に従って、真実を述べ、何事も隠さず、偽りを述べないことを誓います」と、宣誓を終えた頃には腹が据わってきた。中島弁護士の主尋問は、夫亡きあと女手一つで二人の子どもを育てたことにふれたあと、研修会参加直前の母親の心配に対する息子耕の答えが再現された。「立派な講師が5人もついているんだから絶対遭難なんてあり得ない、安心していい」と、耕が3回も言ったと、三重は証言した。――その後、証言は、事故当日の突然の知らせを受け、大町警察での遺体対面の場へと移っていく。

「小さなコンクリートの部屋に連れていかれました。コンクリートにゴザが敷いてあり、背が高かったものですから足が40㎝ぐらい出るような浴衣を着せられて手を組んでました。死んだとは思えないんで私が飛びつきました。飛びついて硬くなってる体をそこらじゅうさわって叫びました。どうしたんだよ、どうしたんだよ、耕、こんなことあっていいものかねと言って叫びました。でも、そこには誰もいませんでした。さんざん泣いて気がついた時は、目の前にお線香が立てられてて、耕の手は組んで、包帯でぎりぎりに巻かれてました。――温めてやればなんとかなるんじゃないかナ、早く温かくしてやりたい――信じられない気持ちでそう思いました」

法廷は、深い静寂に包まれた。

中島は、三重が提出した陳述書をめくり、「耕君は将来に希望を持っていたと思うんですが、結婚をしたいという話が直前にあったようですネ」という問いかけに向けて三重が語りはじめた。

息子は、同じ屋根の下に住んでいながら、将来結婚したい人がいるということを手紙で伝えてきたこと、死後、その女性からの手紙がダンボール一杯出てきたことを語り、次の言葉を添えた。

「耕が亡くなった時はどうしたらよいかと思って悩んだんですが、結局連絡して来ていただきまして、その方に〝私も耕さんと一緒に焼いてほしい〟とずいぶん泣かれました。私も本当に、自分で悲しんでいられないほど、彼女が悲しんでいたことを覚えています」

続いて、母にとってどんな息子だったかが問われた。父の病気、死後は、父の役割を背負っているように頼れる子で、母にも弟にも思いやりのある優しい子であったこと。母の面倒は自分が見ると決めて、就職先を長野に定めたことなどが語られた。息子の趣味を聞かれた時、

「ピアノ、この雪山の研修会に行く前の晩まで弾いていました」

という答えがポツリと出てきた。

証言は、家に訪ねてきた講師たちとのやりとりで聞きとった内容に移っていった。

「このあなたの陳述書によると、宮本講師は、あなたのところに来て、あの場所に大勢で入ったことは雪崩を起こす一つの要因になったかもしれないと、そういうことを言ったんですね」

「ええ、言いました」と三重はキッと答え、「藤松さんはどう言ってましたか」の問いに、はっきりとした口調で語りはじめた。

「その陳述書にも書いてありますように、これは研修会なのに、藤松さんはグループ登山の感覚で〝山に入るときは常に覚悟をして入るんだ〟と。〝だから多少こういう事故があっても仕方がない〟というような、耕の死を私が思っているような重大には言いませんでした。〝講師と顧問の先生とで事故の原因をしっかり調べてもらって、なんでこういうことになったのかをしっかり話し合ってほしい〟と言ったら、〝僕たちは出来ませんし、そんなこと県なんかやりませんよ〟と言いました」

一段落して中島は、原告が裁判所に提出している甲第66号証の16をとり出した。それは酒井耕が教師をしていた長野県立松本蟻ヶ崎高校の校門脇に立っている石碑の写真であった。事故後、三重が建

立したものである。そこには次のように、生前、耕が、請われて生徒会誌に書いた一文が、刻まれていた。

数学の成績がぱっとしなくても
「好きだ」という人は心配いらない
必ずわかる時が来るから
嫌いだという人も心配しないことだ
何かのはずみでおもしろくなれば
より深くつきあえばよい
だからいつまでも数学とは
縁を切らないでほしい

一九八九年三月
酒井　耕

中島が建立の事情を尋ね、
「息子の教師としての足跡を残したかったのと、息子の思いを生徒に伝え、何かプラスになることがあればという願いから」

と、三重の思いが語られた。

後半、被告側弁護人竹内が、反対尋問に立った。

「大切な息子さんを失われて、われわれが推し量(おはか)ることの出来ない大きな悲しみがあると思いますので、あまりお聞きすることはないわけですが、二、三確認をしておきたい」と質問をはじめた。事故後、通夜、葬儀、事故の説明など、山岳センター所長、藤松、宮本講師が足繁(しげ)く訪問し、哀悼の意を表わしていた。県も折り目折り目で出来る限りの対応をしたと理解してよいかという確認が続いた。さらに竹内は尋ねた。

「最後にちょっと大変失礼になるかもしれないんですけど、陳述書に記載されていますので、ちょっとお尋ねするんですけれども、平成2年12月に、篠宮さんと離婚された。失礼な質問かもしれませんが、これはどんな理由なんですか。ちょっと陳述書だけからではちょっと、あまりよく理解できないところなんでお尋ねするんですけれども……」

「私が陳述書に書いた通りで、非常な苦しみ、悲しみの置場のない生活のなかで、とても結婚生活を続けることは耐えられなかったんです。そういうことで離婚に踏み切りました」

「息子さんを亡くされて大変大きな悲しみがある。これを夫婦で悲しみを乗り越えるように協力し合って暮らしていかれるのが普通かなと、ちょっと思ったものですから、それがちょっと違うものですからお尋ねするわけですが。この事故の処理について以前のご主人の篠宮さんと、意見の違いですか、そういう点はあったということはないですか」

「ないです！」

「それが原因の一つになったということはないんでしょうか」

と竹内弁護人は食い下がったが、「あなた方には関係ない」とばかりに、三重は即座に答えている。

「ありません」

被告側は、夫は世の常識に沿って対応するのに対し、あなたがそれを受け入れない結果の離婚ではないか、を印象づけようとした。

酒井三重は、突如出てきた被告側のストーリーを、短い回答で突き放した。

原告代理人野村弁護士の最後の問いで、耕を一番かわいがってくれた祖母には遂に死を伝えることが出来なかったと語り、三重の証人尋問は閉じられた。

第13章　判決

■法廷

常念岳は、新雪を冠（かむ）った。麓（ふもと）の岳都松本も行き交う人々が衿を立てる凩（こがらし）の季節を迎えていた。

いよいよ5年間続いた雪崩裁判は、判決日が11月21日に決定した。

その日、松本城の裏手にある長野地方裁判所松本支部に、原告側傍聴人は１００人集まった。被告の県側は一人も現れなかった。

法廷被告席には、代理人一人が座している。原告側は、やや緊張気味の原告と代理人が勢揃いした。傍聴席は原告側傍聴人で満席となり、あふれた40名余りのメンバーは、玄関で「その時」を待った。

法廷に裁判官が入廷し、いよいよという前に、報道陣の撮影の時間が設けられた。報道のシャッター音だけが、しばらく反響した。いよいよ決着の時がやってきたのである。被告への反証に自信をつかんでいた傍聴席は、それでも一抹の不安がよぎるのを打ち消しながら、判決の最初の一言を待った。

開廷が告げられ、裁判長が口を開いた。

「被告は、原告に対し、金８４８６万３４６１円を支払え」

中島主任弁護人は、原告酒井三重に、にっこりと勝訴のサインを送った。

傍聴席の大方は、「被告……」にはじまる声をひろい、「勝ったんだナ」と思ったが、馴染みのない言葉を、まだらに理解していった。「被告は――支払う義務がある」という最終の結語まで来た時、傍聴者の顔にやっと安堵の喜びが湧き上がった。報道の記者たちは、社への速報のため駆け出していった。玄関に出ると、原告と支援者が、握手と抱擁を繰り返して長い闘いを称え合っている。そして人々は、県が上訴しないような運動の展開を約しあった。

判決文は、長きにわたったが核心部を要約すると、次のようになる。

雪崩による事故を回避すべき注意義務を負っていた被告は、それを結果的に怠ったと認定。また、被告側が自然発生の雪崩で不可抗力と主張したのに対して、本件訓練斜面の地形、積雪量から雪崩の発生が否定しがたい時、横一列、ワカン歩行、もがき登高が積雪に強い刺激を与えたことが認められ、これは、雪崩発生の原因をつくることとなり、死亡事故を導いたとした。

2年前、中山建生が雪崩教育者として法廷に立った時の証言がほぼ採用されていた。「日本の山での行動中に起きた雪崩遭難事故の半ば以上は、人為的誘発が原因。人為的条件（トラバース・転倒・ラッセル）が積雪内部の見えない亀裂に影響を与え、かなり離れた上部斜面において雪崩を起こす」という証言が、この判決の核心となっていた。

■報道

翌11月22日、朝刊各紙は、この判決を、破格の扱いで報道した。各紙の報道に眼を通すと〝長野県の敗訴、原告勝訴〟に中心を置いたものと、〝雪崩の発生原因——人為的誘発を初判断〟に画期性を見る報道に分かれた。

前者は、信濃毎日新聞と読売新聞である。6段抜きで「雪崩の危険性・判断誤る」「県に8488万賠償命令」と続けたのは信濃毎日で、読売は、「白馬の雪崩死亡訴訟で原告勝訴、冬山訓練の警鐘に」と伝えた。行政を訴える裁判はむずかしいと言われる巷(ちまた)の常識を破った判決に驚きをもって報じていた。

後者、「雪崩の発生原因に初判断」にまで的を絞って報道したのが、朝日新聞長野版、毎日新聞長野版である。

朝日は「引率講師らに注意義務違反——雪山訓練に警鐘」と11段抜き記事を書いた。毎日は、〝雪崩遭難訴訟で地裁松本支部「人為的誘発」で初判断――「予測不可能」県側の主張、退ける〟と銘打ち、より深いこの判決の画期的意味を伝えた。

注目すべきは、長野版の毎日新聞と朝日新聞が、判決の翌々日から、雪崩裁判の検証記事を連載したことである。

毎日新聞は11月23日から28日まで、5回にわたって検証記事を連載した。以下そのタイトルを拾ってみよう。

第1回　裁かれた調査不足、危険な斜面で危険な訓練
　　　雪崩は不可抗力の「天災」か、予見可能な「人災」か
第2回　天災か人災か
　　　狭い雪面に強い刺激――集団歩行が遠隔誘発に
第3回　過失判断の基準示さず
第4回　天災として処理の傾向――山岳会の実状
第5回　安全確保に根本的違い
　　　スイス――日本

以上5回シリーズを通して、記者本多健は、「日本の山岳会では、雪崩事故は天災として今まで処理

されてきたが、実は雪崩発生の多くは狭い雪面に多人数が同時侵入し、強い刺激を与えた結果引き起こされたナダレで人災であることを、この判決は解いてみせた」と解説した。

朝日新聞は、11月22日と23日、「検証、雪崩訴訟――遠見尾根の教訓」を上下2回に分けて、裁判の核心部分を囲み記事にした。「雪崩はどのようなメカニズムで発生するのか」「雪崩を予防する方法はあるのか」を判決文を引用しつつ考察している。

「〝日本の山で行動中に起きた雪崩遭難事故の半数以上は、人為的誘発に原因がある〟とし、〝今回の遠見尾根の雪崩も狭い斜面に多人数のものが立ち入り、雪の中でもがくような登高をしたため、積雪に荷重と強い刺激を与えた。雪崩を誘引する危険性があり、行なうべきではなかった〟と人為的な要素を認めた。雪崩は不可抗力で、避けるのは無理といった旧来の考えは通用しなくなりつつあることを示した」と解説して、雪崩は、なぜ起こるかの核心を図入りで、山に登らない読者にも通じる言葉で解説している。少し長くなるが、この裁判の教訓の核心部分でもあるので引用しよう。

では、雪崩はどのように発生するのだろう。かたい氷板の上に新雪が積もって滑るというイメージがあるが、そのケースは少ない。判決では「表層雪崩は積雪内部の『弱層』と呼ばれる雪の結合度の弱い部分が崩れることにより発生する」とある。「弱層とは何か」

弱層とは、ひとことで言えば「周囲と比べて、強度の弱い層」である。数ミリ程度の厚さしかないが、ショートケーキのカステラに挟まれたクリームのようなもので、なんらかの力が加

わると、その層を境に滑る。表層雪崩は、弱層の上にある雪が、さまざまな刺激を受けて滑り落ちるのが原因と言われている

「積雪斜面の下で歩きまわったり、転んだりした場合、その刺激が、雪のなかで面的に広がる弱層を伝って斜面の上部に達すると、滑りやすい弱層の上でかろうじてバランスを取っている雪の表層が、一気に落下する」

「表層雪崩を避けようと思うのなら弱層を学ばざるをえない」と新田隆三のコメントを紹介しながら、検証の「下」では、弱層を知るテストが自衛に必要な知識であるとして、図入りで解説している。

朝日の及川泉余記者は、雪崩学者である信州大学の新田隆三がスイス雪崩研究所から持ち帰った『新雪崩学』（ヴェルナー・ムンター著）のなかにある解説図こそ、裁判の核心であると直感し、日本語に訳し、簡略な図にして掲載した（巻頭2Pと169Pの図は、ムンターの解説図と朝日の図を参考に本書が作成したもの）。

私は、この雪崩裁判の展開と判決が、他県に暮らしている者にどう伝えられたかを検証してみた。まず、長野版に検証シリーズを載せた毎日、朝日の縮刷版を、東京の図書館でめくった。縮刷版は、東京の最終版が載ることになっているのだと聞き、期待してめくっていったが、残念ながら影すらなかった。東京の住人である私は、この事故と裁判のことを判決から数年後に知ったのである。毎日、朝日記事の原版と対面するには時間がかかった。

3000m級の山々の連なる南や北のアルプスへは、四季を問わず、全国各地から登山者が出かけて行く。トップシーズンには、その出発地である大阪や名古屋、東京新宿を出る列車には、ザックを背負った人々があふれる。山の情報を欲しているのは、山岳県民だけではないのである。なぜ全国紙に載らないのだろうか。山岳ジャーナリズムの一翼を担う山岳誌はどうか。可能な限りバックナンバーを見たが、事故、裁判、判決の影はなく、取材の足跡も見つけることが出来なかった。

私が、これらの記事を求め、まず松本市立図書館を訪ね、10年を過ぎてしまうと、信州版の載った毎日新聞、朝日新聞は、長野県立図書館だけが唯一保存していることを知った。長野県立図書館に向かい、毎日、朝日の信州版にやっと対面したのが298Pの引用部分である。コピーするのに「紙が劣化していますので気をつけてコピーしてください」と私は声をかけられたのである。

これらを検証してみて、あらためて地方支局記者の奮闘に、敬意を新たにした。とくに、本多健（毎日）、及川泉余（朝日）が、未知の分野に分け入り、取材検証を重ねて、この雪崩裁判が啓（ひら）いてみせた「岳の雪崩の真実」を報道した記述は、光っている。「真実は現場の細部に宿る」ことを知っていた記者であった。

終章　雪崩裁判の源流

雪崩裁判の記録を閉じるにあたり、判決後、朝日新聞長野版の検証記事に載っていた「雪崩の遠隔誘発の図」（ムンター解説図の簡略版）と、私はあらためて向きあった。

それは、「上から落ちてきたから自然発生の雪崩＝自然災害」という長野県の主張を突き崩す核心の図であった。それまで、自らに刷りこまれていた〝気温が高くなると、雪がゆるんで雪崩れる〟（自然現象）という思い込みにくっきりと別れを告げさせる明快な図であった。

■雪崩裁判の源流＝雪崩の8割は人災

誰が、それを朝日の及川泉余記者に語ったのだろう。私はそのルーツを確かめずに結びの言葉を書くことは出来ないナと考えはじめた。

毎日新聞と朝日新聞とＮＨＫの記者が当時信州大学の教授であった新田隆三（その後、若林姓）を訪ねて、多くの質問を投げかけ、猛勉強をしながら検証記事を書いたということは、数年前に耳にしていた。

〃人の刺激により誘発される雪崩が、雪崩事故の8、9割を占めていることと、そのメカニズム〃は、どうやって解明されていったのかを知りたいという気持ちが次第にふくらんでいった。私は、長くかかったこの雪崩裁判の記録の最後の執筆の時を、我が岳友が遭難し、その志が眠る谷をのぞむ松本の宿で過ごしていた。「やっぱり、若林先生に会いに行こう」と、台風が去った初秋の白馬村を訪ねた。先生は「今年は、台風が直撃する前にこの辺の稲刈りが終わったところです」と、迎えてくださった。数年前、先生を、信大農学部時代に訪ねていたが、大学退職後、白馬村の有志に請われて、石橋を渡ったはずれに建つ堂々とした古民家で「アルプス雪崩研究所」を開設しておられた。

急な申し入れにもかかわらず、私の疑問に沿って、書斎から貴重な本を何回も運んできては3時間以上、特別講義してくださった。咲きそろったコスモスの花が山からおりてきた風に揺れる横で、私は、雪崩を解明してきた歴史に、耳を傾けた。

「あの五竜遠見事故の松本の雪崩裁判ネ。県と講師たちは、江戸時代のナダレ学。原告側がやっと昭和の雪崩学に追いついた裁判だったということかナ。ずいぶん年月が経ったけど、何人かの記者は、私のところにやってきて、江戸時代から脱出しようとして、猛勉強をしたんですネ」と、ユーモラスに振り返られた。

先生の足跡は、昭和の雪崩学の開拓そのものであった。先生の特別講義ノートと、借用した本を読み進むと、その沿革が見えてくる。

若林隆三は、京都の高校を卒業後、北海道大学農学部へ入学し、北大スキー部山班（現、山スキー部）の熱心なメンバーになった。同時に、北海道における多くの悲惨な雪崩事故を知った。年間120日山行を敢行しながら書きあげた卒論は「北海道天塩山地の積雪分布」であった。請われて一時、京都大学工学部での研究を経て、25歳で北大助手としてもどり、雪崩研究一本に的をしぼっていく。70年「林学的にみたナダレの研究」（雪氷学会賞受賞）71年「北海道林地におけるナダレの研究」で、農学博士となった。「ナダレ」研究にかけるには、雪崩先進国ヨーロッパに学ばねばならないと考えた。とくにスイスは、高山を生活圏に擁（よう）し、また、山岳戦争という特異な体験のなかで、雪崩を起こす研究、雪崩を避ける研究の長い歴史を持っていた。若林隆三は学ぶべき国をスイスに定め、これまでの自分の論文を独訳し、父であるドイツ文学者（京大教授）若林光夫（てるお）に点検を頼み、「スイス国立雪および雪崩研究所」に送った。また来日する学者を通して、ナダレへの志を熱くアピールした。この働きかけにより、研究所の有期の研究員としての職を得たのが30歳であった。江戸時代に留めおかれた日本から渡っていった若林は、抜本的で先進的な雪崩学に衝撃を受けた。１９７１年から１９７３年（昭和46年～48年）まで、ヨーロッパの雪にまみれ〝実践的雪崩学〟を吸収した。多くを学んで日本へ、北大へ帰ってきた。

貴重な体験と、多くの本を持ち帰った。そのうちの1冊に次のものがあった。

「Neue Lawinem Runde」（ＳＡＣ出版発行――Werner Munter著）――雪崩専門家のヴェルナー・ムンターによる『新雪崩学』。その本の１３８ページに「雪崩の遠隔誘発の図」があった。裁判の時、深い本質的な質問をする報道陣には、若林は平易な言葉におきかえてこの図を解説していた。朝日新聞松本支局の及川泉余記者は、この裁判で問われた核心の「雪崩メカニズム図」として、この図の簡略版を11月23日、新聞に登場させたようである。私は20年以上遅れて若林隆三の講義を受け、この本を手にしたのであった。

日本における「雪崩発生の原因」の実証的調査は、若林の帰国後、その体験成果を投入して、北海道大学山スキー部、現役、ＯＢにより若林隆三の指導のもとに行なわれている。スイスから帰国後、２年を費して、①過去の雪崩事故の、新たに獲得した眼での再検証　②雪崩の研究　③雪崩の予知と遭難対策が行なわれた。その後、その成果をまとめたのが、北大体育会山岳部発行「雪崩の危険と遭難対策」である。

若林は、それまで単に「不運」とされていた雪崩遭難事故の記録の残っているものを、新たな目で、一つ一つ洗い直した。１９３８年の北大登山部事故から、１９７４年３月の北大エレガントスキー部の雪崩事故までの14件を、ヨーロッパの先進雪崩学で鍛えられた眼で検証を続けたのである。若林に学んだＯＢも現役も、集団的に記録を読み込んでいった。その検証結果は３０６〜３０７Ｐの表の通りである。雪崩発生のきっかけに着目してみよう。３例が自然発生、残りの11件が登行者の行動が与えた刺激による雪崩誘発が原因と判断された。80％近くが登山者の行動に起因して発生しており、この行動を避ければ、雪崩事故は回避できたことがつかめる。

その歴史的で画期的なレポートの前書きで、若き日の研究者、若林隆三の言葉が問いかけてくる。

「北海道の山々をメインステージとして、数々の輝かしい成果をほこる北大山岳部は、その裏返しとしてナダレ遭難の〝伝統〟をも持ちあわせている。その部員諸君が、今回ナダレ遭難を真正面から取り上げて研究会を行ないたいと、私の協力を要請してこられた。

この小冊子は、私を囲んで2カ月にわたって行なわれた研究会のレポートである」

さらに第2版の前書きには、次の一文が加えられていた。

「しっかりとしたナダレの理論を公にして、山を愛する人々の混乱をいささかでも防ぎたいという（中略）欲求が胸のうちに拡がってきたのである。――深夜や明け方まで若い山男たちとナダレについて議論を進めながら改稿の作業をすすめてきた。――この冊子を多くの方々が読んでくださって、私どもの意図するところを雪山で生かしてくださるよう願っている。1975年2月12日」

このレポートで呼びかけられた基本は次の3点であった。

①遭難実例の調査は天候ばかりでなく行動心理を含め詳細に研究すること　②ナダレのきっかけをつくる積雪内の弱層の発見　③ナダレの引金となった人的刺激への着目――これら、新たな視点の獲得によってナダレの避け方――弱層テストによる雪層の判定、人的刺激に注意し、斜面トラバースは安全地帯から安全地帯まで複数人入れず一人ずつ歩かせることだと述べている。

北大体育会山岳部発行「雪崩の危険と遭難対策」より

行動様式	天候及び積雪	パーティ	パーティ人数	ナダレの遭遇者	死亡者	ナダレからの生還者	気象その他
アイゼン 下降	時々吹雪 吹きだまりの風成雪	北大山岳部	9	5	2	3	24日、低気圧通過。各所で豪雪の被害。31日には黒部宇奈月で大ナダレ。36人死亡
スキー 登高	降雪中 3・4日猛吹雪 5日粉雪	北大山岳部	9	9	8	1	4日、低気圧が北海道を通過 <ペテガリ型>
スキー 下降	降雨後暴風雪	（スキー大会設定中の2・3パーティ）	26	24	6	18	21日、東北と関東を低気圧通過
幕営中	暴風雪中 3～4日にかけて2m近い新雪	札幌山岳会	3	3	2	1	3～4日低気圧が北海道の北に停滞。（冬型気圧配置）北海道猛吹雪 北ア薬師岳で愛知大生遭難 <38年1月豪雪>
スキー 下降	暴風雪中 風速10～15m/s		12	9	1	8	旋風型の低気圧通過中 本州では春一番
アイゼン 登高	快晴、弱風 雪庇	大阪府大 山岳部	4	1	1	0	7日、台湾坊主が日本南岸を通過し、発達（冬型気圧配置）
雪洞	暴風雪中 13～14日の遭難までの1日半猛吹雪でドカ雪	北大山岳部	6	6	6	0	12日夜、低気圧が東北東に進み千島沖で発達。北アルプス吹雪 <Tns型または谷川型の天気図>
アイゼン 登高	暴風雪中 雪庇発達	東北大山岳部	5	1	1	0	19日夜、低気圧が東北東に進み 三陸沖で発達。
アイゼン 登高	降雪後 クラックの入った斜面	酪農大山岳部	7	7	4	3	2日、低気圧が千島沖で発達 4日まで冬型気圧配置で大雪、5日に峠越す
アイゼン 登高	暴風雪中 風速20m/sの吹雪	長岡ハイキングクラブ	3	3	2	1	13～14日、豆台風級の低気圧が日本海と本州南岸を通過。暖気をもたらし、札幌60ミリという冬としては異常な降雨あり
スキー 下降	暴風雪（ミゾレ）中 27日、札幌の日降雪量41cmと記録的	酪農短大ワンダーフォーゲル部	5	1	1	0	27日、二ツ玉低気圧が発達しながら通過。暖気を吹きこむ。北海道は北部東部を中心に暴風雪
幕営中	暴風雪中	北大山スキー部	6	6	5	1	21日午前、発達した日本海低気圧が北海道を通過<ペテガリ型> ・北日本ナダレ続出
ワカン 登高	暴風雪後（10時頃より晴） 2m張り出した雪庇	札幌山岳会	4	1	1	0	2日、二ツ玉低気圧が北海道と本州南岸を通過し冬型気圧配置となる 北海道、北陸に大雪
スキー 下降	ドカ雪後（25日11時まで降雪） 24日、付近（元山）で3月中の最大日降雪量38cmを記録	北大エレガントスキー部	5	5	2	3	22日、春一番をもたらした低気圧通過後、高気圧おおうが上空に寒気あり
		計	104	81	42	39	

36年間に104のパーティで81名が雪崩に遭遇、42名が亡くなっている

「北海道における登山者、山スキーヤーのナダレ死亡事故」

№	年月日	時刻	場所	ナダレの状況	ナダレの引金
1	1938.12.27	12:30	十勝連峰 上ホロカメットク山	複合ナダレ：表層のとなりに全層ナダレ。傾斜30°25・26日にも表層ナダレに遇った。	誘発
2	1940. 1. 5	16:00	日高山脈 コイカクシュ札内岳直下 1300m付近	乾雪、新雪の表層ナダレ デブリの長さは沢に沿って1000m 2度目のナダレによって埋没	誘発
3	1953. 3.21	11:05	大雪山 愛山渓 ローソク岩と三十三曲りの間	表層ナダレ。巾150m 長さ600m 厚さ0.4～1m 傾斜最高22° 平均11°	誘発
4	1963. 1. 4	4:00	利尻岳	1度目のナダレでテントがつぶされ、2度目で埋没。1名は他のパーティによって12時間後、1.5mの深さから救出	自然
5	1963. 2.24	12:00	ニセコアンヌプリ 頂上と1000m台地の間	新雪表層ナダレ。巾30～50m、長さ90m 厚さ30cm。4名自力脱出、別の4名は救助隊によって生還。1名のみ22時間後に凍死体で発見	誘発
6	1964. 3. 9	8:50	日高山脈 エサオマントッタベツ岳とカムイ岳の間	雪庇を踏みぬき、転落したことによって小ナダレを起こす。遺体は夏に発見	誘発
7	1965. 3.14	2:00	日高山脈 札内川十の沢付近	乾雪表層ナダレが3Km流れ、デブリは巾100m、長さ1Km、厚さ10m 複合型	自然
8	1965. 3.20	10:00	日高山脈 カムイ岳	雪庇を踏みぬき、日高側に転落し誘発ナダレを起こす	誘発
9	1967. 1. 5	10:30	十勝連峰 美瑛岳ポンピの沢 1800m付近	表層ナダレ。クラックの入った斜面に7名が集結した時に起こった	誘発
10	1972. 2.14	9:00	利尻岳 頂上から北稜コースの間1600m付近	3名がアンザイレンして歩行中、ナダレを起こす、先頭の1名はピッケルで流されるのを防ぐ	誘発
11	1972. 2.27	12:00	札幌近郊 余市岳白井川右股	湿雪表層ナダレ。巾4m 長さ36m 一度小ナダレを起こし、先行のシュプールを追って下山中	誘発
12	1972.11.21	23:10	大雪山 旭岳 盤の沢スキーコース	新雪表層ナダレ。2名がテントから出て除雪中。そのうちの1名が助かる。	自然
13	1973. 1. 3	13:00	日高山脈 ピラトコミ山直下 1400m付近	雪庇踏みぬき転落、ルンゼの薄い雪をかっさらって下の沢まで流され埋没死 デブリの巾40m、長さ300m	誘発
14	1974. 3.25	16:10	札幌近郊 無意根山と長尾山の間	新雪表層ナダレ。巾70m 長さ350m 30cmの雪層が崩れる35°の急斜面	誘発

若林隆三氏提供。「ナダレの引金」は14件中11件が「誘発」となっている

■源流から出た三つの流れ

若林によって1970年代に持ち帰られ、伝えられた〝人的刺激のもたらす雪崩発生〟という視点は、1980～90年代に三つのたしかな流れを生み出していった。第一の結晶は、北海道雪崩事故防止研究会の共同執筆による『最新雪崩学入門』（山と溪谷社発行）である。第二は、日本勤労者山岳連盟主催の雪崩事故防止講習会での長年にわたる講師養成である。三つ目として、長野五竜遠見雪崩事故松本裁判（長野県立高校山岳部野外研修事故裁判）で、人的刺激による雪崩論が法的事実として肯定された。この裁判判決の5年後の大日岳での「大学山岳部リーダー冬山研修会」事故にも援用されている。

それでは、一つ目からその概略をたどってみよう。

①北海道雪崩事故防止研究会による『最新雪崩学入門』（1996年3月、山と溪谷社発行）

みなさんのなかにも、この本を手にとって衝撃を受けた方がいらっしゃるにちがいない。私は、自分たちの山岳会事故（1987年1月常念一ノ沢、3名死亡事故）の十数年後、この本に出会い、全身を電流が突き抜けた。この本の筆者たちの主催する札幌セミナーに私も参加し、雪山に出かける時の三種の神器を、胸におさめた。

『最新雪崩学入門』の序文には、〝常識の否定〟というタイトルが付いている。「各人の頭のなかにある雪崩の断片的な古い知識を、一度すべて捨てていただくことだ」と、意外な言葉ではじまる。さらに続けて「夜間は日射しが当らないから雪崩は起きない……気温が低ければ雪は締まって安定している……といったことが巷ではまことしやかに囁かれているらしい。こういった霊感じみた言い伝えは、この際、きっぱり忘れて白紙状態にしていただきたい」と、福沢卓也は呼びかけている。福沢は、この序文を書きあげ、阿部に託してヒマラヤのミニヤコンカに出かけ、登行中に遭難し、還らぬ人となった。

この本には、実践的提言が詰まっている。

1章：山岳雪崩遭難の実態調査（福沢卓也）、2章：雪崩を科学する（福沢卓也、秋田谷英次）、3章：雪崩の発生メカニズム（福沢卓也、秋田谷英次）、4章：雪崩の危険判別法（福沢卓也、成瀬廉二）、5章：行動判断（樋口和生）、6章：雪崩対策と装備（阿部幹雄）、7章：セルフレスキュー（阿部幹雄）、8章：遭難者発見後の対応（樋口和生）、9章：救助隊による本格的捜索（樋口和生）、10章：雪崩対策の現状（福沢卓也、樋口和生、阿部幹雄）、11章：雪崩犠牲者をなくすために（阿部幹雄）

あとがきは、福沢の死後、阿部幹雄が書いた。執筆のメンバーは、1970年代に若林隆三と共に、北海道における雪崩死亡事故の検証を行なったメンバーであった。この本のことを若林に話すと、「北大山岳部で、我々が雪崩研究会を開いた時、入学早々の1年生で、雪山実験の最前線で撮影を担当したのが阿部幹雄だったんだ」と目を細められた。その後、北大山岳部、ワンゲル部、低温研をも巻き込みながら実践的研究が続けられた。その結果、福沢卓也、樋口和雄、阿部幹雄の3名で、「北海道雪崩事故防止研究会」が結成された。その実践的成果が1冊の呼びかけを伴った本となって公表されたのが、1996年3月である。本書で紹介した五竜遠見雪崩裁判判決の直後のことであった。

②日本勤労者山岳連盟主催の全国雪崩事故防止講習会（１９８７年２月〜）

雪崩事故で山の同志を失った勤労者山岳連盟の中山建生を中心とするメンバーによって全国雪崩講習会が立ち上げられたのは１９８７年２月である。それ以来、毎年２月、北アルプス宝剱岳や、五竜遠見尾根を会場に開催され、今では33回を数える。

まず、中山を中心とする勤労者山岳連盟のメンバーは、傘下の山岳会に加えて、事故に出逢った全国の山岳グループから報告書を取り寄せ、その後面接し、全国主要山岳地帯の雪崩遭難発生地点地図をつくり、発生原因を１件１件探っていった。私の所属するのらくろ岳友会が常念岳一ノ沢で遭難し、報告書を作成したことを知った中山から連絡を受けたのが、出会いのはじまりだった。その縁で、勤労者山岳連盟雪崩講習会に参加した。

全国から集められた事故報告書と面接による検証から、雪崩に特化した講習会の必要を痛感し、中山たちは、理論と実習の２本柱からなる雪崩講習会を立ち上げた。理論講習の主任講師は、スイスの雪崩研から帰り、北大から国立防災研究所、さらに信州大学へと転進した若林隆三（途中姓新田）に依頼した。

座学は、①雪の種類と気象　②雪崩の種類と原因　③雪崩の予知法　④雪崩を起こした時の対処（ビーコン、ゾンデ、シャベル）と続く。３日間のうち、座学が１日、フィールドワークが１日、最終日がテストである。

座学のあと、雪山斜面に班ごとに分かれて集まり、「雪の弱層の観察」を行なった。切り出した雪の壁に、ブルーインクをスプレーで吹きかける。すると、雪面が青の濃淡の縞模様になって目に飛び込んでくる。密度の高い雪面は真っ青になり、ザラザラ雪の弱層は薄い青となり、この薄青の部分が人の足で刺激を受けると、それを伝える役を果たし、雪崩の出発点となることを胸に収めた。そのあと、雪崩体験に移る。埋没体験を志願した私の体験を記してみよう。60～70㎝の深さに掘った雪の穴に、伏せて横たわり両手で口鼻部分に息道を確保する。その上から「雪がかぶせられる。まっ暗闇、雪の圧力で一気に不安が募る。少しもがこうとしてみるが、全然動かないことを知り意識が下降する。すぐに掘り出されることがわかっていながら、真上で私の名を呼んでいる仲間の声が、隣の建物から呼んでいるような、かすかな声に聞こえ、一瞬、このまま埋めおかれる恐怖が募った。遭難した岳友の最期の恐怖の入口を追体験した。

この講習会は、最後に講習内容の理解度を試す1時間の筆記テストがあり、その回答用紙は後日、担当講師のコメント付きで返送されてきた。

受講生は、初級と上級に分かれ、1回の受講者が80～90名で、本年までに2500名が実践的雪崩学を身につけたことになる。このうち上級講習（レポート提出義務あり）を積み上げた者が、講師として輩出されていった。

登山を通して、中山が山中で体験した雪や雪崩の実態は、雪氷学者にも伝えられ、学会の研究の成果を積雪期登山に受け入れるという相互補強の関係が長らく続いてきた。

③長野五竜遠見雪崩事故松本裁判（長野県立高校山岳部野外研修事故裁判）——（事故発生1989年3月18日／提訴1990年11月22日／判決1995年11月21日／報告書発行1997年3月18日）

事故発生から9年、提訴から7年の間、死者の母である酒井三重の訴えを支え、「その雪崩の原因はどこにあったか」を追求し続けた弁護人中島嘉尚、中心メンバー西牧岳哉、支援する会会長芦沢直人、事務局長草間敏雄など20人ほどのメンバーは、山の素人と言っても過言ではない。この素人集団が雪崩の原因を求めて6年間、力を寄せあった結果、最新雪崩学の水脈を発見した。素人でも「真実は何か」を追求する心さえ持ち続ければ、必ず真実の泉にたどり着き、援軍を得られることを、この裁判過程は教えてくれている。その眼で、もう一度、素人集団の6年の歩みをたどってみていただきたい。

特筆すべきは、一つに雪崩現場が秘めている真実を読み続けたこと（支援する会として7回の現地検証会を行ない、裁判官をも雪山検証に連れ出している）、二つに、研修会参加メンバーが証言台に立ったこと（県を相手とする裁判でのこの行為は、葛藤を越えて、ある場合は人生の今後の選択の変更をも迫る場合があった）、三つに新雪崩学の水脈にたどりつき、それまでの「雪崩は自然現象」の常識を覆す判断を世に訴え、警鐘を鳴らしたことである。

支援する会は、事故翌日に現場を検証した西牧康から資料提供を受け、雪崩学者若林隆三の3時間にわたる講義を受け、雪崩教育に邁進していた中山建生を発見し証人に立てた。これらは、決定打となった。

事故から8年目、判決から1年4カ月後、支援する会は、総力あげて319ページに及ぶ報告書を世に問うた。

「雪崩――人災への怒りと警告――

五竜遠見雪崩裁判勝利記録」は、考えぬかれた書名であった。支援する会のメンバーの「再び、同じような事故を起こさないために」という思いが詰まっている。

この報告書は、発行直後、「雪山事故を再び学校山岳部研修で起こさないために」と、全国都道府県の教育委員会と図書館に、原告の手によって贈呈発送された。

これとは別に西牧岳哉は「五竜遠見尾根雪崩訴訟——支援活動と裁判の経過」という１１３ページにわたる記録集を書き、印刷して「支援する会」会員や長野県高校山岳部関係者に配布した。日が経ち、このままだと酒井耕が身を賭(と)して遺していった教訓が引きつがれなくなることを恐れた西牧は、高校の授業を終えて帰宅した深夜に１ページ１ページ書きついで裁判記録集を完成させた。

記録集作成の次は、雪崩教育に着手した。自分が受け持った山岳部生徒に、雪崩に特化した雪山セミナーを毎年3月に開いている。転勤していった各高校で山岳部顧問を志望し、大町北高校で3年、松本深志高校では8年、11回のセミナーを続けている。雪崩事故体験者である赤羽康定と雪崩研究者の中山建生の協力を得て、雪崩のメカニズム講習と、雪崩回避実習が続けられている。栃木の雪崩事故が伝えられた翌日、松本深志高校山岳部は新聞情報を持ちより、現地地図で傾斜度を測ったり、登行法を読み取ったりしながら、雪崩の原因を討論したという。安全登山のためには、事故の原因把握が第一の学習だという。

この松本裁判が終わった5年後、北アルプス大日岳で文部科学省主催の「大学山岳部リーダー冬山研修会」があり、参加者27名が山頂近くの雪上で休憩中、突然、雪庇が崩落して雪崩を誘発、11名が谷へ転落、二人の大学生、内藤三恭司（都立大）、溝上国秀（神戸大）が還らぬ人となった。

事故から11カ月後、文部科学省は「北アルプス大日岳遭難事故調査報告書」を発行し、「雪庇の形成と崩落は予見不可能だった」と発表。「自然のなせる業」にしてしまうこの見解に納得できない死亡大学生の両親は、中島嘉尚に弁護を頼み、国と対峙した。２００６年富山地裁で原告勝訴——国が上告した名古屋高裁金沢支部で、地裁判決を上まわる条件で和解となった。

これら二つの雪崩事故裁判に共通するのは、

過去の雪崩記録から拾う「人が誘発する雪崩の発生率」

人誘発雪崩の割合	出典	備考
78%	「雪崩の危険と遭難対策」 北海道大学体育会山岳部 発行	1973年 若林隆三氏提供
100%	「五竜遠見雪崩裁判勝利記録―人災への怒りと警告―」 酒井さんの雪崩裁判を支援する会 発行	1997年 松本裁判判決 (1995年)
60%以上	『最新雪崩学入門』（山と溪谷社）12頁 北海道雪崩事故防止研究会 編	1996年
80～90%	『雪山に入る101のコツ』（枻出版社）86頁 中山建生 著	1998年
90%以上	『雪崩リスクマネジメント』（山と溪谷社）13頁 ブルース・トレンパー 著	2004年

若林隆三、中山建生両氏の資料提供により泉が作成

主催者側（被告）は旧態依然とした「自然現象の結果だ」という主張を前面に押し出していることだ。それに対し、納得のいかない原告側が、必死の思いで最新雪崩学の鉱脈を探りあて、「人的刺激に誘発された雪崩ではなかったか」という切り口で検証を迫ってきたのであった。

１９７０年代、若林隆三によって持ち帰られ伝わっていった「雪崩事故の8割は人災である」という検証結果とそのメカニズム論は、雪崩事故を解明し、事故を防ぐ核心的理論として発展してきたのである。

■那須岳、栃木高校生を襲った雪崩、8名死亡、40名負傷

２０１７年3月27日、突然飛び込んできたこのニュースは、28年前、長野県立高校山岳部研修事故で五竜遠見雪崩事故松本裁判を闘ったメンバーにとって、「再び起こってはならない事故」であった。松本、横浜、東京に住む当時の会員は、２０１７年4月14日、原告酒井三重宅に集まった。メンバーは、事務局長だった草間敏雄、弁護人中島嘉尚、長らく長野県立高校で山岳部顧問を務め、退職後も雪崩教育に加わっている赤羽康定、横浜から雪崩研究・教育者の中山建生、原告の酒井三重、そこに今しがた部活指導を終えたばかりの現役の長野県松本深志高校山岳部顧問の西牧岳哉が飛び込んできた。西牧は大きな袋に、事故発生後1週間の栃木の地元紙＝下野新聞を取りよせて検証をはじめていた。「新聞情報をもとに、今、山岳部生徒に雪崩斜面の斜度を地図から読みとらせていたところです。35から38度ありますネ」と西牧は冷静に、しかし生々しく語った。集まったメンバーは、口々に、「起こってはならない事故だヨ」「我々長野の高校生事故とそっくりじゃないか」「50名近い生徒を、この

急斜面に投入したら、雪崩が起きるんじゃなくて、起こすわネ」「どうしてそんな訓練をしただ。怒りが湧いてくるネ」と語り合った。下野新聞、中日新聞、毎日新聞の記者が聞きつけて、やってきて、懸命にメモをとっている。

下野新聞に、この研修会の責任者である高体連登山専門部委員長の猪瀬修一教諭の記者会見が載った。「絶対安全と判断して、その斜面でラッセル訓練を行なうことにした。雪崩の起こる場所は経験則でわかる。過去の経験から安全と判断した」と発表された。これに対し、捜索に加わった那須山岳救助隊長大高登は、「とんでもない話だ」「大きな雪崩はすくないが、年に1、2回起こっている。とても安全と言える場所ではない。慣れた場所だから安心という慢心があったのではないか」と真っ向から対立する。

事故直後に入山した国立の防災科学技術研究所、雪氷防災研修センターと、民間団体〝雪崩ネットワーク〟の検証結果を総合すると、27日未明から大雪となり30㎝の降雪。死者の8名は樹林を抜け樹木のない場所を登行中であった。その斜面の上部は38度、雪崩の起点は〝天狗の鼻〟と考えられるが、160mの雪崩が発生したと思われる。

研修参加者中5班（女性）はゲレンデで、残る48名がこの斜面に侵入して雪崩の直撃を受け、8名が死亡、40名（重体2名を含む）が傷を負った。

松本会議は、栃木県教育委員会の検証方法や結果を見まもり、遺族の求めがあればサポートしようということを申し合わせた。

事故当日の実態の把握は、教育委員会が設けた検証委員会の報告を待ちつつ、遺族の思いや迷いに寄り添おうということになった。

夏が巡り、２０１７年９月、検証委員会による那須岳雪崩事故の検証結果が公表された。長大なものであったが、「雪崩発生の核心部分の検証」はかすんでいた。松本裁判のメンバーは、下野新聞の記者の取材に対して、「雪崩発生の直接原因に検証の手が付けられていない」「なぜ、一番重要な核心に迫らないのか」と、発言を続けた。

私は、２０１７年12月、那須雪崩災害に関する文部省助成研究報告会が東京でも開かれることを知り、東京駅近くのビルで行なわれた報告会に参加した。那須雪崩事故調査報告（国立研究開発法人防災科学技術研究所雪氷防災センターの上石勲研究代表）を中心に、その日の低気圧と降雪の特性を荒木健太郎（気象庁）、那須雪崩の再現シミュレーションを小田憲一（日大）、低気圧による降雪が原因の表層雪崩の特徴（中村一樹防災科学技術研究所）、雪崩教育プログラムの開発（近藤伸也宇都宮大教授）という内容の、全面展開の３時間を超える講義であった。

その日、那須岳のその斜面がどんな気象条件におかれていたかは、このセミナーでつかむことが出来た。しかしその斜面に、どんな衝撃が、どんな形で加わり、弱層を刺激したのか。48名（死者８名、負傷者40名）は、どのくらいの間隔で雪上を歩いていたのかという、検証の基本中の基本の発表はなかった。手をあげて質問したが、人的要因は明かされず、自然条件の強調に終始した。

「これでは、雪崩事故は、また起こる」とつぶやいて、私は会場を後にした。「そこに触れることを避けているのはなぜだろう」と思った。

■遭難事故から学んだ高校山岳部OBたち

長野県松本深志高校山岳部に3年間在籍し、登山活動を続け、首都圏の大学に進学したばかりの大学1年生を、高校山岳部顧問の西牧先生から紹介してもらった。市川廉、岸本陽介、木村文岳、荻原秀斗、伊東伸のメンバーは、「僕ら、登山部じゃなくて、下りになると元気になる下山部だったんです」と、ふざけながら互いに誘い合って我が家に集まってくれた。

皆、現役で国公立大学（一橋大学、東京大学、学芸大学、横浜市立大学、筑波大学）に合格した大学1年生であった。1年前までの年間の活動をまず聞かせてもらった。大きな学校行事月は避けて、年間10回、山に登るらしい。注目したのは、8月と3月の山行であった。

8月は、1967年に、西穂高岳で下山中、落雷により11名の松本深志高校生が死亡した。同校正門を入った右手に、この西穂遭難の碑が立っている。その追悼の山行であると同時に落雷への注意を怠るまいという山行となって、半世紀後の今も引きつがれている。

3月は毎年、雪山を味わいながら雪崩について学ぶ山行が、五竜遠見の尾根を展望する雪原で行なわれる。ここは、長野県山岳総合センター主催の、長野県立高校山岳部野外研修会の雪崩事故現場である。この事故で還らぬ人となったのは、松本深志高校を卒業し京大を経て長野県蟻ヶ崎高校の数学教師となっていた酒井耕であった。当時、この研修会に松本深志高校山岳部生徒は5名参加しており、デブリに埋まった行方不明の酒井先生を、凍てついた雪面を軍手の手で掘って必死に探した実体験が語りつがれていた。現在、毎年の3月雪山山行には山岳部顧問の西牧岳哉以外に二人の講師が参加した。一人は数年前まで他高校の山岳部顧問であり、29年前の雪崩体験者である赤羽康定、そして雪崩研究者の中山建生である。

「雪面を切り出し、その壁にブルーインクを吹き付ける実験はおもしろかった」

「弱層の存在を知ったのは大きかった。弱層に与える人間の刺激が一番あぶないことを知った」

「それまで雪崩は自然現象だと思い込んでいたけれど、その8割が登山者自身の与える刺激が出発点になっているという雪崩のメカニズムを納得した」

ひとしきり、3月雪山講習の感想を聞いた。続けて、「春に起こった栃木の雪崩死亡事故のニュースを知った時は?」と問いかけた。

「もし、那須岳登行者のなかに僕がいたら、生還できなかったかもしれない」と言いながら、

「実は実家から信濃毎日新聞を送ってもらったんです」とカバンのなかから取り出した。

「前日からの降雪状況、斜度、雪面への多人数の踏みこみなど、雪崩の出発となる要素が、長野の事故と非常によく似てると思いました」

「高3の山岳部購習会の時は、〝そんなものか〟と聞いていたんですが、あの講習会によって、今年の那須事故を検証する目をつくってもらったんだとわかりました」とポツリポツリと語りはじめた。

「もし仮に、あなたがこの事故の検証委員を依頼されたら、何を調べ、生還者から何を聞き取る?高3山岳部講習会のことを思い出しながら話してみて!」と問うた。「登行ルートの斜度、木の生え方

を調べる」「参加48名のその斜面での登行位置を聞き取り、登行図をつくり、雪面への負荷状況を把握したい」「登行斜面を掘り、弱層の位置をたしかめる」「登行前の気象状況の検討」「僕は、リードする先生と参加生徒の関係はどうなっていたかを問いたいナ」「死んだ生徒と一緒に登っていて生還した生徒の恐怖心は、いつまでも風化しないと思う。生還者一人ひとりの流された体験をくわしく聞きたいナ」

忘れがたい五竜遠見講習会で聞き収めた話を応用して、我が家に集まった大学1年生たちは、那須雪崩現場にメスを入れた。「一人でも検証委員に加われたら、新鮮な目を持ちこめたのにネ」と締めくくった。

外も暗くなり、お腹もすいてきたのでハンバーグカレーの皿をつつきながら、番外編がはじまった。「今まで登ったうちで一番印象深かった山は?」と問いかけると、「北アルプス表銀座の最後の登りでバテたことかナ」「僕ら、登りは弱いのに下りは滅法強いんです。下山部という名称がピッタリ!」「槍沢を下りながら元気が出て、たがいに政治評論家になっちゃった」「辛い登りや、楽しい下りが一生の友達をつくったんだ」

3年間の登山活動を通して、彼らは豊かな活力を蓄えたように思われた。

高校時代に友を得た大学1年生にまじって、30〜40歳代に歩きはじめた私も、つられてしゃべりはじめた。

「40歳すぎたある秋の日、一人で北アルプスの鷲羽岳から赤牛岳へたどり、読売新道を下って黒部湖の道を歩いたの。私が赤牛岳にたどり着くと、黒部湖側から一人の男性が登ってきた。3分後、女性が一人。鷲羽側からも男性が一人、ほぼ同時に4人の単独行がそれぞれ山頂に達したの。その4人が山頂に腰をおろした時、黒部湖から登ってきた男性が、山頂の赤牛岳と書かれた木の札をひょいと抜いて、誰に言うともなく「ボク、丑年生まれだから、登ってきたんだ」とつぶやいたの。すると、あとの3人が奇声を発したの。「ボクも丑年！」「私も丑年だから、一度登りたいと願って登ってきたの」と叫んだのよと話すと、その時、私の部屋に集まってくれた5人の山岳部OBたちが、「僕らも、丑年生まれなんです！」と叫んだ。誰かが仕組んだかと思う偶然に驚きながら、私が「幾まわり違う丑かしら？」と言うと、一人が「いやいや、僕らも同じ世紀の生まれですから」と、心優しい乙な発言をした。

長く続いた雪崩事故の混迷脱出は、きっと、この20世紀の末に生まれ、雪崩の隠れた原因をつかんだ「丑年」たちによって進化されるに違いない。そう願いながらペンを擱こう。

北アルプスは今、深い雪をまとって、凛然と我々を待っている。

（松本喫茶まるもにて）

あとがき

●執筆の動機

36年前の正月、常念岳の雪崩に襲われて死んだ3人の岳友を、私たちはタンカにのせて下山させた。自然の恐ろしい結末と、天然の凛々しい美しさに心裂かれながら降りてきた。10mを超える雪が元旦の太陽でゆるみ崩れたに違いないと、その時は自らの足を踏みしめていた。——間もなく、「今までの雪崩の常識を一度すっかり捨てろ」という声に出会い、私の雪の山は揺れはじめた。「自然のなせる業」であった雪崩を追いはじめたのは、この時からである。

●問い続けた雪崩裁判

松本裁判で、雪崩は天災か人災かが問い続けられたことを知ったのは、我が岳友の遭難から10年近く経っており、裁判はすでに終わっていた。この裁判の証人調書を取りよせ、新聞報道をたどって調べていくと、被告である長野県が「雪崩は天災」という立場で証言し、原告側の「その雪崩は登行方法に過失のある人災である」という主張との対立が5年間続いていた。私は長く、雪崩事故は自然災害とばかり思っていたので、初めて聞く原告側の発する人災説に耳を傾けることになった。

雪崩体験を聞く――これまで雪崩の発生から終着までの体験を聞いたことがなかった。まず第一にした取材は、雪崩発生現場のとなりで目撃した生徒4人と掘り出しに加わった生徒6人に、3回にわけて語ってもらうことだった。

「雪崩の音は、上から雪が落ちてくるゴロゴロした大きな音だと思っていたら、雪が切れるピシッだけで静かなものでした。ノートがめくれるように、そこを登っていた7人のうち5人は、あっという間に消えていた」

その雪に埋もれ、死の寸前に助け出されたうちの二人には、それぞれ生々しい体験を甦らせてもらった。

「自分がのったシーツが引っぱられたように倒れ、流された。ふだんから〝雪崩に遭ったら泳げ〟と聞かされていたが、泳げるものではない。あっという間に締まって身動きできず、意識を失った」

自然雪崩という主張では説明のつかない「ピシッという音」「雪崩は静か」「ノートがめくれるように」「シーツが引っぱられる」とは？――いくつかの疑問を耳に残したまま、私は雪崩現場に、春夏秋冬合わせて9回通った。

同時に、雪崩事故防止講習会を長く主催してきた労山（勤労者山岳連盟）の中山建生さん、雪崩研究者の若林隆三さんに雪崩発生のメカニズムを聞いていくと、雪崩事故の80％以上が人災（登行法の誤り）であることがわかってきた。人の登行が積雪に与えた刺激（あるいは動物や落雪が与えた刺激）

と、それを受け取った積雪のなかにある弱層の作用により、雪崩ははじまっていた。天災だと思い込んでいた私は完敗だった。――この雪崩＝天災を見直すことが、雪崩事故を防止する道だと教えてくれたのが松本の雪崩裁判だった。

雪山は家の近くから眺めるだけだった人々が、何回も雪崩現場に通った。裁判官を粘り強く説得し、第1回の法廷は雪崩現場で開いた。判決は、現場の語るものを熟読した結果となった。「今まで天災と片付けられていたもののなかに、多くの人災がまぎれこんでいるのではないか？」という反省を生んだ判決だった。

●雪崩の原因を突き止めた人々の人間ドラマ

松本裁判を闘った人々は、雪山はやらない岳(やま)の素人だった。だが県主催の研修会で亡くなった酒井耕さんを死に至らしめた雪崩がなぜ起こったのか、純粋に一途に追い詰めていった。奮い立って原告となった母・酒井三重さんと支援する人々のひたむきな力は、静かに探究していた研究者や学者の雪崩学を掘り起こした。裁判をはじめ、県への抵抗などで、自らは種々の不利益を被(こうむ)りながらも、めげずに貫いて、真実にたどり着いた。そこには涙ぐましい人間ドラマがあった。

この裁判を語ってくれた人々の証言には、一冊の雪崩教科書を読む以上の、リアルな雪崩の痕跡(こんせき)がある。私は、それを皆さんにお伝えしたかったのだ。山以外の世界で、真実を探す活動を進めていらっしゃる方が読まれても、きっと「世の中の真実は、眠らされていることが多いので、闘わなければ発見できないよ！」という囁きを聞くことになるだろう。

●漂流15年のペンを擱く前に

この本は、書きはじめて10年、書き上げてから5年、漂流した。諸々の事情にまみれたが、書き上げてからは「関係者の実名・仮名問題」「出版不況」「コロナ禍の拡大」と、次々に大波をかぶった。漂流の荒波から引き上げてくださったのが、酒井三重さんをはじめとする雪崩裁判の貴重な証言者たち、資料、原稿をもしもの災害に備えて避難させてくれた山弟子たち、最後に言視舎の杉山尚次さん、編集者の富永虔一郎さん、神立圭子さんの3人は「仕事」を超えた力を注いでくださった。その日々を振り返ると滲むものがある。

身を投じて我々に課題を投げかけて逝った酒井耕さん、今日やっと一つの答えをここにお届けする。

長い漂流の間に、多くの、読んでいただくはずだった方々を失った。

最初に道を開いてくださった編集者の石井慎二さん、事故の翌朝、雪崩現場に駆けつけた西牧康さん、強い抵抗を受けながら支援する会の会長を務めた芦沢直人さん、大きな会となった支援する会をおだやかにまとめ上げた事務局長の草間敏雄さん、スイスで学ばれた雪崩学をこんこんと語ってくださった若林隆三さん……。最後に、大きな夢を背負ったまま、那須岳の雪に埋もれて逝った若い岳人たちに、この本をつつしんで捧げよう。

（結）

泉 康子（いずみ・やすこ）

1937年、満洲新京（現中国長春市）生まれ。熊本県立第一高等学校を経て、1958年、早稲田大学第二文学部入学。在学中、60年安保闘争を闘い、1965年卒業。その後、新日本文学会ルポルタージュ研究会に入会。1976年、のらくろ岳友会を結成。劔岳、黒部下の廊下、槍、穂高、北岳を中心とする山行（半数は単独行）を続けながら、機関誌“のらくろ達”を編集。著書に『いまだ下山せず！』（宝島社）、他に『甦る、抵抗の季節』（言視舎）への寄稿（「1960燃ゆ」）など。

編集………富永虔一郎　編集協力…神立圭子、田中はるか
装丁………山田英春　組版………水谷イタル

天災か人災か？ 松本雪崩裁判の真実

発行日　2023年3月18日　初版第1刷

著者　泉 康子
発行者　杉山尚次
発行所　株式会社 言視舎
東京都千代田区富士見2-2-2 〒102-0071
電話03-3234-5997　FAX03-3234-5957
https://www.s-pn.jp/
印刷・製本　中央精版印刷（株）

ISBN 978-4-86565-245-1 C0036

甦る、抵抗の季節　安保闘争六〇周年◎記念講演会記録

執筆＝保坂正康、高橋源一郎、泉康子ほか

978-4-86565-195-9　A5判並製　定価1100円＋税

いま、時代を動かすには何が必要か？　2020.6.10コロナ禍のなか決行されたノンフィクション作家保坂正康と、作家高橋源一郎の２つの講演と討議。現代史における60年安保闘争の評価とは？　現在に生きる方法論が浮上する。

いつも隣に山頭火

井上智重 著

978-4-86565-207-9　A5判並製　定価2200円＋税

山頭火の秀句、ベストセレクション。句と旅と酒に生きた山頭火の実像をロードムーヴィーのように追う。山頭火の残した膨大な数の句、日記や文章、書簡を丹念にたどり愛すべき隣人ともいうべき山頭火像を描き出す。五木寛之氏絶賛。

熊本県人　言視舎版

渡辺京二 著

978-4-905369-23-3　四六判並製　定価1600円＋税

渡辺京二の幻の処女作　待望の復刊！　渡辺京二の現在の豊かさを彷彿させ、出発点を告げる記念碑的作品。……「熊本県人気質」の歴史的な形成過程を丹念に掘り起こし、40年経った今なお多くの発見をもたらす力作。

映画ノベライズ　島守の塔

執筆＝柏田道夫

978-4-86565-240-6　四六判並製　定価1,500円＋税

沖縄戦をめぐる苦難の人間ドラマを描く！　自らの命を懸けて県民の保護に尽力した沖縄県知事と警察部長、沖縄県民の姿を描きながら、「いのち」の重さを問う1作。ミニシアターランキング9週連続トップ5入り作品をノベライズ。

幸せの野球部　弱くても感動 ある高校野球部の奇跡

桑原才介 著

978-4-86565-237-6　四六判並製　定価1800円＋税

感動のノンフィクション！弱くても幸せだった「杉農野球」部。記録的な惨敗から始まった埼玉県立杉戸農業高校野球部を指導した栗原正博が観客も審判さえも感動させてしまう奇跡のようなチームをどのようにつくりあげたのか。